MEI SHENG QING　　LE ZHONG XUE

美生情♪乐中学

小学音乐课堂育人实践

主编　谢晓梅　　杨小超

编委　马红磊　　余元锦　　谭栩
　　　刘　娟　　高婷婷　　官　冰

西南大学出版社
国家一级出版社　全国百佳图书出版单位

图书在版编目（CIP）数据

美生情　乐中学：小学音乐课堂育人实践 / 谢晓梅，杨小超主编. -- 重庆：西南大学出版社，2023.8
ISBN 978-7-5697-1935-2

Ⅰ.①美… Ⅱ.①谢… ②杨… Ⅲ.①音乐课—课堂教学—教学研究—小学 Ⅳ.①G623.951.2

中国国家版本馆CIP数据核字(2023)第131989号

美生情　乐中学：小学音乐课堂育人实践
MEI SHENG QING LE ZHONG XUE: XIAOXUE YINYUE KETANG YUREN SHIJIAN

谢晓梅　杨小超　主　编

责任编辑：	张　琳
责任校对：	曹园妹
装帧设计：	殳十堂_未　氓
排　　版：	贝　岚
出版发行：	西南大学出版社（原西南师范大学出版社）
印　　刷：	重庆市正前方彩色印刷有限公司
幅面尺寸：	185 mm×260 mm
印　　张：	18
字　　数：	359千字
版　　次：	2023年8月 第1版
印　　次：	2023年8月 第1次印刷
书　　号：	ISBN 978-7-5697-1935-2
定　　价：	68.00元

序一

♪ ——————

认识晓梅老师快三十年了，很欣慰看着她不断挑战自己，突破自己，从一名优秀的音乐教师，成长为艺术教育改革创新的引领者，不仅带领团队探索并建构出"五维三步"教学范式，提出鲜明的教学主张，而且影响、成就了一大批青年音乐教师的成长。她亲身实践并鼓励更多音乐教师，在"美生情 乐中学"的音乐课堂上"以生为本、以乐为根、以创为基、以美为魂"，全面培养时代新人。

前不久，在成都举行的2023国民音乐教育大会上，重庆市特级教师谢晓梅、杨小超工作室团队精彩展示了《基于保障每个儿童高品质学习权的中小学音乐课堂实践研究》，我目睹了团队的研究活力，深受感染。欣见工作室新作《美生情 乐中学：小学音乐课堂育人实践》即将付梓，乐为之序。

本书记录了晓梅、小超老师及其团队成员的"乐育"探索之路，以缜密的研究性思考构建独特的教学范式，以叙事研究再现温暖灵动的育人实践，以多元的教学设计案例提供学习借鉴。与其说，这是工作室团队成员过往音乐育人实践的总结，毋宁说是每个成员成长的记录。个体的成长无法复刻，但书中再现的一个又一个温暖的音乐教学故事，呈现的一个又一个精彩的教学设计案例，能够为每位音乐教师提供参考。书中处处体现的充溢着情感温度的育人理想、提炼的"乐育"本质也值得每位音乐教师学习。

习近平总书记强调："要全面加强和改进学校美育，坚持以美育人、以文化人，提高学生审美和人文素养。"全面加强和改进新时代学校美育工作，乐育者同美育者，在培根铸魂、启智增慧的同时，还当以激发学生的创造意识、培养学生的创新理念为己任。新时代美育肩负着参与创新型人才培养、促进高质量创新发展的新使命，需要我们既立足课堂，又超越课堂，在推进"乐育"实践体系现代化建设上共同努力。与诸君共勉，是为序。

著名音乐教育家、博士生导师：吴斌

2023年7月

序二

重庆音教人的骄傲

——谢晓梅、杨小超《美生情 乐中学：小学音乐课堂育人实践》序

记得2020年1月，我曾为晓梅老师的《如歌的行板：一个特级音乐教师的成长"三部曲"》一书写序，从书中我感受到了晓梅老师对教育的那份初心、对音乐的那份挚爱。今天，再次有幸率先拜读由谢晓梅、杨小超两位重庆市音乐特级教师主编的书稿《美生情 乐中学：小学音乐课堂育人实践》后，感触很多，他们堪称"重庆音乐教育者的骄傲"！

谢晓梅、杨小超是重庆市音乐特级教师，也是重庆市首批中小学教学领域示范引领领衔专家和重庆市首批特级教师工作室主持人，同时还是渝派音乐联盟和重庆市中小学音乐名师工作室联盟的重要成员。两位老师对重庆市音乐学科教学的发展发挥了非常重要的作用。谢晓梅是重庆两江新区博雅小学党支部书记、校长，也是两江新区中小学美育名师工作室主持人；杨小超是首批重庆市名师、合川区连续三届音乐名师工作室主持人。可以说他们一个是重庆主城区音乐学科的领头雁，一个是区县音乐学科的带头羊。他们充分发挥着音乐特级教师和名师的示范引领作用，带领工作室成员在音乐学科理论研究、教学实践等方面做了大量的探究，取得了很好的研究成果。

《美生情 乐中学：小学音乐课堂育人实践》分为理论成果、教育故事和教学设计三大板块。第一篇章"理论成果"重点介绍了晓梅老师带领团队在"五维三步"音乐教学实践策略、小学音乐"快乐歌唱"教学范式建构，以及"美生情、乐中学"——大思政背景下音乐课堂的育德实践等方面取得的成果。第二篇章"教育故事"，是晓梅、小超老师带领团队成员围绕"美生情、乐中学"理论，讲述自己在音乐教育实践中，如何培养学生的家国情怀，如何

引导学生增强民族自信、传承音乐经典、开展创意实践等方面的教育故事；有晓梅老师和工作室成员们所撰写的《做精神灿烂的人》《"蛹"不止步，撑开能照进光的裂缝》等教师成长故事，也有小超老师的《孩子的成长律动，就在自由呼吸的校歌里》歌曲创作故事和马红磊老师的《走向优秀的途径就跟自己"死磕"》参加教学比赛故事。这些灵动的故事是工作室成员们在音乐教育实践中探索与成长的记录。第三篇章"教学设计"，是晓梅、小超老师工作室成员们围绕《义务教育艺术课程标准（2022年版）》提出的"审美感知、艺术表现、创意实践和文化理解"核心素养的要求，围绕"美生情 乐中学——小学音乐课堂育人实践"的目标，分1—2年级、3—4年级、5—6年级三个学段精心选取的歌唱教学、音乐欣赏教学、音乐基本训练教学、大单元教学等各类型音乐教学设计，这其中还涵盖了民歌、戏曲、合唱、律动、舞蹈等丰富的教学内容。

该书倡导美生情、乐中学，紧紧围绕以美育人、以美化人、以美润心、以美培元的育人宗旨，有理论探究、有教育故事、有教学设计，突出了音乐的情感性、人文性、实践性、审美性和创造性等特点。书中介绍了很多行之有效的方法，以鼓励学生自主参与各种艺术实践和探究活动，加强学生的自主体验、自信表现、主动创造，从而不断提升艺术实践能力和创造能力。书中体现的育人理想、教学观念、成长路径能够给每位音乐教师带来很好的借鉴与参考。

我相信，该书的出版对重庆小学音乐教育的发展，特别是对促进高素质、专业化音乐教师队伍的成长有着重要的意义。希望重庆的每一位音乐教师都向他们学习，踏实地去实践教学，钻研提升，多出成果，出有价值、有影响的成果，让重庆的音乐教育走向更加辉煌的明天。

读完书稿，非常振奋，写了上述文字，谨表达我对两位优秀的特级教师的支持和敬意。祝贺新书付梓！

重庆市教育学会音乐教育专业委员会
理事长，重庆市小学音乐教研员：
2023年7月于重庆南山

目录

第一篇章　理论成果

"五维三步"音乐教学实践策略 ……………………………………………003
实践视野下的小学"快乐歌唱"教学范式建构 …………………………007
"美生情、乐中学"——大思政背景下音乐课堂的探析 ………………015

第二篇章　教育故事

一、家国情怀 …………………………………………………………023
让国旗飘扬在每个孩子心中 ………………………………………023
同样的爱国熏陶，不一样的抵达路径 ……………………………028
传承红色基因，厚植家国情怀 ……………………………………033
我与中国少年先锋队队歌的故事 …………………………………038

二、民族自豪 …………………………………………………………043
与乡土音乐来一场浪漫相遇 ………………………………………043
用民族音乐培养文化自信 …………………………………………048
以民乐之光，滋养童心成长 ………………………………………052
一首民族歌曲背后的"容量" ………………………………………057
我与彝族学生阿细女孩的故事 ……………………………………060
守望民族音乐的高山 ………………………………………………063

三、经典传承 · · · · · · 067

音乐审美自有韵,传统文化润童心 · · · · · · 067
吟诵,架起语言与音乐的桥梁 · · · · · · 072
传承戏曲文化根,弘扬传统音乐魂 · · · · · · 077
《咏鹅》磨课记:如何引导孩子走进经典深处? · · · · · · 081
如何让戏曲在校园薪火相传 · · · · · · 086

四、综合体验 · · · · · · 089

好课堂,激发孩子对美好的向往 · · · · · · 089
课堂要放手:把探索的权利还给孩子 · · · · · · 094
推陈出新,让"正统"音乐也有可爱面孔 · · · · · · 099
情、趣交融,成就有温度的音乐课堂 · · · · · · 104
以生为本,让音乐学习乐趣横生 · · · · · · 108
"错误"的生成更精彩 · · · · · · 111
情景模拟,让孩子走进音乐的世界 · · · · · · 114
应该给孩子们一节怎样的唱歌课? · · · · · · 117
一节音乐课的"别样"尝试 · · · · · · 122

五、成长故事 · · · · · · 125

经典赋能,为乡村孩子插上心灵腾飞的翅膀 · · · · · · 125
孩子的成长律动,就在自由呼吸的校歌里 · · · · · · 129
走向优秀的途径就跟自己"死磕" · · · · · · 140
教育是一场温柔与爱的约定 · · · · · · 144
"蛹"不止步,撑开能照进光的裂缝 · · · · · · 148
做精神灿烂的人 · · · · · · 152

第三篇章　教学设计

一、1—2年级 ······ 161
　《小青蛙找家》教学设计 ······ 161
　《祖国您好》单元教案设计 ······ 168
　《感知速度的音乐表现作用》教学设计 ······ 173
　《都有一颗红亮的心》教学设计 ······ 180
　《春雨》教学设计 ······ 186
　《螃蟹歌》教学设计 ······ 191

二、3—4年级 ······ 198
　《音准训练活动》教学设计 ······ 198
　《切分型节奏 ♫♫ 》教学设计 ······ 201
　《大树桩你有几岁》教学设计 ······ 206
　《阿拉木汗》教学设计 ······ 212
　《荫中鸟》教学设计 ······ 215
　《田野在呼唤》教学设计 ······ 224
　《快乐的泼水节》教学设计 ······ 228
　《荡秋千》教学设计 ······ 233
　《侗家儿童多快乐》教学设计 ······ 238
　《那达慕之歌》教学设计 ······ 245

三、5—6年级 ······ 250
　《铃儿响叮当的变迁》教学设计 ······ 250
　《吹起羌笛跳锅庄》教学设计 ······ 258
　《海德薇格主题》教学设计 ······ 264
　《石工号子》教学设计 ······ 273

后记 ······ 278

第一篇章

理论成果

"五维三步"音乐教学实践策略

谢晓梅

在教育教学实践中,笔者秉持"以生为本、以乐为根、以创为基、以美为魂"的核心理念,以儿童的快乐体验为音乐美育的出发点,倡导"美生情、乐中学"的课堂,构建了"五维三步"音乐教学实践模型(见图1),用艺术美唤醒学生的情智,把快乐歌唱化为学生感受美、表现美、鉴赏美、创造美的过程,以美育人,促进学生全面发展。

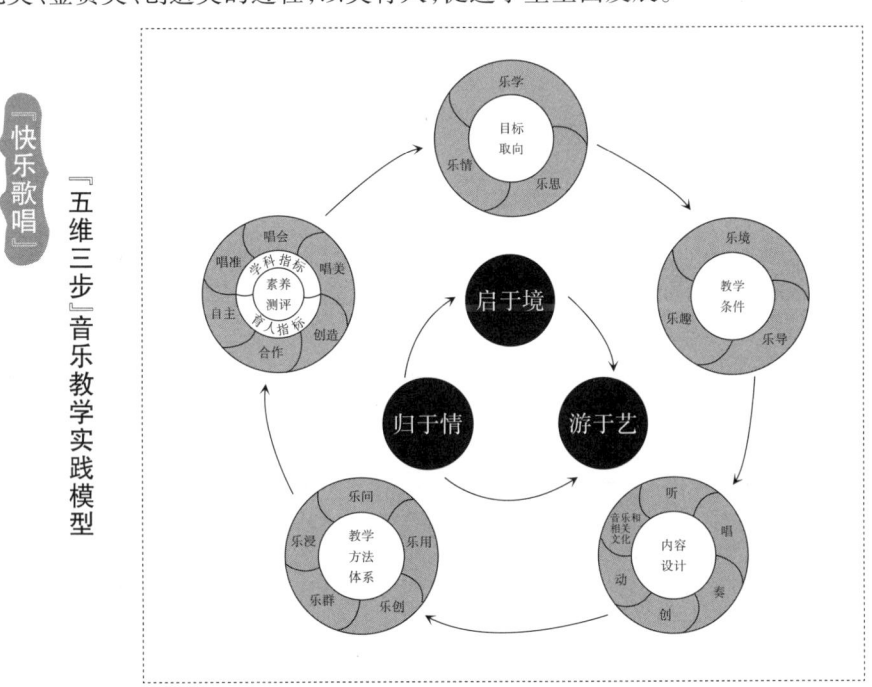

图1 "五维三步"音乐教学实践模型

一、"五维"实践体系的建构

"五维"即追求乐学、乐思、乐情的目标取向;创造乐境、乐导、乐趣的教学条件;调动听、唱、奏、创、动、音乐和相关文化开展内容设计;融会乐问、乐用、乐创、乐群、乐浸构成教学方法体系;形成指向唱准、唱会、唱美的学科指标和自主、合作、创造的育人指标,开展素养测评。

追求乐学、乐思、乐情的目标取向。教学实施的目标取向，是对"快乐歌唱"教学的观念引领，是"快乐歌唱，以乐化美"教学实践的基础。基于以生为本的核心理念，笔者认为，第一个目标取向是关注学生的态度，即乐学，学生愿意并能够在快乐中学习音乐；第二个目标取向是基于以创为基的核心理念，即乐思，学生能够在快乐歌唱的同时具有创造力并乐于思考；第三个目标取向是以美为魂，以乐为根，即乐情，关注音乐学科本质的特点，让学生深刻认识到音乐体验与表达的过程即知情达意的过程。英国音乐学家柯克曾言："作曲家通过创造性的想象力把情感转变为音乐的形式。"音乐教学作为一种极富想象力的艺术活动，可以嫁接作品与学生的主体精神，从而尽可能地挖掘学生的创造力。

创造乐境、乐导、乐趣的教学条件。笔者关注教学环境、教师和学生三个教学基本要素，强调构建轻松、富有情境的环境，教师能够善于导学，指导学生进行创造性的学习，进而促进其自主学习。同时，教师应让课堂充满乐趣，让学生在快乐中、趣味中体验、感受、表达、创造音乐。

调动听、唱、奏、创、动、音乐和相关文化开展内容设计。在教学内容设计维度，教师注重学生的综合发展，在听、唱、奏、创、动丰富的音乐活动中，综合音乐感知与表现的内容，使学生能够通过多感官的音乐活动，整体把握音乐的本质特征以及音乐和相关文化。在音乐课中，教师遵循音乐鉴赏与表现规律、学生身心发展规律，对教学内容进行组织、实施和再创造。

教学方法体系的构建要以问题导向达成实践运用、协作创造、小组互动以及浸润式音乐环境的有机融合。在"快乐歌唱"教学中，笔者善于、乐于提问，以问题的形式激发学生自我思考，鼓励学生自我创造，引导学生自主学习。同时，专业示范是笔者音乐教学中的重要方法之一。一方面，规范的、富有情感的且能够传递美感的范唱和范奏可以有效地激发学生的音乐学习动机，因此，这是唱歌教学中的必要环节。另一方面，善于运用专业能力，适当地进行范唱和范奏，可以为学生营造真实的、具有生机活力的音乐课堂，"乐用"是"快乐歌唱"教学的重要方法之一。与此同时，小组互动和协作创造也是学生开展音乐学习的重要方法之一，是满足学生多样化学习的需求，推动音乐教学方式进一步改革的实践要求。探究式的学习、研讨式的分享能够帮助学生更好地表达自我、与人沟通。小组互动和协作创造的教学方式不仅可以提升学生的音乐学习效果，还能培养学生的人际沟通能力、协作能力、表达能力、创造能力等。因此，乐创、乐群成为教学方法体系的重要组成部分。沉浸式音乐环境是构建教学方法体系的重要保障，即乐浸。在音乐课堂教学中，教师应善于创设丰富的、沉浸式的音乐环境，为学生提供音乐学习的土壤和阳光。只有在丰富的土壤和温暖的阳光下,音乐课堂才能更好地滋养出热爱音乐、懂得音乐、追求音乐和享受音乐的学生。通过构建新型的快乐音乐教学体系,改变传统的、固化的、单向的教学方式,学生学习音乐的积极性得以最大限度的调动,学生进行音乐创造的兴趣能被唤醒,潜能也能被挖掘。

依据唱准、唱会和唱美的学科指标和自主、合作、创造的育人指标开展素养测评。素养测评作为"快乐歌唱,以乐化美"实践体系的"五维"之一,目的是更好地检验"快乐歌唱"教学的效果,更重要的是"以评促教",更好地回归教学目标取向,调整教学目标与方法、内容与路径。以学定教,以评促教,从学生学科指标与育人指标的两个向度出发,评价学生是否能够在唱歌的过程中唱准、唱会、唱美,让学生在学习、发展中学会自主、合作、创造。

二、"三步"教学流程的实施

"三步"即实施启于境、游于艺、归于情的三步教学流程。

启于境,指教师在实践操作中要精心创设音乐情境,激发学生的学习兴趣,引导他们以良好的学习状态积极投入音乐学习。例如,在小学唱歌综合课《乡间的小路》的教学中,笔者借助游戏开展教学,让学生在参与、体验中感受音乐魅力的同时,习得并积累音乐知识。在教学中,笔者追求"形成良好的学习习惯与态度""提高即兴性、综合性的自主学习能力""发展创造思维"和"提高文化素养"等非音乐本体教学目标。

游于艺,要求充分运用音乐弥漫性的特点,以整体感知、小组合作的方式,引导学生自信演唱、快乐表现、自由创造,享受歌唱的愉悦,接受美的熏陶。例如,在小学唱歌综合课《小白船》的教学中,笔者尝试以三拍子律动引入,以及引导学生创编并感受节拍、感受长音、大胆创编的方式,刺激了学生的感官,吸引了学生的注意力,并且让学生感受到音乐带给我们的快乐。

归于情,是课堂唱歌教学的重要流程,需要教师充分挖掘作品所蕴含的音乐美、文化美,激发师生情感共鸣,美生情、情生雅,进而在生活中拓展美、升华美。例如,在小学唱歌课《春天举行音乐会》的教学中,笔者没有停留在通过音色的变化来表现春雨、春风、春雷、春水等春天的景象,甚至教学重点也并不仅仅在"唱"上,而是引导学生发现作品中"同头换尾"的创作手法及音程的特点,并能运用1、3、5三个音创作八个小节、两个乐句的旋律,然后进行小组交流展示。

这一主张把"人文性、审美性、实践性"的音乐学科特质和"以人为本"的新课程理念融合,关注音乐课堂最本质和最核心的要素,即以学生为本,以音乐为根。回归人本的音乐教育,强调以学生为主体,强调对学生核心素养的培育,关注音乐本质的课堂教学,强调音乐的创造性特征和育人价值。

与成年人不同,儿童有着活泼、灵动的天性,他们的发展是极富动态的。音乐是一种神奇的艺术,它可以很好地塑造人的性情与气质。当音乐与儿童相遇时,面对儿童这个具有极强可塑性的群体,就产生了不可估量的积极作用。因此,我们要遵循儿童成长的规律——释放天性,以学生为中心,以音乐为触角,从关注人的情感世界出发,将艺术的美引向更深处;快乐歌唱,让学生通过音乐教育,以乐化美,在音乐的浸润中,提高审美情趣,提高生活质量和生命质量。基于"五维三步"音乐教学实践模型,音乐教师和研究者都能形成从学生立场出发,一切教学设计、教学策略、教学评价,都服务于学生乐学、乐创、乐享的专业教学思维。这种思维是可迁移、能衍生、会创新的实践性知识和素养,是一线教师需要的专业成长策略。

(此文发表于《中国教师》2020年第10期;

人大复印报刊资料《素质教育》2021年第3期全文转载,编入本书有改动)

实践视野下的小学"快乐歌唱"教学范式建构

谢晓梅

歌唱是小学音乐教育中最为重要的教学内容之一,也是最能够让学生获得愉悦的审美体验的活动形式之一。但通过小学六年的学习,学生真正会唱、爱唱的歌曲很少,突出反映了歌唱教学效率低下的问题。其中一个很重要的原因在于,我们的歌唱教学并没有给予学生真正的快乐,以至于学生的歌唱兴趣、歌唱能力、音乐素养等没得到应有的提升。此外,音乐教师没有深刻理解音乐的本质,在教学中忽视了对儿童进行音乐情感和审美能力的培养。系统建构合理的音乐教学范式和操作体系已成为一种迫切需要,基于社会对学生提出的发展要求和笔者多年音乐教学实践经验,本研究从学科核心素养出发,深入探讨小学音乐教学的价值共识、核心理念、具体操作和相应评价,建构小学音乐教学的"快乐歌唱"教学范式,最终提升学生的音乐表现能力和审美能力。

一、何为"快乐歌唱"教学范式

在论述"快乐歌唱"教学范式之前,首先要明确范式和教学范式的内涵。关于"范式"的概念,美国科学哲学家托马斯·库恩对其内涵做了描述性的界定,他提出,范式是一个特定社团的成员共同接受的信仰、公认的价值和技术的总和。那么由此推论,教学范式就是指范式在教育领域的具体运用。

音乐教学也有其独特的教学范式,即一定时期内的音乐教育实践者所拥有的,在教学中起主导作用的教学理论、教学理念、教学思想和教学行为,以及普遍认可和运用的教学模式。近年来,音乐教学范式经历了从"技术理性"到"文化理解"的转变。其中,追求"技术理性"的音乐教学范式强调对"双基"的训练,关注音乐教学的程序化模式。随着新的课程改革的推进和音乐教育的不断发展,强调"文化理解"的音乐教育理念逐渐为学界所重视,其教学范式也应运而生。有学者认为,以"文化理解"为路径的音乐教学范式,其关注点不是音乐作品的表现因素和形式结构,也不是主体对客体进行单纯审美的固化模式,而是人与人、主体与主体、文化与文化之间的互相交流和相互理解。可见,强调"文化理解"

的音乐教学范式更强调人与人之间的交流与沟通,更关注学生的音乐情感体验。

笔者所述的"快乐歌唱"教学范式与"文化理解"教学范式的关注点一致,都重视学生的情感体验和对音乐的理解与感受,两者是一脉相承的。"快乐歌唱"教学范式是研究共同体接受的有关小学音乐歌唱教学中的核心主张、基本要素、主要流程、教学策略及评价方式等,着重关注学生音乐学科核心素养和艺术审美能力的发展,引导学生从乐趣、乐学、乐用逐渐转变到乐问、乐评、乐创。它体现了研究共同体有关小学音乐教学的价值导向、整体特征和实践样态。同时,它以"学生之乐"与"教师之乐"为主要研究对象,探讨学生如何快乐地感受音乐、学习音乐与表现音乐,以及教师如何在教学过程中营造快乐的教学氛围,以提升学生的音乐素养和审美能力为终极目标。

二、"快乐歌唱"教学范式的基本内容

(一)以生为本,回归学习本质

《义务教育音乐课程标准(2011年版)》(以下简称《音乐课标》)提出"面向全体学生,注重个性发展",并明确指出音乐课要面向全体学生,挖掘每个学生的音乐潜能,从而促进学生全面发展。本研究以"快乐教学"为理论基础,依据"以学生为本"的育人理念,在歌唱教学中充分尊重学生的个性特点,为学生提供多种自主选择的机会,释放学生天性,让学生充分感受音乐的美好,主动探索和发现歌唱的奥秘;把学生的自我表现、身心释放和创造性表达放在首位,改变以往歌唱教学流于浅表的学习样态,让学生深度参与学习的全过程,享受音乐表现和创造的快乐,从而促进真正学习的发生,回归学习本质。

例如,在执教小学唱歌综合课《庄子·逍遥游》时,笔者首先播放相关动画影片,以视听结合的形式吸引学生积极主动地参与到课堂学习中来;其次,在歌曲的学唱过程中,笔者以问题为导向,引导学生进一步探索歌曲中民族五声调式的运用,体会"同头换尾"的音乐创作手法,及其对表现音乐抒情之美的作用等;最后,分声部让学生演唱二声部歌曲,尝试与同学合作表现音乐。在这一过程中,教师自始至终从语言到范唱,从动作到服饰,不断地引导学生感受美、欣赏美、表现美和创造美。此外,还体现了《音乐课标》中"在快乐中学习、自信地歌唱"的要求,让学生能够快乐地感受音乐、学习音乐与表现音乐,同时又能提升音乐学科核心素养和实践能力。

(二)以唱为旨,协调教学目标

义务教育阶段是儿童身心快速发展的时期,也是他们接受音乐教育、提高音乐素养的关键时期。为了使音乐课程适应学生的身心发展规律和音乐认知特点,《音乐课标》将义务教育九个学年划分为小学低年级(1—2年级)、小学高年级(3—6年级)和初中(7—9年级)三个学段。虽然三个学段的课程内容层次不同,但前后衔接,是一个完整而有序的整体。这要求我们在设计课程目标时,既要遵循学生的身心发展规律和音乐学习认知特点,又要将不同学段的教学目标联系起来,使之形成一个层次分明、有机联系的教学目标系统。唱歌是一门集音乐、语言、身体和表情于一体的艺术,是音乐学习必然要涉及的重要领域,在整个音乐教学中占有很大的比重,是小学音乐教学中名副其实的核心内容。因此,教师在进行歌唱基本技能教学时,应根据学生所处的身心发展阶段和音乐学习规律,循序渐进、由易到难、由浅入深,帮助学生在歌唱技能方面进阶式成长,以充分、熟练地掌握歌曲,达到课程教学目标。在歌唱技巧教学中,教师应该采取科学、合理的方式以更好地训练学生的声音技巧。

《音乐课标》明确指出音乐课程教学的总目标是:"学生通过音乐课程学习和参与丰富多样的艺术实践活动,探究、发现、领略音乐的艺术魅力,培养学生对音乐的持久兴趣,涵养美感,和谐身心,陶冶情操,健全人格。学习并掌握必要的音乐基础知识和基本技能,拓宽文化视野,发展音乐听觉与欣赏能力、表现能力和创造能力,形成基本的音乐素养。丰富情感体验,培养良好的审美情趣和积极乐观的生活态度,促进身心的健康发展。"上述课程目标可以用"三维"目标来表述:知识与技能,主要包括音乐基础知识、基本技能和音乐历史及相关文化;过程与方法,包括感受体验、合作探究、模仿,以及通过音乐实践渗透其他相关学科的知识;情感、态度与价值观,主要是丰富学生的情感体验,使其审美情趣和审美能力得到培养,并引导学生尊重艺术,理解文化的多样性。在音乐教学设计过程中,教师要统筹协调"三维"目标,以使教学目标最优化。音乐的声学材料、创作过程和表现形式都有其特殊性,这决定了音乐的"听、演、创"教学必须包含特定的知识与技能要求。在音乐课程设计中,要正视音乐学科的客观规律,强调音乐知识与技能的学习和应达到的标准,这是培养学生审美体验、艺术表现和文化认知能力的基础,也是学生音乐素养的组成部分。与此同时,教师还应凸显音乐课程的美育功能,设计丰富的音乐实践活动,以兴趣爱好为动力,引导学生主动参与音乐课堂互动。在统筹教学目标的过程中,教师还应突出音乐的特点,注重学科的整合,从而有效地处理音乐知识与技能学习、审美体验和文化认知之间的关系。

(三)以乐为根,培育学科素养

学科素养是核心素养在特定学科中的体现,是学生在学习完一门学科之后所表现出来的具有某一学科的特点。而核心素养是随着信息化社会对人才的新要求而出现的,不仅备受教育界关注,也是世界各国各行业普遍关注的焦点问题之一。2014年4月教育部颁发《教育部关于全面深化课程改革落实立德树人根本任务的意见》,提到了"核心素养"一词。之后,由北京师范大学林崇德教授领衔的团队,对中国学生发展核心素养问题进行了系统、深入的研究,并于2016年9月发布了最终研究成果——"中国学生发展核心素养"结构体系。核心素养主要是指学生适应终身发展以及社会发展需要的关键能力和必备品格。而中国学生发展核心素养以培养"全面发展的人"为核心,分为文化基础、自主发展、社会参与三个方面,综合表现为人文底蕴、科学精神、学会学习、健康生活、责任担当、实践创新六大素养,具体细化为国家认同等18个基本要点。

音乐核心素养不是指具体的音乐知识与技能,也非普通意义上的音乐能力,而是学生在学习音乐的过程中形成的具有特定意义的音乐综合能力,其体现了音乐的本质和审美价值。音乐学科核心素养是指通过音乐使个体获得全面发展的必备品格和关键能力,是综合的、开放的、柔性的、指向外部的,并以社会化意味浓的样态而存在,同时它需要那些音乐之外事物的联系和综合,让学生超越音乐学科、艺术学科,与其他学科建立起联系,并清楚地认识到音乐在人的一生中的价值。《普通高中音乐课程标准(2017年版)》首次提出音乐学科核心素养概念,主要包括审美感知、艺术表现、文化理解三个方面。教师应结合班级学生的具体特点、音乐教学的特有规律及学科核心素养的内涵与外延,因势利导地设计音乐课堂教学,逐步培养学生的学科核心素养。

音乐课是学校进行音乐教育的主要途径,也是培养学生音乐学科核心素养的主阵地。就音乐教学而言,面对日益复杂化、多元化、全球化的音乐文化环境,让未来"栋梁"接受高水准的基础音乐教育,提高其音乐学科核心素养,成为基础教育阶段音乐教育的核心。而音乐教学的核心任务就是通过聆听体验、演唱演奏、编创表现等方式,培养学生的审美能力,帮助其掌握音乐知识与技能,提高音乐学科核心素养,充分体现"以美育人"的学科价值。因此,本研究提出的"以乐为根",就是尊重音乐艺术的基本特点,遵循音乐的节奏与韵律,强调学生对音乐表现形式的整体认识,使其理解音乐元素在音乐中的作用;通过音乐艺术实践,有效提高音乐学科核心素养,从而培养学生鉴赏音乐、学习音乐、表现音乐和创造音乐的能力;在教学中达成"形成良好的学习习惯与态度""提高即兴性、综合性的自主学习能力,发展创新思维,形成团队意识""提高文化素养"等非音乐本体教学目标。

(四)以美为基,变革教学方法

音乐属于人类的另一种语言形式,能够给人们带来多种多样的感官体验,人们可以利用音乐来表达自身的情感与审美感。通常,人们愉悦的心情可以通过欢快的音乐进行表达,安静的感觉可以通过抒情的音乐进行表达,悲伤的思绪可以通过伤感的音乐表现出来。音乐审美指的是对音乐艺术美感的体验、感悟和用音乐进行沟通和交流的能力,以及对不同音乐文化语境和人文内涵的认识。"以美育人"的教育思想既符合我国的教育文化传统,也与我国培养德、智、体、美、劳全面发展的社会主义建设者和接班人的教育方针相契合。

在音乐教学活动中,教师可以通过多种方法培养和提高学生感受美、表现美、鉴赏美和创造美的能力,促进学生个性的发展,启迪学生的智慧,丰富和发展其形象思维,进而激发其创新意识和创造能力,全面提高学生的素质。首先,教师要重视音乐基础知识与基本技能的训练,激发学生的学习动机。在教学过程中,应尊重学生的身心发展规律,采用学生易接受的教学方法,让学生在学习过程中获得对音乐知识与技能的理解与感悟,提高学生感受美和发现美的能力。其次,借助音乐游戏,激发学生的学习动机,让学生在音乐游戏中体验音乐美,模仿相关声与乐,探究音乐辽阔的领域,感受音乐学习的乐趣。最后,开展音乐实践活动,丰富学生的音乐体验方式。教师可以运用让学生演奏、演唱、聆听、创作等多种方式提高学生创造音乐美的能力。

例如,笔者执教的小学唱歌综合课《小白船》,在音乐教学中尝试以三拍子律动引入,以及引导学生创编并感受节拍、感受长音、大胆创编的方式,刺激学生的感官,让学生的注意力集中,并且让学生感受到音乐所带来的欢愉的感觉,让学生聆听音乐的旋律,从而能够拥有评判音乐的能力,能进行简单的音乐评判,进而提升学生的沟通能力。

(五)以创为魂,重塑育人价值

《音乐课标》中指出,音乐是一门极具创造性的艺术,中小学音乐教学主要是通过学习和创造音乐达到丰富学生的形象思维,开发学生创造潜能的目的。而当前许多音乐课的"创造"活动仍停留在对原有作品的演唱处理、动作表演等上面,而极少关注作品的创作手法、结构形式,以及学习运用。看似互动热闹,实则低效无用。戴维·埃利奥特提出了"实践哲学论",音乐创造活动包括音乐行为和音乐产品,音乐行为包括演奏、演唱、作曲、编曲、即兴表演与指挥等,而音乐产品则包括音乐作品的曲谱、表演的录音或现场表演,因此本研究提出的"以创为魂",旨在让学生在音乐学习过程中不但能勇于尝试音乐创作,而且能够正确运用音乐创作的方法,创作自己的"作品",充分体验成功的快乐,从而完成音乐学习由"兴趣"到"志趣"的转变,重塑音乐教育的育人价值。

例如,笔者在执教小学唱歌课《春天举行音乐会》一课中,并没有停留在通过音色的变化来表现春雨、春风、春雷、春水等春天的景象上,甚至教学重点也并不仅仅是在"唱"上,而是让学生发现作品旋律,在过程中采用"同头换尾"的创作手法及和弦音程,让学生运用1、3、5三个音创作八个小节、两个乐句的旋律,并进行小组交流展示。这对以往的唱歌教学中坚持"以唱为主""一唱到底"的教学理念来说是完全没法想象的。然而,当你看到学生有了自己的音乐作品那种兴奋的眼光和快乐的表情时,你觉得这样的尝试是值得的。这才是真正体现了音乐的"创造性"价值,这样的唱歌课才是真正"有趣的"。

三、"快乐歌唱"教学范式的建构路径

笔者在多年教学实践中总结出"快乐歌唱"教学范式建构的基本路径,主要包括:乐学、乐思、乐情的目标取向;乐境、乐导、乐趣的教学条件;调动听、唱、奏、创、动、音乐和相关文化开展内容设计;实施启于境、游于艺、归于情的教学过程;融会乐问、乐用、乐创、乐群、乐浸构成教学方法体系;形成指向唱准、唱会、唱美的学科指标和自主、合作、创造的育人指标,开展素养测评。

(一)教学目标以能力为导向

教学实施的目标取向是对"快乐歌唱"教学的观念引领,是"快乐歌唱"教学实施的基础。基于"快乐歌唱"教学以生为本的核心理念,教学目标的设计首先要关注学生的态度,即乐学,学生愿意并能够在快乐中学习音乐。在音乐学习中培养学生的学习能力。其次要在教学过程中关注学生的思考,即乐思,让学生在"快乐歌唱"的同时乐于思考,具有创造力,培养学生的思考能力和思维品质。最后,要关注音乐学科本质的特点,即乐情,音乐体验与表达的过程即知情达意的过程,培养学生感受音乐、理解音乐的能力。因此,乐于感受情、表达情,是快乐歌唱的第三个目标取向。

总之,"快乐歌唱"教学范式的教学目标要以提高学生学习能力、思考能力、音乐理解能力和审美能力为导向,以实现教育的根本目的。

(二)教学条件以兴趣为主题

教学条件是教学的重要构成要素,对学生的学习有重要的影响。创造乐境、乐导、乐趣的教学条件,激发学生的学习动机和歌唱欲望,是"快乐歌唱"教学实施的必要条件。教

学条件的创设需要学校和教师共同努力。学校要为学生创造让学生乐于学习、感兴趣的教学条件,遵循学生身心发展规律和兴趣来设计,如学校的基础设施、教室环境,借助新技术等。教师要创设轻松有趣、富有情境、充满美感的课堂教学条件。在教学过程中,教师要用学生感兴趣的方法导入新课,引导和指导学生进行创造性的学习,进而促进其自主学习,同时应让课堂充满乐趣,让学生在快乐中、趣味中体验、感受、表达、创造音乐。

(三)教学内容以综合为特征

音乐是人类精神生活的有机组成部分,是人类文化的载体,蕴含着丰富的历史文化和人文内涵。作为教育的一部分,音乐教育同样具有文化传承的功能。中华民族音乐文化源远流长、博大精深,是中华优秀传统文化的重要组成部分,值得世代珍惜和忠实传承。中国各地区、各民族的音乐、乐器和舞蹈等艺术形式,凝聚了中华文化的精华,是民族音乐文化的根脉,理应是音乐课程的重要内容。在多元化、全球化的时代背景下,还应将世界其他国家和民族的优秀音乐文化融入音乐教学内容。在设计音乐教学内容时,不能只关注音乐基本技能和基础知识的学习,还要将音乐与相关历史文化进行有机整合,以综合起来作为音乐教学内容。在听、唱、奏、创、动丰富的音乐活动中综合音乐感知与表现的内容,使学生能够通过多感官的音乐活动,整体把握音乐本质特征以及与音乐相关的文化。在音乐课中遵循音乐听赏与表现的规律,设计、组织和综合教学内容。

(四)教学过程以学生为主体

学生是学习的主体,以生为本既是新课程改革倡导的理念,也是"快乐歌唱"教学范式的主要理念。在教学过程中以学生为主体可以从以下几个方面入手。

其一,启于境。教师在实践操作中要尽可能地尝试运用多种教学媒体和教学手段精心创设音乐情境,引导学生以境入学、以学共情,从而激发学生的学习兴趣,引导他们以良好的学习状态学习音乐。

其二,游于艺。教师要充分运用音乐弥漫性的特点,以整体感知、小组合作的方式,引导学生自信演唱、快乐表现、自由创造,从而享受音乐歌唱的愉悦,感受音乐韵律、意象美。

其三,归于情。它是课堂唱歌教学的最重要流程,需要教师充分挖掘不同音乐作品所蕴含的音乐美、文化美。通过对教学媒体的合理运用、音乐教学情境的创设等,在作品、学生和教师之间共建一个情感共同体,以此激发师生间的情感共鸣,以美生情,以情生雅,进而在生活中拓展美、升华美。

(五)教学方法以实践为引领

"快乐歌唱"教学范式下的教学方法要以实践活动为引领,在音乐实践中培养学生的能力,提高学生的素养。第一,需要教师善于、乐于提问,通过问题导向激发学生思考,鼓励学生创造,引导学生学习。第二,教师专业示范也是音乐教学中的重要方法,规范、富有情感且能够传递美感的范奏、范唱是学生学习的重要参考,是教学中的必要环节。教师应善于运用专业能力,适当地进行范唱、范奏,为学生提供真实的具有活力的音乐课堂,因此,乐用是"快乐歌唱"教学的重要方法之一。第三,小组互动、协作创造是学生在音乐学习中的重要方法,依据学法的需求,促进教法的改革。探究式的学习、研讨式的分享能够帮助学生更好地表达自我,与人沟通。它不仅能促进学生的音乐学习,更能培养学生的沟通能力、协作能力、表达能力、创造能力等综合素养,基于此,乐创、乐群成为"快乐歌唱"教学方法体系的重要组成部分。第四,沉浸式的音乐环境(即乐浸)是指音乐课堂的环境构建,教师应善于创设丰富的、沉浸式的音乐环境,为学生提供音乐学习的土壤和阳光。丰富的土壤和温暖的阳光能更好地滋养出热爱音乐、懂得音乐、追求音乐、享受音乐的学生。

(六)教学评价以素养为表征

提高学生音乐学科核心素养是音乐教学的出发点和落脚点,教学评价理应以提高学生学科核心素养为表征。"快乐歌唱"教学范式的目的是更好地检验"快乐歌唱"教学效果,聚焦于学生音乐审美能力、音乐理解能力等音乐学科核心素养的培养与提升。从学生学科指标与育人指标的两个向度出发,评价学生是否能够在歌唱的过程中唱准、唱会、唱美,教师是否能在教学过程中实现音乐教学自主、合作、创造的育人目标。

"以生为本,以唱为旨,以乐为根,以美为基,以创为魂"的"快乐歌唱"教学范式,把"人文性、审美性、实践性"的音乐学科特质和"以人为本"的新课程理念融合起来,让学生在"快乐歌唱"中达到歌唱技能的进阶增长、音乐知识与能力的综合拓展、音乐学科核心素养的培植积累,促进学生身心和谐的全面发展、多元丰富的个性化发展、自主创新的可持续发展,最大限度地发挥音乐唱歌教学的育人功能,让学生爱唱、会唱、能欣赏、会合作,在尽情歌唱中情感得到升华,智慧得到增长,思想得到净化。

(此文获2020国民音乐教育大会"万叶杯"论文征集评选一等奖,发表于《中国音乐教育》2021年第3期、第4期,编入本书有改动)

"美生情、乐中学"——大思政背景下音乐课堂的探析

谢晓梅　夏琳丽

习近平总书记指出"教育是国之大计、党之大计"。大思政强调构建全员、全过程、全方位的育人格局。2022年颁发的《义务教育课程方案》强化课程育人导向,全面落实培养有理想、有本领、有担当的时代新人。旨在培养学生良好的审美情趣和人文素养的音乐课程,对促进学生的全面和谐发展和健全人格的形成有着独特的育人价值。在音乐学科中实施"学科德育",其本质是基于音乐学科的社会属性和道德属性,结合学生的成长需求,通过"美生情、乐中学"的音乐课堂,在"启于境、游于艺、归于情"的音乐教学实践中,培根铸魂、启智润心。

一、大思政背景下音乐学科内隐的德育目标分析

音乐学科具有审美性、情感性、实践性、创造性、人文性等特点,其精髓是以情感人,以美育人,助力学生树立正确的世界观、人生观和价值观,为未来健康成长奠基。我们必须明确"学科德育"中的"德育"并非外在强加,而是学科自身内在的"溢出"[1]。成尚荣强调"学科德育"要基于学科特质,发挥学科独特的育人价值,其核心是引导学生在价值经历中进行价值体认,其本质是师生共同创造积极的道德生活。结合2017年教育部颁发的《中小学德育工作指南》提出的德育目标中的总体目标设置,结合音乐学科的特点,本文从思想认识、情感培育、习惯养成三个方面对其内隐的德育目标做分析。

(一)思想认识方面

"培养什么人、怎样培养人、为谁培养人"始终是教育的根本问题。教育担负为党育人、为国育才的光荣使命。习近平总书记提出中国青年的奋斗目标和前行方向"就是坚定不移听党话、跟党走,努力成长为堪当民族复兴重任的时代新人"。音乐学科所使用的教材内容应以习近平新时代中国特色社会主义思想为指导,将社会主义核心价值观巧妙地

---

[1] 冯永刚.学科德育的价值、困境及路径选择[J].中国德育,2019,(16):50-56.

融合到音乐教学中,让孩子在音乐学习中紧跟党走,坚决拥护党的领导,树立起为中国特色社会主义事业建设做贡献的理想信念。

(二)情感培育方面

《中小学德育工作指南》(以下简称《指南》)指出要"增强国家意识和社会责任意识","形成积极健康的人格和良好心理品质"。音乐教学应该充分发挥"以美育人"的学科优势,引导学生在学习音乐的过程中感受中华优秀传统文化的魅力,深化对我国民族音乐艺术的理解与热爱,激发学生的自豪感,树立起文化自信和弘扬民族传统文化的远大志向。音乐是传达情感的学科,要利用音乐不同音色、节奏、旋律、速度、力度、和声等的表现作用,让学生在享受音乐欢乐的同时,感知音乐作品的内涵,感悟关怀人类的美好情感。同时,让学生树立起对人类、自然以及对一切美好事物的喜爱与向往之情,养成对生活的积极乐观态度,把爱国情、强国志、报国行自觉融入个人行为中。

(三)习惯养成方面

《指南》提出:"细化学生行为规范。""引导学生熟知学习生活中的基本行为规范。"孔子在《论语·泰伯》中说:"兴于《诗》,立于礼,成于乐。"音乐教学除了进行知识、技能的传授和情感浸润,还要不断培养学生良好的行为习惯,将"美"渗透在学生日常的言谈举止和课堂行为中。如培养学生进入音乐教室就像进入音乐厅,能安静聆听音乐的习惯;在合唱、合奏中学会互相聆听和配合的习惯;听着不同的旋律会起立、问好、行走、排队、因学习需要随时变换座位等;回答问题声音响亮,自信表达自己的观点;培养规则意识、合作意识、集体主义意识。

二、德育主题的音乐学科课程内容分析

《义务教育艺术课程标准(2022年版)》(以下简称《新课标》),强调聚焦核心素养,组织课程内容,"培育和践行社会主义核心价值观,着力加强社会主义先进文化、革命文化、中华优秀传统文化的教育"。

音乐教师要深刻理解学科育人价值,严格依标教学,认真执行教学计划。笔者以教育部2012年审定的人民音乐出版社出版的吴斌主编的《义务教育教科书·音乐(简谱)》1—12册(以下简称"人音版小学音乐教材")为例,整理分析发现这套书中国外作品选编了123

首,国内作品选编了270首,这充分体现了教材以中国作品为主,外国作品为辅。其中涉及中华优秀传统文化作品100首、革命文化作品27首、社会主义先进文化作品143首。

(一)体现中华优秀传统文化内容

人音版小学音乐教材共计12册,选编《草原就是我的家》《彝家娃娃真幸福》《我的家在日喀则》《乃哟乃》等民族风格音乐作品24首,涉及蒙古族、藏族、朝鲜族、维吾尔族、彝族、土家族等13个民族,向学生展示了中国各民族别具一格的文化特色和音乐风格。

教材选编了北京儿歌《打花巴掌》、四川民歌《放牛山歌》、江西童谣《宝宝睡着了》等具有代表性的地区民歌、童谣23首,向学生展示有代表性的、特色的地方民族音乐风格。

从第7册开始,选编以京剧为主的戏曲片段,如《夜深沉》《要学那泰山顶上一青松》《我是中国人》等作品,以黄梅戏改编的《打猪草》等地方戏曲共计10首。

选编民族器乐曲16首,如《草原放牧》(琵琶)、《百鸟朝凤》(唢呐)、《二泉映月》(二胡)、《渔舟唱晚》(古筝)等,让学生了解中国民族乐器和源远流长的传统文化,感受传统音乐的魅力,从而激发民族自豪感,树立文化自信。

(二)体现革命文化内容

从统计情况可以看出,人音版小学音乐教材中选编的有关中国革命文化的歌曲并不多,共计27首。内容统筹兼顾了新民主主义革命、社会主义革命和建设、改革开放和社会主义现代化建设三个时期。有关新民主主义革命的作品,以抗日战争背景为主,选编了《歌唱二小放牛郎》《黄河颂》《卢沟谣》《只怕不抵抗》《共产儿童团歌》等,反映出勇于奋斗、敢于担当的革命精神以及英勇顽强的英雄气概,有助于激发学生对革命领袖、英雄人物的崇敬之情。有关社会主义革命和建设的作品,如《歌唱祖国》《雨花石》《中国少年先锋队队歌》等,反映出共产党人无私奉献的高尚品德和艰苦奋斗的精神,有助于培养学生团结拼搏、忘我奉献的高尚品质。有关改革开放和社会主义现代化建设的作品,如《今天是你的生日》《龙的传人》《我们走进十月的阳光》等,激励学生爱党、爱国、爱社会主义,坚定中华民族伟大复兴的理想信念,初步树立为国家富强而奋斗的志向。

(三)体现社会主义先进文化内容

人音版小学音乐教材中有关社会主义先进文化的音乐数量最多,约100首,题材最广。音乐内容贴近学生的生活经验,深受学生的喜欢,有助于丰富学生音乐的审美体验。从第1册有关"好朋友""爱劳动"等主题的《拉勾勾》《你的名字叫什么》《劳动最光荣》,到第5册有关"四季的歌""童年"等主题的《四季童趣》《捉迷藏》《我们多么幸福》,再到第11册有关"赞美之心""两岸情深"等主题的《五彩缤纷的大地》。音乐作品涉及赞美祖国、思念家乡、歌颂劳动、赞美大自然等主题,蕴含诚实、友善、责任、奉献、坚韧等基本品质,指向了"爱国、敬业、诚信、友善"的社会主义核心价值观,能对学生的品德教育起到积极向上的促进作用,有助于激励学生感受生活中的美好,让学生懂得热爱生活和珍惜光阴。

三、德育主题下音乐课堂的实施策略

(一)"美生情、乐中学"音乐课堂的内涵

"学科德育"具有间接性、隐蔽性、持续性的特质,德育主题下音乐课堂秉持"以生为本、以乐为根、以创为基、以美为魂"的核心理念,主张教师心怀国之大者,牢记初心使命,自觉增强为党育人、为国育才的使命担当。这样的课堂遵循音乐学科本质和学生身心发展特点,春风化雨、润物无声,渗透学科蕴含的思想、道德因素和社会主义核心价值观。在音乐课堂中实施"启于境—游于艺—归于情"三步流程和教学策略,在学生心灵中埋下真善美的种子,促进德性自我不断生成,引导学生扣好人生第一粒扣子。

"美"是音乐学科的特点,美在"八音克谐",引导学生感受美、鉴赏美、表现美、创造美,以美育人;"生"体现美育和德育学科的转换方式,强调润育、自育、共育;"情"指向大思政背景下的家国情怀,唤起学生爱党、爱国、爱家乡的情感和对美好事物的热爱之情等;"乐"突出学生的主动参与、积极体验,既是快乐的学习状态,又指向音乐的学科本质和审美情趣,让学生在听、唱、奏、演、创的过程中求善尚美。

(二)"美生情、乐中学"音乐课堂的三步流程和策略

1.流程一:"启于境"

"启于境"指向《新课标》课程理念之"突出课程综合",聚焦核心素养之"文化理解"。它强调以音乐学科为主体,教师有意识地结合德育主题,融合舞蹈、戏剧、美术等艺术,巧妙抓住音乐与其他学科之间的联系,在与自然、生活、社会、科技的关联中汲取丰富的审美教育元素,助力学生形成正确的价值观,坚定文化自信,学会理解、尊重、包容。

如笔者执教的中华优秀传统文化三课之一,五年级音乐综合课《庄子·逍遥游》,融合语文、美术学科,借助信息技术手段为学生营造沉浸式体验环境,在浓郁的中国文化语境中,学生在动情唱、生动演、合作创等过程中,学习中华优秀传统文化和人与自然和谐共生

理念,增强爱国情,培育学生对中华优秀传统文化的亲切感。

2. 流程二:"游于艺"

"游于艺"指向《新课标》课程理念之"重视艺术体验",聚焦核心素养之"艺术表现、创意实践"。它强调在课堂教学中激发学生学习的动力,以学生为中心精心设计教学环节,充分调动其学习的积极性、主动性,引导学生善于紧密联系生活实际,运用媒介、技术和适合自己的独特音乐语言,在启发式、互动式教学中整体感知、合作参与、自由创造、综合表演,充分发挥联想力和想象力,提高艺术素养和创造能力,增强团队精神,涵养热爱生命和生活的态度。

此流程需根据教学内容选取合适的教学策略,如:巧妙设问,引发心灵沉思;正向评价,促进价值观的建立;联系社会生活,创新运用"情景剧""音乐剧""雕塑剧""声音剧"等形式,鼓励个性化表现;配乐讲伟大音乐家的事迹与成就榜样力量的故事;不定期举行"小博小雅的艺术评论"等,在讨论、演唱、欣赏、活动、创编中将德育内涵内化于心、外化于行。

3. 流程三:"归于情"

"归于情"指向《新课标》课程理念之"坚持以美育人",聚焦核心素养之"审美感知、文化理解"。它强调在课堂教学中始终坚持以习近平新时代中国特色社会主义思想为指导,引导学生发现美、感知美,形成丰富、健康的审美情趣,增强中华民族自信心和自豪感,厚植家国情怀,铸牢中华民族共同体意识。

此流程特别需要整合教学资源,激发情感共鸣。教学资源是构成教学活动各要素以及实施教学的必要而直接的条件,包含教师、学生、教材、环境等。德育主题下的音乐课堂,需要教师以身示范,更需要在教学中结合教学目标,选取适合的拓展资源融入每节音乐课,引导学生高质量地参与和体验,在互动生成中激发学生的情感共鸣,永远听党话、跟党走,立志成长为能够担当民族复兴大任的时代新人。

(三)"美生情、乐中学"音乐课堂的德育效果评价机制

音乐教育不仅是美育教育,更有德育教育的功能。《礼记·乐记》中早已指出"德音之谓乐",古人早已认识到音乐与道德的紧密关系,并把音乐之"美"置于道德的范畴内加以评判。[1]"美生情、乐中学"音乐课堂最终指向培养为社会主义现代化建设服务的德才兼备的学生,因而建立德育效果评价机制很重要。

---

[1] 胡慈舟."课程统整"与音乐审美教育[J].音乐时空,2014(9):196.

1. 树立社会主义核心价值观下的音乐审美判断

小学阶段是人生的"拔节孕穗期",最需要精心引导和栽培。由于音乐具有非语义性,聆听相同的音乐作品每个人都会产生不同的审美体验。教师要善于引导学生聆听、演唱音乐作品,让学生树立社会主义核心价值观,培养其音乐审美判断能力,在美的感受中激发其高尚的道德感,追求正义和美善。

2. 以"生长"为旨趣,全面评价

音乐课堂教学的德育效果,离不开学业质量与个体人格完善、德性丰盈的融合。从音乐学科特性生发出来的德育内容,要符合学生的发展需要,充分发挥评价的诊断、激励和改善功能,不断促进学生自我建构德性的生长。师生互动从学习态度、学习习惯、学习品质、行为表现四个维度全面评价德育效果,贯穿课堂教学全过程、各环节。

3. 以"技术"为手段,智慧评价

充分运用信息技术手段,针对学生价值观、必备品格和关键能力进行智慧评价。如采用希沃班级优化大师及时记录学生在音乐课堂学习过程中的典型行为和态度特征。通过技术手段采集师评、自评、互评等数据后,每个学生在期末会收到自己的"智慧画像",其中就有以雷达图方式呈现的德育表现。在音乐课堂上,组织学生自行分析、以评促学,增强针对性,提高有效性,实现入脑入心。提高评价的全面准确性,增强学习音乐的动力和信心。

"思政课视野要大、目标要大、格局要大、阵地要大、作为要大。"[①]大思政背景下的音乐课堂教学还需围绕新时代伟大实践,充分挖掘地方红色文化资源,将伟大建党精神、抗疫精神、科学家精神、载人航天精神等伟大精神,生动鲜活的实践成就,以及英雄模范的先进事迹,引入音乐课堂。更需要扩大音乐课堂的边界,利用课后服务、校园广播、艺术展演等音乐大课堂,贴近生活、植根实践,服务于学生的全面健康成长成才!

(此文发表于《中国教师》2022年第11期,编入本书有改动)

---

① 李秀梅. 如何办好新时代的"大思政课"[EB/OL]. (2022-09-26)[2021-03-12]. https://www.chinanews.com.cn/gn/2021/03-12/9431114.shtml.

第二篇章

教育故事

一 家国情怀

让国旗飘扬在每个孩子心中

杨 丹

电影《战狼2》中有一个片段：冷锋带领着被救出的工人，在车队经过作战区时，用手臂当旗杆，让五星红旗在他国空中飘扬。那一刻，所有观影者无不为之动容。

我想，这就是五星红旗的意义吧，它代表着一代又一代中国人为之奋斗的信仰，它在中国人民的心里是庄严的、神圣的、不可侵犯的。新时代的小学生，更应该热爱这面来之不易的国旗，好好学习，掌握本领，长大后为国增光添彩。

因此，在我的日常音乐教学活动中，我非常注重利用国旗元素，发挥音乐学科的独特性，加强对学生的思想教育，引导学生把爱国情、强国志、报国行自觉融入个人行为中。

激活已有经验，带孩子重新认识国旗

在人音版小学音乐教材中有一首歌曲《国旗国旗真美丽》，需要学生通过学习，感受歌曲中表达的对国旗的赞美和喜爱，加强对祖国的热爱之情。

刚好我有一节音乐课是安排在周一的上午，而周一又有升旗仪式，孩子们会在升旗活动中不断熟悉国旗，有很好的前置经验，可以与《国旗国旗真美丽》的教学进行很好的衔接，于是，我把《国旗国旗真美丽》的教学放到了这个时段。

那天，孩子们在操场上参加完升旗仪式后陆续回到教室。虽然上课铃声早已响起，但

还有孩子在不自觉地哼着国歌。我没有阻止他们,而是笑着望着他们。可能因为注意到了我的目光,孩子们停下来了。

见此情景,我转过身,默默地在大屏幕上开始播放天安门广场的升旗仪式视频。我发现,伴随国歌清脆的旋律和冉冉升起的五星红旗,孩子们脸上呈现出了庄严、肃穆的表情。

音乐结束后,我问道:"你们知道这首歌曲叫什么名字吗?"

"中华人民共和国国歌。"孩子们齐声脆脆地回答。

"那你们知道在听到国歌响起时,我们应该怎么做吗?"

"要保持立正姿势站好。"

"还要望着国旗行注目礼!"

"如果系了红领巾,还要行队礼!"

……

我表示赞许:"是的,世界上每一个国家都有自己的国歌,国歌代表着一个国家的尊严,反映这个国家、人民的精神面貌。从大家的表情和动作中,老师知道你们都了解升国旗、奏国歌时我们应该做什么,怎么做。"

听罢我的话,每个孩子都不自觉地站直了身体,将目光聚焦到了我们的国旗上。

"你们的做法太棒了,你们又向成为一个合格的中华人民共和国的小公民迈出了一步!"我给出了大大的赞许,并点开《国旗国旗真美丽》的视频,随着画面中鲜艳的五星红旗迎风飘扬,我的歌声也随之响起:"国旗国旗真美丽,金星金星照大地,我愿变朵小红云,飞上蓝天,亲亲您……"

每一个孩子都在专心聆听,眼睛认真盯着大屏幕上的国旗。当我演唱完毕,孩子们自发地鼓起掌来。

"同学们,听到老师演唱的这首歌曲,我们的心情是怎样的呢?"

"快乐的!"

"开心的!"

"激动的!"

"为祖国自豪!"

……

孩子们踊跃地将自己内心最真实的感受表达出来了。这时候,对于国旗,孩子们也已经有了全新的认识了。

化"错"为"机",把国旗印上心头

接下来将进入读歌词、学歌曲的环节。但课堂效果往往不是我们理想中的那样完美。就在我自以为引导得恰到好处,每个孩子都将随着我的引导进入一个完美的"真空环境"时,一个小插曲出现了。

"老师,他在画画!"在我带领着孩子们朗读歌词时,一个不和谐的声音响了起来。

正处在激情澎湃中的我,很无奈地看向那个发出声音的小男孩,但又不得不走过去处理突发状况。只见被告状的小男孩满脸通红,双手紧捂着他画画的本子,支支吾吾地说不出话来。

"拿出来吧!"我语气不是很好地对那个小男孩说,脑子里也瞬间准备了一长串对于上课不认真听讲的孩子训诫的话语。

那孩子紧张得不行,但还是挪开了紧捂着本子的小手,眼巴巴地望着我,希望我能发发善心,原谅他。

但随着他的小手挪开的那一瞬间,我那准备好的"长篇大论"却怎么也说不出来了——作业本上是一幅没有完成的五星红旗画。

我拿到手上,思考片刻之后,微笑着对同学们说:"这位同学居然提前知道了老师下个环节的内容,把任务提前完成了,真是个聪颖的孩子!不过,老师还是希望同学们在课堂上能同步完成老师的任务。"

接着,我拿着那孩子的画来到了讲台上,对着全班同学说:"通过我们的学习和了解,每个人心中都住着一面鲜艳的五星红旗,它高高飘扬在我们内心深处。孩子们,你们知道五星红旗象征着什么吗?"

"老师,咱们中国的国旗是五星红旗,国旗的旗面是红色的,象征革命,旗上的五颗五角星及其相互关系象征中国共产党领导下的革命人民大团结。四颗小五角星各有一角尖正对着大星的中心点,表示亿万人民的心都向着伟大的中国共产党。我们小朋友从小要听党的话,好好学习,天天向上!"有小朋友自告奋勇回答。

"说得真好!谢谢你的讲解。好好学习的最基本要求就是要从现在开始,认真听讲,不开小差,做好每一件小事,守望着心中的五星红旗,大家可以做到吗?"

"可以!"全班异口同声地回答道。

"老师也相信你们能做到。孩子们,你们知道吗,五星红旗的设计者是曾联松,长方形,其长与高之比是3∶2,旗面左上方缀黄色五角星五颗,一抹中国红、中国黄,竟是如此交相辉映、和谐美丽。孩子们,现在你们能画出心中的五星红旗吗?"

"能!"于是,大家整齐地拿出画笔和画纸,认真地描绘心中那面美丽的五星红旗。我朝着那个小男孩看过去,向他点了点头,他很意外,反应过来后,也给了我一个感激的目光。

接下来的课堂,孩子们没有再开小差,学习歌曲也分外投入。在有了前面对国旗的深入了解后,孩子们更能感受到国旗的美丽与伟大,在演唱时,都能情不自禁地做到口腔空空的,声音位置高高的,全身心地演绎着心中那面美丽闪耀的五星红旗。我能感受到,国旗,开始深深地烙印在每个孩子的心头。

你用心爱护国旗的样子,真美

再次演唱歌曲《国旗国旗真美丽》,是在几周后的庆国庆歌咏比赛中。为了参加这次比赛,孩子们很用心地练习了很久。每天"课前一支歌"唱的就是它,并且准备了五星红旗道具,还创编了一套好看的动作。每个字的发声,每个动作的位置、角度、时间也都一一进行了规范,孩子们充满了信心,势必在歌咏比赛中取得好成绩。但有一个同学在做表演动作的时候总是跟别的同学不太同步,为此,我们专门请旁边的同学负责提醒他。

在给每位孩子分发国旗道具前,我严肃地告诉他们:"不要认为这只是一个道具,这就是一面缩小版的国旗,我们要怀着同样憧憬的心情去爱护它,无论什么时候,都不能弄脏、损坏它,更不能随意丢弃和践踏。在我们手上,我们就要让它直立、飘扬。你们能做到吗?"

"能!"

看着孩子们坚定的目光,我露出了欣慰的笑容,一一将国旗发到每个孩子的手中。

排练的时候,国旗随着孩子们的歌声飘扬,那个孩子出错的频率也越来越低了。

终于到了比赛的这一天,赛前,我没有过多对孩子们强调什么,我知道他们都攒着一股劲儿,想要好好地表现。果然,在舞台上,孩子们精彩的表演吸引了台下的观众,赢得了阵阵掌声,我的心也随之慢慢放松下来。

但就在快结束时,孩子们要小跑着完成最后一个定型动作,还是那个孩子,他的脚被地毯绊了一下,重重地摔倒在地上,我的心也重新悬了起来。只见他迅速抬起手中的国旗,合着音乐的节奏快速加入到最后的定型动作,表演丝毫没有受到影响,仿佛刚刚摔一跤的人不是他一样,他举着国旗,脸上露出自豪的笑意。台下的观众也自发地为这个孩子鼓起了热烈的掌声,为他的坚强、为他的集体荣誉感而鼓掌。

谢幕之后,我找到那个孩子,关心地询问他的情况。他只是咧着嘴笑笑,对我说:"老师,我没事,您说过,无论什么时候我们都要让国旗飘扬,我不能因为摔跤,让手中的国旗倒下了呀。"

望着他清澈的眼眸,我内心一紧,伸出双手抱住了他:"孩子,你用心爱护国旗的样子真美!老师为你骄傲!"我也知道,对国旗的热爱,已经深深根植于这个孩子的言行中。

在日常音乐教学中,我们需要像《国旗国旗真美丽》的教学一样,将德育作为教学目标之一贯穿音乐教育之中,以音乐实践活动为载体,"以乐为根,以美为魂",全面落实培养有理想、有本领、有担当的时代新人,促进学生身心全面和谐发展。我们相信,当每个孩子心中都深深烙印下这鲜艳的五星红旗,相信这民族之旗、团结之旗、希望之旗也会一代一代传承下去,中华民族的传统美德也将由孩子们发扬光大!

(作者系重庆市万州区望江小学音乐教师)

同样的爱国熏陶，不一样的抵达路径

陈霞丽

为什么学生唱不好国歌？

"起来，不愿做奴隶的人们……"在开学典礼的升旗仪式上，学生要集体唱国歌，但他们都怯怯的，唱得比较小声。一个特别洪亮的声音却吸引了我的注意，我侧身看去，一个胖胖的小男孩站得笔直，小手高举过头行着标准的队礼，声音特别大，吼得脸红脖子粗的。

开学典礼结束后，我把这个孩子留了下来，我问他为什么唱国歌的时候这么卖力。他说："我爷爷是军人，从小爷爷就告诉我，国旗和国歌是我们国家的象征，我们今天的幸福生活是革命先烈用鲜血和生命换来的，一定要爱国，尊重国歌，尊重国旗，我听到其他同学这么小声地唱国歌我心里难受，想唱大声些让他们也唱出来，这样才是对国旗、国歌的尊重和热爱。"

"你真是一个爱国的好孩子！"我向他竖起大拇指，"但是扯着嗓子唱歌对嗓子非常不好，唱出来的声音也不好听，后面我们一起想办法让大家都能好好地唱国歌，好吗？"

他非常高兴地回答："好的。"

当时，我刚刚当上大队辅导员，又是音乐老师，不管是以哪个身份，都有引导学生唱好国歌的责任，因此，我默默下定决心，一定要利用好音乐课堂，让学生唱好国歌。

中华人民共和国国歌是音乐教学的必选曲目，也是对学生进行爱国主义教育重要的内容。每个学生都会唱，但能够唱好、唱准确的，却寥寥无几，究其原因，还是学生对中华人民共和国国歌的理解不足，知其然而不知其所以然。为此，我仔细研究国歌，深挖国歌的创作背景和内涵，并准备结合不同年级的认知水平和特点，设计不一样的国歌教学课。

一年级：在系统认知中会唱国歌

一年级的孩子刚刚进入校园，对一切新鲜事物都有着浓厚的兴趣，对音乐也不例外。他们乐于参加音乐活动，乐于在活动和课堂上表现自己，以形象思维为主，好奇、好动、模仿力强，教学中要尽量采用歌、舞、图片、游戏等相结合的综合手段，进行直观教学，激发和培养学生对音乐的兴趣。因此根据一年级学生的身心特点，在国歌的教学中，我充分利用视频、图片、音频等资源，采用欣赏、聆听、谈话引导等直观的教学形式，让学生走近国歌、认识国歌，从而喜爱国歌、尊重国歌。

预备铃响，孩子们如往常般安静地坐在了自己的位置上。

上课前，我先为学生播放了《国旗国旗真美丽》这首歌曲，孩子们充满好奇和求知的眼睛专注地看着大屏幕，小耳朵也竖着安静地聆听。

在学生观看完之后，我提出一个问题："你们知道中国的国旗是什么吗？中国的国歌又是什么呢？"不出所料，学生对这些已经有了前置经验，便争先恐后地说出了正确答案。

"那谁能告诉老师，在什么样的场合会升国旗、奏响中华人民共和国国歌呢？我们又为什么要升国旗、奏唱国歌呢？"

全班学生像小鸟一般开始叽叽喳喳地讨论。我给学生留了三分钟畅所欲言的时间："有哪位小朋友知道问题的答案呢？"

小红自信地举起右手说："老师，我知道！因为要团结所有的中国人才升国旗、奏国歌。"

"小红回答得太棒了！还有哪位小朋友来说一说呢？"此时，我发现坐在最后一排的小杨同学悄悄举手又放下，于是我让他来回答这个问题。

小杨说："我以前在假期跟着爸爸妈妈去北京旅游时看过升国旗，还有咱们每周一也会举行升旗仪式，我想升国旗的原因就是为了让我们铭记先烈吧。"

"你回答得太好了，你是一位爱国的孩子。"我表示赞许，并继续鼓励其他学生发言，"还有同学补充吗？"

这时，小张同学高举小手回答："老师，在奥运会中中国健儿获得金牌的时候也会升国旗、奏国歌，我觉得特别的自豪。"

我又问："当你看到升国旗，听到奏国歌的时候，你的心情是怎样的呢？"

此时，平时最调皮的小王眼睛红红的，羞涩地举着小手，我就让他起来回答，小王笔直地站起来，声音洪亮地说："我觉得特别的光荣、特别的自豪，还很感动呢，我长大了也要当一名英雄。"小王回答完毕，小朋友们都热烈地为他鼓掌。通过短暂的问答，学习氛围活跃起来。

看时机到了，我打开课件，向学生系统地讲解国旗、国歌的历史。在我讲解图片、展示视频的过程中，全班学生都抬着小脑袋，眼睛一眨不眨地盯着大屏幕。此时就连平时调皮捣蛋的学生都聚精会神地听我讲故事。

内容讲解结束之后,开始进入本堂课的正题——聆听中华人民共和国国歌。

在播放第一遍时,孩子们听到后半部分的"起来!起来!起来"以及"前进!前进!前进进"时,表现出了极大的激情与热情。因此,在后面几遍的欣赏中,孩子们都能够自主哼唱。

在欣赏的过程中,我又通过为学生讲述抗日战争典型案例《飞夺泸定桥》,引导学生对国歌中最后几个"前进"进行深度理解,进而将自我情感融入国歌的演唱之中。

最后,我问学生:"升国旗、奏国歌的时候我们应该怎么做呢?你们能做给老师看看吗?"

我播放学校升旗仪式时的视频,当音乐响起,同学们都迅速起立立正,将自己稚嫩的小手高高举过头顶,模仿着高年级的大哥哥、大姐姐们行队礼,小小的身子蕴含了大大的能量,全班团结一心,声音洪亮地唱出了中华人民共和国国歌,由于之前的铺垫,此时全班学生的情绪慷慨激昂。

在学习结束之前,我再告诉学生:"国歌是庄严、神圣的,是中华民族的象征。同学们,在听、唱国歌时,我们都要站如松,要严肃地面对,要尊重国歌、尊重国旗。"从学生的眼神中,我知道他们把这段话真正记在了心里。

四年级:在深度理解中唱好国歌

人音版四年级上册则对中华人民共和国国歌的教学提出了新的要求。因为四年级的学生相较于一年级的学生,在认知水平和学习能力等各方面都有了提高,所以这一阶段的教学就要抓住国歌的创作背景、历史背景等细节,通过细节加深学生记忆,让学生理解歌曲情感以完成教学。

为了让学生真正明白学唱中华人民共和国国歌的意义,在课程教学中,我通过情景创设法的教学形式进行授课。

在教学之前,我为学生播放了《八佰》《长津湖》的视频片段,学生在观看影片时,我发现所有的小朋友都目光炯炯地盯着大屏幕,有的学生眉头紧锁,有的学生甚至掉下眼泪……面对此情此景,在观看视频之后,我要求学生举手谈一谈自己的感受。

学生小黄说:"敌人真可恶,我长大以后也要当军人,保护祖国!"小李说:"幸好我们现在的生活没有战争,战争太可怕了。"视频充分调动了全班学生的兴趣,此时,我再通过课件展示中华人民共和国国歌的创作背景和历史背景,通过细节加深学生记忆,让学生理解歌曲情感,为后续的学唱打好情感基础。

演唱国歌和其他歌曲不同,为了让学生感受到红色歌曲中慷慨激昂的感情,我设计了重音记号比较法的教学环节。

在唱到"中华民族到了最危险的时候"时,我向学生提问:"为什么要将重音符号标记在了'中华民族'四个字上呢?"

在问题提出之后,我给学生预留了三分钟的时间,要求学生进行探讨。在学生讨论时,我在班级展开了巡视,及时给予学生一些关键性的指示,比如我让学生通过反复演唱来感受重音符号,尝试结合刚刚观看的影片来感受,等等。

在讨论结束之后,学生小张举手回答:"因为这首歌就是让我们体会民族的感情,所以才在'中华民族'四个字上加了重音符号。"当小张回答结束之后,全班学生跟着点头表示同意,此时教学气氛达到了高潮。

接着我让学生讨论歌曲的动力引擎弱起、三连音、附点以及旋律上行有什么作用,让学生在真正理解的基础上唱准、唱好歌曲。

学生通过积极思考、讨论,最后得出结论:弱起给歌曲注入了强有力的动能,附点给人连续不断的推动、跃跃欲试之感,三连音像嘹亮的号角声给人紧张感……

通过这样的深入分析和学习,学生对歌曲有了更深的理解,也有了更深的体验感,在不知不觉中产生了热爱祖国的民族感情。

最后,全班学生慷慨激昂,团结一心,声音洪亮地唱出了《中华人民共和国国歌》,这节课最终也取得了良好的效果。

尊重认知规律,教育才能事半功倍

从一年级和四年级的《中华人民共和国国歌》教学实践中可以看出,教育是一个循序渐进的过程,我们要尊重不同阶段孩子的认知发展规律。

回顾本堂课的教学,针对一年级,我重点从认识国歌入手,通过欣赏、谈话引导、聆听、跟唱等方式,带领孩子走近国歌、认识国歌,从而喜爱国歌、尊重国歌。而针对四年级,我则从理解国歌入手,通过创设情境、讲解背景、演唱、感受等方式,带领孩子深刻理解国歌表达的情感,从而增强他们的民族自豪感和责任感。因此,在小学音乐教学中渗透爱国主义教育,要求我们在教学中必须仔细研究学生的认知特点,设计具有针对性的教学方法。

同时,为了避免教学课程单一,除了必要的讲解,我设置了很多"探秘活动",让学生可以在与之相关的情境之中进行深入的探究,这样的教学模式能够让学生主动地参与学习活动。同样,为了给之后的音乐课程教学做好准备,我还经常让学生通过说一说、听一听等活动来充分体会课程内容,学生在聆听中感受,在歌唱中想象,在想象中理解,这一教学过程可以让学生体会到音乐的审美愉悦。

再一次迎来学校升旗仪式,看着学生态度严肃认真,以饱满的精神和洪亮的歌声演唱中华人民共和国国歌,我欣慰地笑了。也再次看到了小胖,他跑过来对我说:"老师,大家都能声音洪亮、激情地唱国歌,我再也不用扯着嗓子吼着唱了。"

我拍着他的肩说道:"很好,大家还要继续努力,把中华民族百折不挠、勇往直前的精神一直传递下去……"

(作者系重庆两江新区人民小学音乐教师)

传承红色基因，厚植家国情怀

周晓润

我愿铺起一条五彩的路，

让人们去迎接黎明，

迎接欢乐……

这是经典革命传统歌曲《雨花石》中的歌词，歌词里铺着五彩路的"石头"特指雨花石。《雨花石》被选入人音版小学音乐教材，讴歌了为人民利益默默奉献的革命烈士，是对学生进行革命传统教育非常重要的内容。作为音乐教师，我们有引领学生传承红色基因的教育使命，因此要以新课标理念为准绳，合理设计教学方法，在掌握歌曲乐理学习的基础上，激发学生对革命先烈的敬仰之情和对祖国的热爱之情，让经典红色歌曲焕发新的生命力。

考虑到小学生活泼好动的特点，在这节课的教学中，我重点采用了活动化教学的方式，并借鉴了谢晓梅校长"美生情、乐中学"音乐课堂的三步流程和策略。

启于境：一石激起千层浪，雨花境中故事藏

因为雨花石主要产于江苏省南京市六合区及仪征市月塘镇一带，因此，对于重庆的学生来说，他们可能没有与雨花石打交道的前置经验。为了让学生了解雨花石的特点，我提前一周就布置了寻找雨花石的作业，我也向朋友借了几块他从南京带回的雨花石，想和学生分享。

正式上课时，我先邀请学生分享他们找到的雨花石是什么样子：

"老师，我的石头是白里透红的。"

"我的石头是通身雪白的。"

"我的石头是五彩斑斓的。"

"我的石头是光滑圆润的。"

"我的石头是黑漆漆的。"

……

伴着歌曲《雨花石》的伴奏音乐,孩子们开始分享自己寻得的宝贝。"哈哈哈……"突然,一阵笑声引起了大家的注意,原来是小河马同学的"雨花石"与众不同。仔细一看,这块石头色泽格外艳丽,还用丙烯颜料进行了装饰,画上了好看的花纹,为了看起来晶莹剔透,小河马精心为准备的"雨花石"刷了一层清漆,锃亮锃亮的。

"老师,他这块根本就不是雨花石!"。

小河马性格内向,平时是一位不爱说话的孩子,胖胖的脸庞常常戴着口罩,总是不愿摘下。此时,听到同学一下揭穿他的石头不是真的,他脸都涨红了,眼泪蓄满眼眶。

我走到他身边,轻声问他:"想给大家讲讲你这块石头吗?"

小河马支支吾吾说起了他的石头:"这是我在嘉陵江边捡拾的鹅卵石,因为我确实找不到雨花石。但我去网上查了,雨花石就是这样晶莹剔透,色彩艳丽,我还为它刷了一层漆,更亮了呢!"

我向他投去赞赏的目光:"你很用心地准备了,为你点赞。那你还查到哪些信息?可以和大家分享吗?"

见我没有批评他的"雨花石",小河马一边用手抹眼角的泪,一边从衣服口袋里掏出用A4纸打印的资料说道:"传说中,南朝梁武帝时,有个叫云光的高僧在南京石子岗设坛讲经说法,感动上苍,上苍的眼泪化为雨花,落地后便幻化成了五彩缤纷的雨花石,后人便将讲经处称为雨花台。也有史料说,雨花石是女娲补天时没有用完的五彩石。"

他的介绍配合着《雨花石》的伴奏音乐,真是相得益彰,音乐赋予了故事浪漫的色彩,也让课堂拉开了帷幕。

我接着他的话补充道:"再后来,战争年代在雨花台遇难的共产党人和革命群众达10万之多。新中国成立后,为了缅怀先烈,启迪后人,在这里修建了烈士陵园。于是,又多了一种新的说法,雨花石是被革命烈士的鲜血染红的。"孩子们没有想到这些美丽的石头背后还有如此深刻的意义,纷纷为小河马竖起了大拇指。

"一千多年过去了,如今的雨花台又是怎样的情景呢?"我打开视频,带着班里的孩子在音乐中走进雨花台。如今的雨花台风景依旧美丽,少了浪漫的情愫却多了庄严与肃穆,借助背景音乐的渲染以及"一石激起千层浪"的故事,为学生更好地感受、理解歌曲的情感做了铺垫,动情的音乐课堂启于"雨花境"中。

游于艺：点石成金铺彩路，一击一拍歌英雄

"孩子们，你们想听听雨花石的心声吗？"

"啊？雨花石还会说话吗？"孩子们好奇地问。

"让我们捧起雨花石，听它们在诉说什么。"我率先敲击着手里的两枚雨花石，敲出其中一个乐句的节奏：

$$\frac{2}{4} \underline{X} \ X \ \underline{X} \ X \ | \ \underline{X \ X} \ | \ \underline{X \ X \ X} \ X \ | \ X \ - \ \|$$

静　静　地　躺　在　泥　土　之　中。

《雨花石》这首歌曲节奏难，旋律丰富多变，歌曲中包含大量的前十六、后十六、三十二分节奏，而且在本就难的节奏中间还插入了十六分休止符，这无疑增大了学习难度。

为此，我设计了"听听雨花石的心声"这一环节，设计了"敲击雨花石"的体验活动，一边敲击节奏，一边突破了节奏难点，为唱好歌做铺垫。

学生跟着敲击雨花石的节奏，也清脆地敲击起来，课堂瞬间变得生动活跃。我想这正是对"美、生、情、乐"课堂境界最好的解读。

趁着学生热火朝天地体验敲击之乐，我追问着："美丽的雨花石静静地埋在泥土里，它们有一个共同的心愿，是什么呢？"

"它想洗个澡，向别人展示自己与众不同的美。"

"它想成为一件乐器，创造美妙的乐音。"

"它想碰撞出火花，带来光明。"

……

孩子们的回答很开放，很有想象力。

我继续问道："歌词里是怎么唱的呢？"

孩子们恍然大悟，齐声说出那朴实无华的梦想："它想铺成一条五彩的路！"

"路，是给别人踩的，如此精美的石头本可以大放光彩，可为什么有这样一个小小的愿望，你有怎样的想法？"这个问题对于小学生来说无疑有一定难度，更是难以和歌词中蕴含的意义相结合。此时，我将精心剪辑的革命先烈抛头颅、洒热血，甘于自我牺牲的视频播放给学生观看。英雄们如雨花石般无私奉献的精神感动着每个人，江姐、刘胡兰、王二小、黄继光、董存瑞……一个个英雄可歌可泣、壮烈牺牲的画面深深震撼了学生，他们一起情

不自禁地唱起:"我愿铺起一条五彩的路,让人们去迎接黎明,迎接欢乐!"

伴随着音乐声,学生一个个起立,把手中的雨花石贴到黑板上,拼成一条五彩大道。顿时点石成金,每颗石头发出不同的光,展示不同的美。教育的目的不正是如此吗?让每个学生绽放光彩。艺术之美不仅是跃然于黑板上的五彩大道,更体现为各美其美,将学习革命先烈默默奉献的精神,甘为孺子牛的美涵养于孩子们晶莹的内心。

归于情:重温誓词系领巾,致敬先烈增光辉

"美、生、情、乐"音乐教学境界中追求的"情"最终要归于厚植家国情怀,坚定理想信念,为学生播下热爱的种子,铸就忠诚的灵魂。因此,在课堂的最后一个篇章,我向学生提问:"雨花石是烈士们用鲜血染红的,国旗是烈士们的鲜血染红的,还有什么是用烈士们的鲜血染红的?"

学生脱口而出:"红领巾。"

学生和我满怀激情,我们胸中的热情被点燃:"全体起立,让我们举起右手,面对少先队旗,庄严宣誓:准备着,为共产主义事业而奋斗!"

"时刻准备着!"学生的回答铿锵有力。

我拿出事先准备好的红领巾,请中队长为我佩戴上,然后组织学生一起唱响《雨花石》:"我愿铺起一条五彩的路,让人们去迎接黎明,迎接欢乐!"之所以在这里安排佩戴红领巾,是因为红领巾是少先队员的标志,蕴含深刻的含义,结合歌唱《雨花石》,让学生心中的家国情怀被进一步激活。

回过头看《雨花石》的完整教学,其实是从学科视角出发,以素养为本,以任务为导向,以学科教学实践活动为路径,通过"启于境:一石激起千层浪,雨花境中故事藏;游于艺:点石成金铺彩路,一击一拍歌英雄;归于情:重温誓词系领巾,致敬先烈增光辉"三部曲贯通,在活动化教学中激发兴趣,滋养品格,启迪思维,涵养"雨花石"般的晶莹品质,培育有理想、有本领、有担当的时代新人。这呼应了《义务教育艺术课程标准(2022年版)》的最新要求,音乐学科坚持德育为先,努力践行社会主义核心价值观,以提高学生审美和人文素养为目标,紧紧围绕以美育人、以美化人、以美润心、以美培元的育人宗旨,弘扬中华美育精神,培养德智体美劳全面发展的社会主义建设者和接班人。

革命传统音乐是创作者对革命时代人们奋勇斗争,为革命奉献青春和生命的真实写照,通过音乐旋律与字词来歌颂革命战士英勇斗争的意志,因此,革命传统音乐在音乐教学和音乐德育中具有重要地位,但因为离当下学生的生活经历较远,需要我们不断优化思路,结合时代特点,创设合适、有效的路径,真正利用革命传统音乐,在教学中渗透革命传统教育,不仅能够让学生深入了解我国的历史文化,还可以培养他们的爱国主义精神,厚植家国情怀。

(作者系重庆市北碚区金兴小学音乐教师)

我与中国少年先锋队队歌的故事

李彦

"我们是共产主义接班人,继承革命先辈的光荣传统……"明快的节奏、熟悉的旋律、朗朗上口的歌词,每每听到它,作为一个有着十年大队辅导员经历的音乐老师,我的眼前都会闪现出不同的场景和学生,但心里总是涌动着相同的情愫。

失败的演出——艺术同样需要严谨的态度

11年前的那次失败演出让学校整个管乐团士气大跌。那是参加全市庆六一展演活动的压轴演出,我们演奏的曲目是中国少年先锋队队歌《我们是共产主义接班人》,需要采用行进式管乐演奏。一听这要求,再一看这群平均年龄才11岁,学习乐器最长还没超过4年的孩子们,作为教师的我们顿时慌了。

行进式管乐演奏与我们日常训练的演奏有很大的区别,乐器声部也需要调整,加之对孩子们对乐器的把持与控制、气息的运用、步伐的统一等能力要求很高,其间还有因不了解行进管乐声部设置比例原则的学生和家长反复纠结,桩桩件件都搞得整个团队焦头烂额。

尽管在近两个月的严格训练后,孩子们基本掌握了行进技巧,但越是临近演出越慌张。双簧管声部的小王天性活泼,他在训练期间一直缺乏严谨的态度,没少挨批评。

演出时,我躲在耳幕后感觉手心都攥出水了。就在演奏进行到第一段倒数第二乐句的高音部分时,我清楚地看到小王离开了自己的既定行进路线,慌张地满地寻找滑落的鼓棒,捡回鼓棒后他回到队伍里继续演奏,可能是刚刚发生的一切太突然,他竟跟不上团队节奏了,凌乱的鼓点让场上的孩子们有些不知所措。我感觉自己的心脏都堵到嗓子眼儿了,真想冲上去一把把他拽下来。那天演出谢幕后,孩子们一改往日的神采飞扬,个个耷拉着脑袋,心情沉重。

第二天,我组织全体团员对这次演出进行总结反思,小王主动向大家道歉,说失误是因为自己对演出没有足够的重视,没拿稳乐器造成的。孩子们都没说话,这时我要求所有声部重新单独演奏,并在其他声部演奏时默奏配合。轮到打击乐声部时,不出预料又在小王这儿掉链子了。我在黑板上赫然写下了"尊重原谱"四个大字。短暂的沉默后,我告诉孩子们:"'尊重原谱'也可以理解为'忠于原谱'。这在合奏、合唱中特别重要,是乐者对艺术作品最起码的尊重与敬畏。其原因除了能规范作品声部间的和谐进行外,还有一点就是能更加准确地展现作者要向观众展示的艺术形象。这也就要求每一个参与演奏的人具备严谨的态度,真正做到一丝不苟,否则失之毫厘,谬以千里。"随即,组织各声部分乐段合奏,尽力做到精准。

那天管乐团因为反复训练,放学很晚。作为老师,我希望一首队歌、一次磨砺能为这群孩子今后的人生道路打下严谨求学、尊重艺术的坚实基础,更希望合作精神能伴随他们一生。

从"我不唱"到"让我来"——歌曲的二度创作亦是育人过程

"我不唱!我也不想入队!"这是两年前一堂音乐课上,从小胡口中喊出的话。那天,我和往常一样带孩子们来到音乐教室,准备完成队歌的教学。迟到的小胡却被课代表拦在门外数落起来:"你迟到了,还不快进去!今天肯定是唱队歌,少先队员都会,你要好好学,不要再拖我们后腿了!"那一刹那,我看到小胡脸上瞬间闪过了羞怯和惶恐的表情。于是我连忙用手势示意课代表回位。

简短的开课后,有的孩子已迫不及待地翻书哼唱起来,但不难发现各种节奏和音准的失误。通过对比聆听,二年级的孩子只知道自己唱的和示范音频不同,却说不出具体失误之处。看着孩子们脸上疑惑而无助的表情,我走到他们中间,讲起了队歌诞生的故事。从1958年"金门炮战"中的"英雄小八路"讲到1960年歌曲《我们是共产主义接班人》的创作,再到1978年10月,这首歌被确定为中国少年先锋队队歌……孩子们都被故事深深吸引住了,大家都认为自己应该向英雄小八路学习。我连忙追问:"学什么?从歌曲中能找到答案吗?"孩子们不约而同地唱出:"不怕困难,不怕敌人,顽强学习,坚决斗争……"一问一答间,逐句聆听、跟唱、识谱、练习,孩子们越唱越投入,没人抢拍、跑调了,大家都被自己的歌声震撼着。就连小胡脸上也洋溢着自豪与憧憬的表情。我激动地告诉孩子们:"刚才大家唱歌的感觉就是精神饱满的状态。记住自己刚才演唱时眼前浮现出的画面,或许各有不同,但都是自己心中榜样的身影和理想的方向。"

我问孩子们:"队歌要我们向着怎样的理想勇敢前进?你的理想是什么?在前进之路

上我们要怎么做?"一个接一个,一组又一组,孩子们畅谈自己要当科学家、艺术家、教育家、企业家的理想,坚定而洪亮的歌声此起彼伏。当"小火车"开到小胡面前时,他再次沉默了。就在我俩目光相遇的刹那,他竟大声叫嚣了起来。大伙儿很快从惊诧中回过神来,有的同学带着嘲讽的语气说:"又来了,你要是有理想就不会天天不写作业了。""我们班什么活动你都拖后腿,每天脏兮兮的,到现在都当不上少先队员。"眼看愤怒的小胡就要冲出教室了,我紧紧拉住他的胳膊,凑近他的耳朵说:"你现在出去就是逃避,你要勇敢地证明你可以,我会帮你的。"

下课后,我把他拉到钢琴前,问他想不想弹一弹,他没回答,我握住他脏脏的右手,戳响了第一乐句。见他还是没反应,于是我边弹边唱起来,当唱到"少先队员是我们骄傲的名称"时,他跟唱起来,不过声音透露出极度不自信。我告诉他乐句里的"骄傲"正好是这里的高音,要用上足够的气息,还要唱出附点节奏的感觉。他说自己没有什么值得骄傲的,家人和同学都不喜欢自己。我突然意识到这个孩子心里可能藏着深深的自卑,表现出来如刺猬般大大的攻击性。我问他:"想体会骄傲的感觉吗?"他点头。我们约定下节音乐课他要仪表整洁、坐姿端正,跟着大家一起好好练习,我会带着他体会骄傲是什么感觉。他很疑惑地看着我,我继续和着音乐教他踏步、击鼓,当他能独立完成后才让他离开教室,并嘱咐他回去练习。

第二课时,我提出要检查全体同学演唱的情况,大家纷纷响应。这一遍我仔细观察着小胡的举动,他在自己膝盖上敲着节奏,每一个强拍都非常准确。一遍下来,我肯定了全班的进步,特别对小胡提出表扬,并感谢了他,还把队鼓搬到讲台上,让小胡敲队鼓,带领大家再唱歌曲。唱完后让孩子们谈谈有鼓点伴奏的演唱和没有伴奏有什么区别。大部分孩子觉得有鼓点伴奏更有气势。第三遍全班起立,和着小胡的鼓点声踏步演唱,在进行曲节奏中感受整齐步伐的前进力量。

在课堂小结时,我告诉孩子们:"队歌中'继承革命先辈的光荣传统'不仅包括视死如归的英雄气概,还包括团结互助的开阔胸襟。今天的红色江山不是一个人或者几个人打下来的,而是全国人民齐心奋斗的结果。那么今天我们团结的每一个同学都会成为祖国未来发展的建设者,所以当同伴有进步时我们要肯定和赞扬,要让他和我们一起迈向更大的进步,这样祖国的未来才充满希望。小胡今天从着装到课堂表现都有很大的进步,这得益于同学们对他的鼓励和帮助,老师愿意继续帮助他,争取让他早日加入少先队。"

如今的小胡已经四年级了,虽然有时还是会调皮管不住自己,但是每次我眼神示意他,他都会点头回应并立马改正,在今年又一届队鼓鼓手训练的时候,他主动申请帮助大队干部组织训练。看到这样的场景,我庆幸自己没有用统一标尺衡量每一个孩子,而是用音乐帮助他重拾自信,在他最需要帮助的时候给予他绝对的信任和鼓励。我相信多一把尺子就会多一个好孩子,希望这强弱分明的进行曲节奏能唤起他对音乐初步的感知,让他踏着坚实的步伐走在不断前进的道路上。

时代各有不同　奋斗一脉相承——链接生活,创造美好

再次与中国少年先锋队队歌不期而遇是在去年。一年一度的中小学生艺术展演活动即将拉开帷幕,学校舞蹈社团准备以革命题材为背景原创一个节目。在接下来的时间里,孩子们在舞蹈老师的指导下学习动作、熟悉音乐、编排队形……那段时间我听得最多的就是抱怨,抱怨难度大、要求高;抱怨音乐没有歌词,不好记动作……舞蹈老师也委屈,觉得用情用智原创的舞蹈,孩子们因为动作不到位、情绪不到位表现不出战地儿童团员的精气神,离展演时间越来越近了,老师也焦灼。

我告诉舞蹈老师:孩子们因为没有亲身经历,不了解那段枪林弹雨、食不果腹的艰难岁月。没有体验哪来情感？没有经历谈何表现？何况他们并不是不努力,看着家长发来的那一张张磨破的膝盖、瘀青的脊背、划伤的脚踝照片,我心疼之余计上心来。

我来到舞蹈厅,准备好投影设备等待着这群可爱的孩子。他们很准时,只是脸上并没有参加社团活动的兴奋。看大家都到齐后,我招呼孩子们围坐过来,舞蹈男主角小谦是大队干部,他突然诧异地问:"李老师,今天不排练吗？舞蹈老师咋没来？"我笑笑说:"今天舞蹈老师拜托我来,可我不熟悉这支舞蹈的编排,还请大家多关照啊!"接下来大家七嘴八舌地介绍着舞蹈背景、情绪变化、重点队形和动作要领……我一直认真听着,看来他们对舞蹈老师的碎碎念已经倒背如流了。听完孩子们的讲述,我把舞蹈音乐完整播放了一遍,让他们边听边琢磨自己的动作和情绪,顺便换好练功服准备开练。伴着音乐我走过每一个孩子身边,轻轻抚摸他们还未痊愈的膝盖、脚踝,有的孩子小声告诉我这是练习的时候擦伤的,那是反复排练的时候同学踩在身上压肿的……有的旧伤未愈又添新伤,看得身为人母的我眼中不禁泛起了泪花。

音乐结束,我起身对孩子们表示感谢,看到他们诧异的样子,我忙解释:这是以战地儿童的真实故事为创作背景,通过艺术加工形成的节目。说着便播放了电影《英雄小八路》的几个重要片段。当熟悉的旋律伴随着一帧帧画面闪现,我发现身边的小谦若有所思。

"枪林弹雨是怎样的情景？影片中的少年怎敢冒死在炮火连天的战地用身体连接电

话线？他们的奋力拼搏和我们今天的幸福生活有什么关联？"我和孩子们一起探讨，挖掘着影视作品、音乐主题、人物心理的内在关联，结合我们的舞蹈再次分析情感与表情、动作间的转换，说到激动之处孩子们自发起身一段一段地跳，一个动作一个动作地抠，完全不知疲惫。我告诉孩子们："你们为了更真实地呈现这个艺术作品而忍受疼痛、互相协作、夜以继日、精益求精的样子和当年的英雄小八路是一样的。一代人有一代人的长征，时代各有不同，但奋斗一脉相承。"

没想到最后这句话被好几个孩子写进了日记里。五年级的小邓联想到三年前为抗击新冠疫情坚守在工作岗位上的医生父母；四年级的小蕾记录着线上学习期间为了确保网络正常在积雪的房顶上用手机直播的数学老师；六年级的小言回忆着暑假和妹妹给社区志愿者送自制清凉饮品的场景……

自那以后，每每问及孩子们身上的伤，得到的回答都是"这算什么"。训练中因为有了默契，彼此间还会主动协助。展演彩排时，很多观众都饱含泪水，但小谦却萌发出一个想法，想在舞蹈结尾处以少先队员现场唱响队歌展现一个队员倒下一群队员集结的场景……我随即带领孩子们完成录音，把这个想法变成了现实，也为我们的节目画上点睛之笔。我想这就是经典作品与时代精神的相互交融，更是孩子们在亲身体验之后对艺术表现更深层次的理解吧！

一首耳熟能详的音乐作品，伴随着一批批少年儿童成长，激昂向上的旋律和坚定有力的鼓点为每个时代的奋斗精神烙上鲜明的印记。拜读了晓梅老师的几部专著后，我更是对"启于境""游于艺""归于情"的教学流程有了更真切的体会。音乐教学或许更多产生在课堂师生之间，但音乐教育在生活中随时都在发生。作为音乐教师，我们除了在课堂、排练厅、艺术馆，能否在生活中敏锐地捕捉到这些契机？能否适时与学生产生共情？能否将音乐教育最终指向人的发展并落到实处？这是我前进的动力与梦想的彼岸。

（作者系重庆市南岸区天台岗万国城小学校音乐教师）

二 民族自豪

与乡土音乐来一场浪漫相遇

李芳

"幺妹儿乖,幺妹儿乖。"

"巴渝的山哟,巴渝的水,山水里走来个小幺妹。"

想起刚拿到这本由重庆市小学音乐教研员胡苹老师主编的重庆市中小学美育课程拓展资源教材——《巴音渝韵》,心情很激动,这应该是我印象中第一本属于我们自己家乡的本土音乐教材,里面很多都是儿时的童谣、儿歌,承载着太多历史文化的足迹。

怎样让孩子们能够接纳本土音乐文化,把民族音乐之魂传承下去,这一直是我教育生涯中时常思考的问题。初翻教材,有首歌曲的歌名让我眼前一亮:《幺妹儿乖》。歌词里富有重庆地域特色的方言,还有俏皮的重庆儿话音,提到巴渝山水之城,特别是对重庆女孩独特的描绘,仿佛就是一个个灵动、俏皮、扎着俩小辫儿的可爱小女孩在跟我对话,一下就把我带入小时候妈妈喊我"幺妹儿"的场景,让人感到亲切、温暖。重庆女孩性格的火辣、活泼、俏皮形象顿时映入眼帘。

好!就它啦!让我们一起跟着幺妹儿踏上本土音乐之旅吧。

在自主分享中认识歌曲背景

为了给这堂课准备充分的养料,同时锻炼学生的学习能力,我提前给孩子们留下预习作业,让他们去思考自己心目中的家乡是什么样的。

上课后,我想先请大家分享自己的思考结果。

一位胖乎乎的男同学以最快速度举手:"火锅儿、麻辣烫、酸辣粉儿、小面、麻花儿……"全都是吃的,逗得全班同学哈哈大笑,我也欣然点头认同了他的回答。

笑笑小手举得高高的:"有跨江的石门大桥、穿楼的轻轨、别具一格的洪崖洞、威武的铜梁龙……"

我赞扬道:"非常棒,你说出了我们重庆的特色建筑及传统文化。"

"老师,我们重庆还有很多山,我们居住在山的中间。"

……

孩子们都激动地分享着自己的感受,整个课堂就像那红红的火锅顿时被煮开一样沸腾着。

分享完后,我邀请大家一起聆听《幺妹儿乖》这首歌,并请孩子们说说哪一句歌词给自己的印象最深刻。

我先请了全班最淘气的一位同学分享自己的感受,他大声地说:"幺妹儿!"而且一连还唱了好几次。

一位很文静的女生小手慢慢地举起,她说:"老师,我听出来了,这首歌唱的是我们美丽的家乡——重庆,歌词里面有'巴渝的山''巴渝的水',重庆的简称就是渝。"

"大家的小耳朵真会聆听!"

"老师!老师!我听到了一个词,'嘿',这是我们的重庆话!"

"老师!我还听到这首歌曲里面唱了我们重庆女娃儿,小小的酒窝弯弯的眉,麻辣的性子、吃起海椒嘿。"孩子们滔滔不绝地说着,每个孩子都有说不完的感受。

我随即提出一个关键问题:"那你们知道什么是'幺妹儿'吗?"

"是说的女孩子。"

"是在称呼小女生。"

"幺妹儿是对重庆女娃子的称呼,我们重庆女娃子性格泼辣,别看我们长相甜美,做起事情来干净利落,就像那火锅一样热情。"全班同学投去了羡慕的目光,很认可小王同学的说法。此时我带头给了她掌声,看来案头工作做得不错!

就这样,在学生的自主分享中,大家对歌曲中的"幺妹儿"和文化背景就有了很好的认识。

比起会唱，唱出感情更重要

引入完毕后，遵循"快乐歌唱"的三部曲法则，我先让孩子们观看关于重庆发展历史的视频，他们一下就被带入年代感中，视觉上受到了冲击。

由于整首歌曲难度系数高，要在一节课里教会孩子们全部唱完是不可行的，因此我把这节课分为两个课时，先从听赏入手。会唱是第一步，唱出感情、体验重庆辣妹子的韵味才是我最终想达到的教学效果。

第一句是歌曲的引子部分，一来就给人一种重庆人呐喊吆喝的感觉，仿佛我们已经踏上寻找美丽的家乡的石板路，因此我把唱腔体验安排在前面四句。

为了挖掘更多歌词背后的故事，我在教学构思期间走遍了重庆的大街小巷，通过自己的镜头记录下点点滴滴，并把素材带到课堂中与孩子们一起分享，此时我感觉自己已化身导游带领大家穿梭在大街小巷，听着不同职业的吆喝声，好像在自豪地说着"我就是骄傲的重庆人"。

我先让孩子们通过小组合作，自行体验歌曲的前四句。我相信此时的他们能够共情。

不一会儿，有小组代表就举手示意想来尝试表演一下。一组的代表小陈同学说："前面四句虽然是重复的歌词，但我觉得表达的情感是丰富的。前面一句我们想用稍微强烈的感情演唱，后面一句的声音稍微弱一点儿，旋律的走向是往低音进行的，烘托把爱深深地藏进心里，所以我们想采用这样的方式演唱。"

说完，她便用清脆嘹亮的声音演唱了起来，神情中带着坚定与自信，唱出了重庆幺妹儿的精气神儿，同组的其他男同学还加上了手部呐喊动作。

也许他们的第一次尝试有许多不完美的地方，比如音准欠缺、前倚音没有唱出感觉。可是这些都不打紧，只要稍加打磨就可以慢慢变好。更重要的是他们能够体会音乐旋律的情感，情到位，声还会远吗？

有了前面文化背景作铺垫，孩子们的演唱情感很到位，还会根据对作品的理解调整自己的演唱状态，我只需要稍加点拨，提出更加具体的要求，放手让孩子们自己去做，去尝试就行了。

创意改编，让歌曲内涵牢固在心

歌曲中有几处衬词的部分也是整首歌曲的点金之笔，让重庆味儿更加浓厚了几分。我先让孩子们感受这句歌词跟以往的歌词有什么不一样。

"我感觉这句歌词好像没有以往的那么容易懂。"

"这句歌词好像没有什么实际意义。"

对于他们的疑惑，我问道："没有意义，听不太懂，为什么会出现在歌曲里面呢？"

沉默了一阵儿，没有人回答我的问题。我想是时候该我"出马"了。

我让孩子们再次听录音范唱，然后问道："从范唱中你们找到答案了吗？"

"我觉得加上这句歌词后，有种更加突出重庆妹儿俏皮的感觉。"

"有种豪爽的感觉。"

"我觉着好像是两个人在对话，前面一个人在喊，后面一个人在回答。"

孩子们的回答很真实，为了让感受更加贴切，我准备让孩子们先来尝试这两句。我让回答对唱的孩子自己创编一种演唱方式来体现，她斩钉截铁地说："老师，我们可以男生唱前面一句，女生唱后面一句。"我看看其他孩子，他们似乎也同意她的想法，便让男女生和着琴声分开唱，并让他们感受衬词的魅力。衬词的加入，不仅让地方文化特色更加突出，也表现出了重庆人民豪爽、开朗的性格特征，孩子们演唱时不光有声音的交流，更让我看到了一种气质、一种对于幺妹儿精神的认可。

歌曲中有很多地方都运用到了方言，孩子们欣赏起来也特别带感。教学活动最后有一个拓展环节，是运用提供的衬词，看看是否能够加到歌曲当中，形成二声部创作，让这首歌曲更加有重庆风味，更加立体化。

孩子们七嘴八舌地讨论着，有的说在"吃起海椒噻"加入"好辣、好辣"，让歌曲更加形象化，凸显出幺妹儿性格的火辣。

有的还说"干起活来噻"可加入"嘿作、嘿作"，体现幺妹儿干起活来不偷懒、坚韧、顽强的品质。孩子们把原本简单的歌词，通过自己对歌曲的理解增添了层次感，让重庆幺妹儿的品格更加牢固在心。

歌曲已经渐渐欣赏到尾声，对于幺妹儿的赞颂似乎并没有停止。小聂同学举手说道："老师，我学到了一首关于重庆的歌曲，它讴歌了我们重庆小幺妹儿自信、阳光的品质。"

"老师，我觉得我们应该像幺妹儿一样不怕苦、不怕累。"

"我下次还想学习关于重庆的民歌，这么优秀的歌曲应该世代传唱。"

的确，歌中谱写出了巴渝小幺妹儿勤劳、勇敢、对生活的无限热爱和乐观向上的精神，这不正是我们想通过音乐的方式带给学生的吗？

　　40分钟的时间很快过去了，孩子们不仅感受到了地方民歌的魅力，也感受到了重庆人独有的顽强品格。孩子们恋恋不舍地离开教室，我依稀听到回荡在走廊的经典旋律，看来他们对这首歌的喜欢，是发自内心的，这让我欣慰不已。

　　音乐是记录某地独特文化或者文化发展变迁的重要载体，就像《幺妹儿乖》中的"巴渝的山哟""巴渝的水哟""山水里走来个小幺妹儿"，都是依托于巴渝特殊的地理风貌创作的。时代变迁促使着民歌文化的融合，重庆民歌乃至地方民歌都是我们民族文化不可或缺的艺术瑰宝。作为音乐教育工作者，我们有责任、有义务在教学中充分挖掘这些乡土音乐的育人价值，在教学中渗透文化滋养、德育引导，培养有责任心、有担当的学子，培养他们对家乡的热爱之情，也把乡土文化中的优秀精神传承下去。这条路任重道远，我将坚定前行。

（作者系重庆市璧山区城北小学校音乐教师）

用民族音乐培养文化自信

邓梓泷

"看,老师今天的穿着和平时有什么不同呢?"

"老师你今天穿的衣服好搞笑!"

"你的头上戴了一顶不一样的帽子!"

"老师今天穿的衣服是少数民族的衣服!"

……

"今天,老师带领你们一起走进土家族去瞧一瞧。"

今年全员赛课中,学校要求的主题是民族音乐,包括少数民族歌曲和国粹京剧两个板块。可是我既不会跳民族舞又不会唱京剧,怎么办呢?

怀着忐忑的心情走到校长室抽课,手一抖抽到了人音版小学音乐教材二年级上册第二课《幸福的歌》中土家族民歌《乃哟乃》。当时我冒着大汗,心里想:"土家族,我要跳舞吗?土家族跳什么舞?土家族穿什么衣服?土家族有什么特色?"那一天整个脑袋里都是土家族。

下来后,我认真阅读了《义务教育艺术课程标准(2022年版)》,了解到学习民族音乐,可以使学生了解和热爱祖国的音乐文化,增强民族意识和爱国主义情操。音乐学科教学是基础教育的重要组成部分,是青少年美育教育的重要路径,这句话给我指明了方向。

正所谓"兴趣是最好的老师",大多数小学生具有注意力不能长时间集中的特点,在课堂教学中需要结合各类教学方法来提升学生的学习兴趣。只有建立在浓厚的兴趣之上,才能吸引学生参与课堂,在课堂中培养学生的兴趣,吸引学生的注意力,触发学生的好奇心。正如特级教师谢晓梅在"快乐歌唱"中提到"启于境、游于艺、归于情"的教学实践,我慢慢地开始接触土家族"摆手舞"。

"同学们好,接下来老师给大家带来一段土家族摆手舞,注意老师在什么时候发生了变化。"

"老师有甩手、拍手。"

是的,这就是土家族的摆手舞,一般于春节或大型活动的时候演出;摆手舞还是一种军功战舞,土家族摆手舞的表演形式有多种:大摆手、小摆手、单摆手、双摆手和回旋摆。

在设计这节课前,我希望这节课"活"起来,"活"是灵活、活泼、活动,孩子们要动起来。老师不仅仅是课堂教学的引导者,同时更应该将自己定位为课堂活动的组织者和引导者,甚至是课堂的合作者。在教学中教师既是老师、是导演,同时也是演员。要敢于打破传统的师生关系,在音乐活动中加强师生之间的合作,与学生一起演唱、一起游戏、一起合作,真正做到学生才是课堂的主人。在《乃哟乃》的教学中,可以从师生合作、生生合作中来学习作品,形成创意不断、和谐愉快的课堂氛围。

$1=C$ $\frac{2}{4}$　　　　　　　　　　　　　　　　　土家族民歌

| 5 3　5 | 5 3　1 | 5 5　3 | 5 3　1 | 1 5　5 5 | 5 3　5 ‖

| 5 3　1 | 5 1　5 3 | 1 1　3 | 5 3　1 | 1 1　5 3 | 1 1　3 | 5 3　1 ‖

"谁发现了,在击掌的地方唱了什么?"

"乃哟嗬。"

"谁知道'乃哟嗬'是什么意思呢?"

"在土家族的语言中'乃哟嗬'就是快快来、快快来的意思。快快来,快快来,我们大家唱起来。"

"有谁知道'乃哟嗬'是由哪三个音组成的吗?"

"5(sol)　3(mi)　1(do)"

"这是一首简短的土家族民歌,旋律中只用了 do,mi,sol 三个音,每一个乐句后面都是以 sol,mi,do 的顺序结束的,音高、节奏都完全相同。整首乐曲有较多衬词,如"乃哟"等,表现出土家族儿童欢乐开朗的性格。聪明的土家族人在"乃哟嗬"的基础上,还创造了许多类似的语言。"乃乃哟"和"乃哟嗬",这两个词语都表达了热闹的气氛和幸福快乐的心情!

"今天,你来到了土家族,高兴吗?"

"高兴。"

"那我们要喊:'乃哟嗬!'我们一起学这首歌,快乐吗?"

"快乐。"

"那我们就喊'乃哟嗬!'"

"快快来,快快来,我们一起唱起来。"

"你们美妙的声音把土家族的娃娃们也吸引过来了,他们还给我们带来了一首土家族儿歌《乃哟乃》。"

		乃哟嗬	
		乃哟嗬	
			乃哟嗬
			乃哟嗬
			乃哟嗬

"我一共贴了几个'乃哟嗬'？"

"5个。"

"空白处老师需要大家的帮助,这里有很多被打乱的歌词,请你们听一听,找一找。"

（循环播放歌曲,请两位学生找到正确的歌词顺序,先由学生进行更正,教师清唱检验,学生跟唱,不对的地方需要停下来进行对比纠错）

"好,同学们已经把歌词摆到了正确的位置,现在跟着钢琴完整演唱吧。"

"这首歌同学们都唱熟了吗？老师来考考你们。看,老师撤掉了这五个'乃哟嗬'的小板块,你们还能够演唱吗？"

"难度升级,再撤几个,有没有信心？试试看。"

"看来这点儿小困难根本就难不倒你们！"

（最后板块全部清空,学生清唱歌曲,利用图形谱帮助学生解决音准问题）

根据学校的要求,本次赛课必须用到现代教育技术,在这点上我采用了"希沃"软件上的游戏配对环节,合作学习。通过学生聆听,把歌词放到对应的小节里面,既培养了学生认真聆听的习惯,也培养了学生的合作学习意识。运用游戏、律动、演奏等多种方式,使学生记住歌词并能完整表现音乐。学生在完全能够演唱歌曲后,以小组为单位,在课堂上进行乐器口风琴训练。在练习中,观察学生的手型,听他们的音准,对他们上台表演进行指导。学生在练习的时候非常认真、有序。组长更是起到了带头作用,组长组织组员有的演唱,有的演奏,有的跳舞。

一切准备就绪,学生进入"小舞台·大展示"环节,每一次展示都以小组为单位进行,剩下小组的组长现场打分,每个小组都有评委,这样做的目的是让每一个学生都能参与课堂。在座位上观看的小观众们已经准备好了,演员们也都跃跃欲试了。

在本节课快要结束时,我让学生全体起立,女生在里面,男生在外面围成两个大圆圈,播放《乃哟乃》伴奏音乐,孩子们一起跳起摆手舞,边唱边跳结束本节课。

下课后,校长拉住一个孩子问道:"这节音乐课你开心吗？""我超级开心。""那你这节课学到了什么呢?""我学到了很多,学会了土家族的摆手舞,学会了《乃哟乃》这首歌曲,我还知道了土家族是我国少数民族,他们的衣服很漂亮,我很喜欢,有机会我会让爸爸妈妈带我去感受土家族的热情。"

作为小学一线音乐教师,我们应当保持对中国民族音乐的热爱,秉承对传统文化的尊重。民族音乐是中华优秀传统文化的重要组成部分,是中华民族智慧的结晶。对本民族的"文化自信"必然是建立在对本民族文化的认同与理解之上,而这与教师的教学引导有着密不可分的关系。

"文化自信"理念的形成应当从小学阶段开始践行,将民族文化与音乐学科教学紧密结合,是将小学音乐"课程思政"落地的有效方式。将优秀的民族文化资源运用到小学音乐教学中,是促进学生德智体美劳全面发展的有效途径,在课堂教学中深挖民族音乐的艺术内涵,能够帮助学生树立良好的爱国情操,"文化认同""文化自信"将成为培养学生爱国情操的有力手段,推动小学阶段"立德树人"的根本育人目标的实现。

音乐具有独特的学科特性,作为"美育"重要载体的学科,在"德育"方面拥有天然的优势。音乐中蕴含的"真""善""美"能够带给学生不同的情感体验,形成对学生的品德影响。同时,浩如烟海的音乐作品能够作为"德育""思政"的有机素材,形成对学生润物细无声的感染力,让学生在沉浸式的活动体验中获得感受、理解与认可。

中国民族音乐是历史发展进程中人类文明的结晶,是中华五千年的智慧财富,在小学音乐教学中融合民族乐器的体验、民族舞蹈的模仿、民族音乐的鉴赏获得的独特体验,让学生能够理解民族音乐,进而喜欢民族音乐,激发对中国传统音乐的喜爱之情,培养对国家、对民族的热爱之情。

(作者系重庆大学城人民小学校音乐教师)

以民乐之光，滋养童心成长

刘浩苏

我国有着丰富多彩的民族音乐文化，丰富多彩的民族音乐文化是中华优秀传统文化传承的重要媒介与载体，引导学生感受与欣赏民族音乐，培养学生表现、创造民族音乐的能力，能帮助学生获得对民族音乐本质的理解与感悟，进而陶冶情操。

因此，针对人音版小学音乐教材四年级中的草原歌曲学习，我决定采用主题式教学，并选取了《牧歌》《草原上》《赛马》三首作品作为教学内容。

《牧歌》：领略草原风景之美

翠绿的草地上跑着白羊，羊群像珍珠撒在绿绒上，无边的草原是我们的故乡，白云和青天是我们的篷帐，朝霞迎接我自由地歌唱，生活是这样幸福欢畅……

寥寥几句，《牧歌》就勾勒出一幅生动的草原美景，让人心驰神往。为了引起孩子们对草原的好奇心，我在课堂开始时选择了《牧歌》作为引入。上课时，我没有介绍歌曲名，而是先播放《牧歌》，并请孩子们先闭上眼睛静静欣赏。空灵的歌声仿佛从天外传来，要把我们带入那辽阔的草原，仿佛渐渐远去的羊群就在我们的眼前。看着孩子们陶醉的样子，不时有几个孩子跟着音乐轻轻地哼着曲调……

听完歌曲，孩子们争先恐后地提问："这首歌曲叫什么名字？""这首歌曲好优美啊，它在讲什么内容呢？"

对于他们的提问，我讲解了《牧歌》的背景："《牧歌》是作曲家瞿希贤根据内蒙古同名长调民歌改编而成的作品，这首歌旋律优美抒情、宽广悠远，具有浓烈的草原气息。所以今天，我们将跟随《牧歌》，一起进入新单元的学习，这个单元名为'草原'。同学们，说到草原，你能想到什么呢？"

因为很多孩子都有到草原游玩过的经历，因此一说到草原，孩子们兴奋不已，纷纷分享了自己在草原的见闻。

"有蓝天白云！"

"有好吃的羊肉!"

"有蒙古包!"

"有很多马!"

……

在孩子们你一言我一语的分享中,大家都对草原有了初步的了解,为后续学习打下了基础。

《草原上》:感受草原文化之美

除了自然风光,独特的人文风俗也是草原文化的重要组成部分,因此,接下来,我选择《草原上》作为核心学唱内容进行教学,让孩子们在歌曲中学习演唱技巧,并感受草原文化之美。

"草原上的事物大家都比较了解了,那有没有同学了解草原上的特色活动和音乐呢?今天我们一起来参加那达慕大会吧!"我告诉孩子们,那达慕意为"娱乐、游戏",以表示丰收的喜悦之情。那达慕大会是蒙古族历史悠久的传统活动,在蒙古族人民的生活中占有重要地位。要了解蒙古族,那达慕是必不可少的元素。

为了更生动直观地展示那达慕大会的盛大,我播放了那达慕大会的视频,让孩子们跟着视频里的人学习蒙古族舞蹈的动作。当然,大会的背景音乐就是这节课要学习的歌曲《草原上》。孩子们高兴得又唱又跳,手舞足蹈。

"大家想学这首歌曲吗?大会邀请了一位小主持,请大家做好准备,小主持将带我们先进行发声练习。"我邀请一位音乐素养较高的孩子担任小主持,让所有孩子按照学号排序站到教室中央,再由小主持带领所有人进行发声练习。小主持非常认真,还会帮助我要求大家气息流畅,口腔打开。

紧接着,是听觉训练。本节课的听觉训练,重点需要孩子们学习听辨 mi, sol, la 三个音。虽然在刚开始的时候部分小朋友没能准确听辨,但是经过几分钟的训练后,孩子们几乎都能听辨出这三个音并能准确演唱。

这时候,我提出一些要求:"如果我们是在草原上演唱 mi, sol, la,因为草原上的空气非常清新,地域空旷,声音也可以传得很远,那么你们会用怎样的状态去演唱呢?"

"我会把声音唱得更加连贯。"

"我会把声音唱得比较安静。"

出现不同的意见时,我及时进行引导:"对于比较抒情的音乐,我们的声音要相对比较连贯平稳,不要出现'吼唱'的感觉。"

经过提示,孩子们的气息变得连贯了许多。然而,我总是觉得这个声音还没有达到最好的状态,我继续追问:"孩子们,刚刚我们课前欣赏的歌曲和视频都是非常典型的蒙古族音乐。你们觉得《牧歌》的演唱者的声音有什么特色呢?结合视频回忆,发挥你的想象,大胆地说出来。"

"我觉得他们的声音很潇洒。"

"我觉得他们的声音很有力。"

"想想这个状态,用这个状态来演唱我们歌曲的旋律吧!"

缓慢悠长的音乐仿佛把我们带到了一望无垠的草原上,在蓝天白云下,我们缓慢地吸气、吐气,从轻轻用"lu"哼唱旋律,再到准确唱出乐谱,孩子们渐渐熟悉了旋律,声音也打开了,变得清亮了。

《草原上》的歌词很简单,但要唱出它绵延悠长的感觉可不容易。孩子们集体演唱完一遍歌曲后,我请他们互相点评。

"我觉得我们的声音断断续续的。"

"我觉得节奏没有唱准。"

孩子们都是极其聪慧的,他们善于去发现自己的一些小毛病,可是在演唱的时候,他们又容易忽略这些问题。在这个过程中,我会多次进行范唱,细心观察,并引导孩子们在唱歌的过程中注意口型、气息:"演唱时要注意音符的时值,大家要唱得自然流畅。每个孩子演唱时都要像老师一样,亲切自然,带着笑容,富有感情。"

歌曲掌握好了以后,我把学生分成若干个小组,分角色、分乐器并创编动作表演歌曲——小组合作是我每节课的重头戏。我鼓励每个小组充分发挥想象力,呈现出体现自己小组特色的音乐表演。

小组长组织组员在教室找到一块适当宽松的场地,开始自由创编。有的孩子拿着小乐器,有的孩子跳着刚刚学会的蒙古族舞蹈,还有的孩子在认真练习演唱……我穿梭在其间,时不时给各个小组进行简单的引导,观察着孩子们自由且率真的表演,我仿佛置身在一个小型音乐会中,孩子们自己排出来的表演,已经足够吸引人了!

创编完成后,我邀请每组依次上台表演。看着孩子们稍显稚嫩的表演,突然发现,原来在音乐课的浸润间,孩子们已经能够把台上台下的礼仪做得如此完整了。下面的小观众也没闲着,在认真观看表演的同时,还用心记下台上小朋友的优点与不足,并给予点评:

"我觉得表演的同学的表情可以再带上一点儿微笑。"

"我觉得唱歌的声音太小了……"

小观众点评时也许还不太会用音乐的语言来表达,但是,这都是他们作为观众最真实的感受,相信他们在自评、互评的过程中,在一次次的课堂表演中,会逐渐精进他们的表演。表演结束后,小组长一一介绍每位表演者。孩子们从彼此的歌声、律动、表情中,互相学习,互相进步。

《赛马》:品鉴民族乐器之美

二胡独奏曲《赛马》描绘了我国蒙古族人民在欢度节日、举行赛马盛会时热闹而欢快的场面,表现了他们对草原、对生活的无比热爱之情。因此,我希望借助《赛马》,让孩子初步认识二胡这种民族乐器,了解民族乐器与民族音乐之间的联系。

"参加完那达慕大会,我们一起骑马去草原上驰骋,观看蒙古族的赛马大会吧!接下来,老师请大家闭上眼睛,欣赏一曲描绘草原赛马大会的经典音乐。"说完,我开始播放《赛马》的音乐。

随着精彩的赛马大会拉开帷幕,一首欢腾、热烈的二胡曲《赛马》也进入了孩子们的耳中。大多数孩子都静静欣赏音乐,但有少部分同学发出了轻轻的笑声。等音乐播放完,我点名了其中一个笑得最大声的小孩:"小熊,你来说说,刚刚为什么会笑呢。"

"老师,我觉得这首曲子的乐器声音好奇怪,我忍不住想笑。"小熊的回答自然且真诚,他没有恶意,不过是听到音乐后最真实的反应。的确,对于没有接触过民族乐器的孩子,二胡的声音显得有一点儿"奇怪"和"刺耳"。

我顺着他的思路问道:"那你来总结下,你听到的二胡的音色是怎样的呢?"

"有一点儿刺耳,有点儿像人在说话。"确实,二胡的音色就是近乎和人声一样,具有歌唱性和诉说感。

我请小熊坐下,先肯定了他对于音色的敏感度,然后向所有孩子详细介绍二胡的历史渊源、音色和特点,孩子们都听得非常认真。

其实对于孩子来说,每接触一个新民族,一种新乐器,都是一种全新的体验。有些孩子自幼接触的音乐比较丰富,可以非常镇定地接受新乐器,也有一部分孩子从小很少欣赏乐曲,所以对新事物的接受程度要慢一些。对于这种情况,老师要及时地进行引导,对于接受程度深的班级,可以讲解得更加细致;对于接受程度较浅的班级,可以从培养学生认真、安静聆听的习惯出发,进而了解更多音乐要素。毕竟,我们的音乐课,最终是要带着所有人一起去了解和认识更大的音乐世界,领略更广阔的艺术之美。

三首歌曲的学习容量不小,孩子们可能抓不住课程的重点。因此,在最后的课堂小结里,我聚焦教学目标进行了总结:"今天短短的一节课,我们学习了三首和蒙古族相关的音乐,分别是《牧歌》《草原上》《赛马》,这三首音乐风格各异,其实是因为它们体现了不同的部落、不同的环境。所以,我们可以看到,即使是一个民族,不同时期、不同环境下孕育出来的音乐风格和特点也是不相同的。比如《牧歌》诞生于草原游牧音乐文化时期,旋律就是《牧歌》的灵魂;《草原上》作为教材歌曲,通俗易懂、节奏舒展、旋律优美,具有儿童性,形象地勾勒出一幅风和日丽、绿草如茵的草原风光;而《赛马》描述的是蒙古族赛马欢腾的场景,听起来更加悦耳动听。"

最后,我留了一份开放性的课后作业:通过网络、书籍等平台了解蒙古族的音乐和蒙古族特色的乐器,并在下一节课前五分钟进行展示。我也想看看,从学生的角度出发,他们能发现蒙古族的什么美。

艺术是无尽的,中华文明源远流长,民族文化博大精深,每一节课都是通往美的一小步,我将带领孩子们继续在音乐课堂上发现文化之美、感受文化之美,通过音乐帮助孩子建立起"文化自信"和自豪感。

(作者系重庆两江新区博雅小学校音乐教师)

一首民族歌曲背后的"容量"

张婧妍

记得那是一个美丽的季节,我在前往地大物博的新疆旅途中,终于有幸走进它,亲身体验它的绚丽壮美,感受它迷人的魅力。澄清的高原湖泊、壮丽的雪山雄峰、苍莽的原始森林、辽阔的大草原、荒凉的戈壁沙漠、古老的文化遗址、热情好客的少数民族,让我沉醉在美丽的景色中,使我不禁回想起了那节欢快的课——《新疆是个好地方》。

为了让孩子们了解新疆,我跟孩子们讲述了亲身体验的新疆景色以及当地的风土人情和民族风情。新疆地域辽阔,环境优美,人文资源丰富,饮食种类繁多,真是一个好地方!除了美丽的风景,各族人民团结协作、开拓进取,共同书写了繁荣发展、团结进步的辉煌历史。

56个民族56朵花,一个国家的建设要靠全国人民的双手来建造。就在这时,明明同学举手说:"老师,我知道我们国家有56个民族。""那你知道新疆有哪些少数民族吗?"我趁机提问。别的同学抢先作答:"维吾尔族。"我说:"那有没有同学知道维吾尔族的特点或者传统呢?"莉莉听完之后,把手举得高高的,我看着她急切想要分享的样子,就点名让她回答,莉莉很大声地说:"老师,我知道他们的服装很美,爸爸妈妈带我去新疆时我看见过。"我笑着给莉莉竖起了大拇指:"莉莉的记忆力真棒,说得一点儿也没错。"

"维吾尔族的服饰花样非常多。有奔放的长袍,上面还绣几条大气简单的花纹;还有宽松洒脱的贯头式衬衣等。维吾尔族的男子喜欢在穿长袍的腰上系一条花巾,脚上穿一双洒脱的长筒皮靴。女孩子在夏天喜欢穿宽袖的连衣裙,外面套一件金丝绒对襟紧身小坎肩;冬季喜欢穿'袷袢'和牛皮镶绣花纹长靴等。"我一边指着服饰的图片一边给孩子们介绍,紧接着我拿出了新疆的特有乐器——手鼓,想让他们感受一下。新疆的音乐之所以这么好听,是因为它有自己独特的风格魅力。新疆维吾尔族的音乐特点是用了很多带切分的节奏,所以听起来特别有自己的味道。我用手鼓拍打了切分节奏型,让孩子们跟着音乐拍打节奏。我引导学生通过一系列的动作了解节奏,积极地感受音乐所表达的情感,提高对音乐的兴趣,形成良好的音乐审美。

我们的音乐和舞蹈都来源于生活,我们今天学的歌曲就是在描写新疆的民族风情,这也体现了维吾尔族人民能歌善舞的特点,他们可以把歌曲和舞蹈融入生活当中!我给孩子们展示交叉手、顺风旗手位、提裙手、摊手、绕腕托帽式、遮羞式等舞蹈动作,孩子们的注意力瞬间被我吸引,于是我继续往下说:"刚才老师跳的是新疆舞蹈中最有特点的几个动作,同学们可以选择你们最喜欢的动作跟着老师一起跳。"于是,我把动作进行讲解,有几个孩子已经跟着我做了起来。我请华华学一下我的动作,华华学得又快又好,我表扬她道:"华华跳得太棒了,像一个小小舞蹈家!"华华开心极了,看着孩子们跃跃欲试的样子,我把他们分成了3组,每一组都让他们表演自己最喜欢的舞蹈。一段段美丽的舞蹈,舞出了民族团结之情。

在党的民族政策的光辉照耀下,新疆大地安定祥和,在历代抵御外敌入侵,反对祖国分裂的斗争中,各族人民结下了深厚的情谊,我给大家讲述着新疆的小故事,孩子们都听得激情澎湃,深受感触。

用音乐吸引人,用真情实感去感染人,看着祖国未来的花朵如此鲜艳,我更加坚定了通过音韵的美和浓厚的新疆文化底蕴激发孩子们的兴趣,引导他们参与音乐、感受音乐、实践音乐、体验音乐,并勇敢地歌唱音乐。音乐在教育中具有重要的意义,对于个人发展有着深远的影响,对于促进学生全面发展具有不可替代的作用,要给予充分的重视和适当的引导,正确地开展音乐教育,是素质教育的关键。中国团结统一的民族精神在一首首民歌中感染着孩子们。

接下来我弹一句,孩子们模唱一句,在栩栩如生的歌声中,伊犁的苹果、吐鲁番的葡萄、果子沟的风景、阿勒泰的金子、和田的玉石等仿佛都浮现在眼前,这些都是新疆丰富的宝藏,我着重演示歌曲的情绪和速度。孩子们都演唱得很认真,很快就学会了这首歌曲,于是我用钢琴伴奏带领孩子们通过小组合作演唱、自己展示唱等方式完整地唱了几遍歌曲。从中,我发现孩子们演唱的歌声更加优美动听。慢慢融入音乐里的孩子们,脸上洋溢着自豪与憧憬的表情。我激动地告诉孩子们:"记住刚刚自己演唱时浮现出的画面,或许各有不同,但是在美丽新疆的感染下大家都有自己向往和理想的方向。"

音乐是一种听觉艺术,音乐的艺术价值依赖于想象与听觉,听是欣赏音乐的主要途径。只有大家亲自融入音乐,与其融为一体,并主动探寻、领悟、体验,才能真正诠释音乐的本质。而作为音乐老师,我们要通过音乐课堂培育孩子们的民族精神,希望孩子们通过学习这首活泼欢快的歌曲感受到祖国的山河壮美,增强民族自信,在获得审美体验的同时,传承优秀的民族文化,不断开阔艺术视野。

在那次《新疆是个好地方》课后,音乐课代表提议他们想下节课在小组展示时用自己的方式来表达对维吾尔族的喜爱,孩子们的提议令我特别欣喜。在后来的音乐课小组展示中,我看到了孩子们一起跳着维吾尔族最传统的舞蹈,每个人都在教室的舞台上绽放出璀璨的光芒,看到这样的场景,我感觉非常惊喜、非常欣慰。一代一代的孩子们会在日复一日的时光中把民族团结的精神传承下去。

下课后,孩子们兴冲冲地跑到我的面前,对我说:"老师,我学会唱《新疆是个好地方》这首歌曲啦!我很喜欢新疆,老师快看,我今天穿的维吾尔族的裙子,好看吗?"看着面前可爱的孩子们,我不禁露出欣慰的笑容。

根据新课程标准,结合我校音乐课程教学实际,我在日常音乐课堂教学中贯穿民族精神教育,使学生在受到音乐熏陶的同时增强民族意识,培养爱国情操。通过学唱《新疆是个好地方》这首歌曲,孩子们了解了少数民族的思想文化与民族团结精神,从而激发了孩子们的爱国之情,让孩子们明白我们生活在祖国这个大家庭里,传承弘扬民族精神,培养爱国主义情操有着多么重要的意义。

(作者系重庆两江新区博雅小学校音乐教师)

我与彝族学生阿细女孩的故事

官冰

最近这一周,学校有几个重要的接待,每个老师都行色匆匆,可孩子们依然是那么的活泼快乐、无忧无虑,在课间看着他们一起嬉戏的身影,校园里充满着别样的活力……走进会场,我看到孩子们穿着独具特色的民族服饰正在台前尽情地唱歌、跳舞:有壮族、布依族、苗族……自信、美丽充满在一张张的笑脸上。突然,会场一个角落里传来阵阵哭泣声,这引起了我的注意。我的目光投向了哭声传来的地方,只见一个小姑娘,脸圆圆的,正蹲坐在会场的角落里哭泣,原来是伊伊,"你怎么啦?"我把她扶起来,带到了我的办公室。

仔细询问才知道,原来是因为妈妈没有给伊伊准备民族服装,所以她没能参加表演。在和她的对话中,我得知伊伊是彝族阿细人,父母为了她能得到更好的教育,就把她从家乡的村落带到了城市的学校读书。伊伊平时比较内向,不太爱和班上的同学打成一片,但是她上课非常认真,也很爱唱歌、跳舞。了解到她非常渴望能上台表演,她想让更多的人了解彝族文化,可是彝族服饰在偏远的老家,没能如她的愿时,我觉得这确实挺可惜的。于是,我安慰她说:"没关系,以后让大家了解彝族的机会还多着呢,别伤心,老师给你想办法!"伊伊望着我,眼里满是期待。

这次受邀的来宾观看了我校各少数民族学生的精彩表演,连连称赞孩子们都很棒,并鼓励他们说不光要努力学习,还应让更多的人了解他们的民族风俗,传承并发扬少数民族传统文化是每一位少数民族义不容辞的责任!

"爱你孤身走暗巷,爱你不跪的模样……"下课了,我走在回办公室的走廊上,一群高年级的孩子在走廊上高声喊唱出一句句歌词,我回头望向他们,一个眼神让他们像老鼠见到猫一样,迅速撤离了没有硝烟的战场。我心里不禁感叹:现在这帮孩子,一天到晚就听流行歌曲了。作为教师,我们应反思,应巧妙引导孩子们形成正确的价值观,理解中国文化,坚定"文化自信",从而教会他们理解、尊重、包容……

放学后,我拿起教材参考书和音乐书,准备第二天上课的内容,正巧翻到欣赏课彝族民歌——《阿细跳月》,我心里突然萌生出一个想法:可以让伊伊来介绍彝族的风俗,还可以让她穿着民族服饰带领大家一起跳彝族舞,让孩子们感受彝族独具特色的文化魅力。

我要善于利用在我们身边活生生的素材,整合音乐教学资源,激发孩子们的情感共鸣,弥补伊伊上次的遗憾,增强她的民族自信心与自豪感。

晚上,我联系了伊伊的妈妈,与她沟通了我的想法,伊伊妈妈非常高兴,她还说上次伊伊的彝族服饰由于快递没能及时送达,因此没能表演。伊伊很渴望能和我一起,让同学们走进彝族,去更多地了解她们的文化和民族风俗……最近这段时光,我除了上好课,就是和伊伊在办公室,渐渐地,我也融入那个古老的彝族村落,此时,我觉得我已不是一位师者,我和伊伊是彼此的伙伴,相互学习,相互交流……我一边上网查找关于阿细族的资料,一边了解到阿细族是彝族的一个支系:彝族有很多的支系,如阿吾族、撒尼族、黑彝族、白彝族等。我不断地翻看视频,还让伊伊来当我备课的小老师,因为她是土生土长的彝族人,她最了解那里的风土人情。伊伊说,视频里不能完全将她们阿细的风土人情展现出来。我们翻看了多条视频,却没能选中一条满意的,伊伊说可以让远在云南的姑姑帮忙拍摄视频。

没过几天,伊伊姑姑发来了视频,我和伊伊跟随视频一起看到了那个古老的村落、悠悠的小镇,古老的彝族阿细依山傍水,人们世代生活在这里,虽然我只是一位看客,却也沉浸在这属于历史、民族的艺术之中,投入自然和民族的怀抱里……

与伊伊的联盟还在持续进行中,我和她在课前也是做足了功夫,提前让班上有舞蹈基础的同学和舞蹈班的小老师,跟随伊伊一起练习彝族舞蹈,她们在学习和交流的过程中对伊伊提供的舞蹈动作进行了串联和创编,伴随着《阿细跳月》的旋律,她们从生疏到基本能记下动作,再到能自如呈现舞蹈,每一次付出和每一滴流下的汗水我都看在眼里,并鼓励她们能舞出自己的风采和自信!

舞蹈室传来了欢快、激情的音乐,朝室内一瞥,一群"精灵"正在练习舞蹈,室内没有老师,一位小老师正聚精会神一遍遍重复着练习的节拍,她手拿鼓槌,有节奏地敲击着鼓面,还时不时地提醒着同学要注意聆听音乐。自古以来,音乐、舞蹈是一家,《义务教育艺术课程标准(2022年版)》要求注重培养孩子们的艺术核心素养,包含审美感知、艺术表现、创意实践、文化理解等。其艺术表现除了以歌唱、演奏等方式进行,舞蹈表现也是一个很重要的元素之一。在闲暇时光里,孩子们能在一起练习舞蹈,何不让他们这种自信、向上的样态展现在更多人的面前,带动大家一起享受音乐和舞蹈带来的快乐与满足?

正式上课那天,我走进教室,静谧中透露着默契与配合。我转身点开视频,用邀请的手势召唤伊伊,她侧身站在屏幕前,用阿细人独特的语言和旋律传唱着古老的彝族歌谣,同学们虽然一个字都听不懂,但他们依然听得那么专注和投入,这一刻,我感到很欣慰,因为孩子们学会了倾听、尊重、理解……伊伊身穿彝族服饰,向大家介绍着她的民族和服饰。

同时,同学们和她一起简单哼唱了两句阿细的歌词,从一字一句地教,到慢慢熟练掌握、熟记于心。接着,我让伊伊和同学们一起互动、合作,孩子们体验到了最终合作成功的喜悦,也将这不太容易明白意思的歌词和旋律深深地印在了脑海中。其间,我还让孩子们一起将听到的旋律在黑板上勾画出来,并邀请了几个孩子,让他们根据自己的理解,勾画出线条。我还让其他的孩子加上歌词尝试着唱起来,并让他们选出自己喜欢的那一条旋律,他们唱得开心,乐在其中……

从教7年来,我一直在不断追寻一种和谐的课堂氛围,并试图扩大音乐课堂的边界。我相信,在引导孩子们学习音乐的过程中,厚植艺术教育土壤,一定会使孩子们感受中国民族文化的魅力,并深化他们对我国民族音乐艺术的理解与热爱。我会选取身边适合的拓展资源融入课堂,让他们贴近生活、根植实践,与他们相互交流、相互学习,这是我一直坚持的教育理念,我也将继续坚实地走好教育路上的每一步。

(作者系重庆市合川区花果小学音乐教师)

守望民族音乐的高山

蔡沁耘

"快餐音乐"不应成为孩子们的精神"主食"

二年级×班的一节常规音乐课正在进行，课前导入、聆听感受、视唱乐谱依次展开。可是，孩子们的状态也从满怀期待、跃跃欲试，到我目之所及的课堂积极性普遍不高，有的甚至神游天外，人在魂不在。

"你们想要一节什么样的音乐课？"我停下讲课，坦诚地问出自己憋了很久的问题。

"老师，你给我们放《学猫叫》吧！我们肯定认真！"班上最大大咧咧的大高个儿小雨举着手，没等我点他张口就来。

"就是！就是！"同学们一阵附和，大家争先恐后发言，课堂真是"好不热闹"。

《学猫叫》这首歌我知道，"我们一起学猫叫，一起喵喵喵喵喵"，是网络上流行的一首"快餐音乐"，但这种"快餐音乐"最大的问题是经不起时间的考验，听者的大脑还没留下痕迹，音乐已经放完了。

我翻开手边的课本，里面有几十年前国人就开始唱的《让我们荡起双桨》，有地方特色方言演唱的民间小调，这些包含民族文化魅力的作品，要怎样才能让这些沉迷"快餐音乐"的新时代小孩青睐呢？

看着下节课即将上的藏族民歌《我的家在日喀则》，我突生灵感，问了一句："你们见过牦牛或者雪山吗？"全班没有任何回应。

"有谁知道布达拉宫的样子吗？"还是没有孩子回应。

"想不想和老师一起去旅行？"

"想！"这时，孩子们都热闹地点头响应。

"那下节课，老师就邀请你们来进行一段特别的旅行。请大家期待哦！"

"堆谐舞会"：创造民族音乐的体验"场"

藏族是能歌善舞的民族，几乎是"家家有舞，人人能跳"，节假日四处能看到男女老少手拉手载歌载舞的画面。但如果仅仅是了解歌曲、唱会歌曲，却没有感受到民族音乐的魅力，是很难激发孩子们对藏族音乐的兴趣的。

《我的家在日喀则》节奏较为整齐，以四分、八分音符为主，简单易唱，旋律轻快活泼、流畅上口。"四分、八分音符构成的歌曲挺多的，歌曲是怎样体现藏族风格的？""怎样让孩子们从这首歌里体会藏族民歌的韵味呢？"一个个问题充斥我的脑海，于是我花了很多精力去搜集资料、思索教学方案。

时间很快来到上课这天，柔和的阳光透过大玻璃窗洒进教室，在同学们的期待中，我先打开"音乐地图"，邀请学生和我一起重温《其多列》《乃呦乃》《喜鹊钻篱笆》，依次走过哈尼族、土家族、彝族生活的地方，唤醒孩子们对这些民族的音乐记忆。孩子们还通过"解密高原"的闯关游戏，练习了辨析音高、节奏。

"旅途"的目的地是日喀则的堆谐舞会。我开始播放舞会的视频，视频中一群小朋友挥动着长衣袖，在一种朴实豪放的音乐声中，踏着变化繁复的节拍，翩翩起舞。在美丽的雪域高原上，在身穿少数民族服饰、载歌载舞的演出中，孩子们一下就发现了线索："这是西藏！"

这很快吸引了孩子们的好奇心，观看堆谐舞会视频时，孩子们的眼睛亮了，抓耳的旋律，配上藏族民族特有的乐器，让人感受到原始又自然的音乐能量。

视频播放完毕，我提问："刚刚堆谐舞会上使用的是哪种演奏乐器？"

马头琴、二胡、琵琶……众多民族乐器中他们一眼选中了这个长相奇特的乐器——扎木念。孩子们通过观察发现它有六根弦，属于拨弦乐器，又通过屏幕上的乐器软件，感受了它清脆悦耳的音色。接着，他们在《我的家在日喀则》音乐伴奏中模仿扎木念的扫弦动作尽情演奏了起来。

一切都在我的预设中进行着。

突然，女孩佳佳问道："老师，这个乐器我可以自己做一个吗？"

我鼓励她说出自己的想法，同学们静静听着她用硬纸板、橡皮筋、积木块做一把扎木念的构想，还吸引几个同学自告奋勇地说可以帮忙剪裁、填色，还有提出下节课要带易拉罐加米自制的沙锤与她一起演奏，我赞叹他们善于发现和动手的能力，震惊于短短几分钟就已经有了组"乐队"的势头。

孩子们从未去过西藏，我决定直接用藏语演唱《我的家在日喀则》，让孩子们通过地域语言去体验藏族的文化特色，更直观地感受藏族音乐带来的现场感。

在我声情并茂地专注演唱时，一个孩子突然说道："老师，你唱错了！"

我看到小文颤颤地举手，憋红着脸，仿佛揭露我这层"皇帝的新衣"耗费了他全部的勇气。面对学生的质疑，我没有恼怒，反而有些好奇，于是用眼神示意他继续说下去。

"老师，你唱的是'哎嗦哎嗦马里拉'，可是书上写着'啊索啊索马里拉'。"

原来，他说的是我用藏语演唱时使用藏腔中鼻化元音让字音发生了改变，这正是我想说却不知如何讲解的知识点。我告诉孩子们缘由，并邀请他们一起来演唱试试看。在衬词的句子里带入倚音和颤音的演唱，让孩子们觉得新奇极了，他们争先恐后地模仿起来。

学生们一边演唱美妙的旋律，身体也随之自然舞动起来，文艺骨干小陈在演唱"啊索啊索马里拉，就在日喀则呀！"的衬词时，加入了向远方的客人献上洁白的哈达的动作。调皮小男孩小雨在二声部合唱"啊索啊索嘿嘿"中，有节奏地表演打香甜的酥油茶的动作。活泼、欢快、热烈的音乐风格让孩子们跃跃欲试，纷纷模仿，他们不自觉地排成了一队，不断有孩子加入，队伍也越来越长，在教室都快装不下时，我引导孩子们把队伍围成一个大圆圈。

就在这时，平日沉浸于自己小世界的小原突然脱离了队伍，冲向了讲台旁的钢琴，自顾自"哐哐哐"一顿乱砸起来，欢声笑语的课堂被打破了，这个特殊的学生平日有家长陪读，今天他妈妈有事没来学校，还托我多加看顾，此刻我的心里又慌又急。我仔细听着他嘴中发出的"呜呜呜"的声响，隐约能找到《我的家在日喀则》的旋律的影子，我明白了，这个孩子喜欢这首歌曲，向往参与课上的音乐活动，也许毫无章法的"砸琴"动作，仅是对老师的模仿。

令人安慰的是班上同学没有对他扰乱课堂秩序的行为进行指责，而是纷纷上前耐心安抚。想到他平时总是盯着钢琴摆放的串铃的画面，我决定给他增加一个角色。我让他手持串铃，有规律地发出"X X X"的节奏，课堂响起友好、鼓励的掌声："最棒！最棒！你最棒！"小原的脸上也漾起腼腆的笑容。

我想到上课观看视频时孩子们的发现：藏舞动作集中在腿部，那是日喀则特有的踢踏舞步，又听着这有节奏的掌声，我灵机一动，伴着孩子们的掌声，我自顾自地跳了起来，让这首藏族民歌和我们日常生活联结在一起，我边唱边跳，邀请孩子们一个一个加入，逐渐形成内外两个大圆，顺时针圆上的孩子们边唱边跳藏族踢踏舞，而逆时针圆上的孩子们则喊着"啊索啊索嘿嘿"，并用有规律的节奏做打酥油茶的动作。一场"简版"的堆谐舞会让课堂被充分"点燃"。

串铃和碰钟也为音乐增添了色彩，两个圆的配合形成了四个声部合作的效果。有的孩子认真演唱，专注着动作不让自己出错；有的孩子眼神时不时瞄向另一个圆的声部想努力融入他们；有的孩子一边做出自然流畅的动作，还用肢体带动其他同学，鼓励这个小队向更好的方向迈进……而我——带他们玩耍的"孩子王",悄悄地退出了这个舞会,变成观众,欣赏着每个孩子的表演。

主题拓展:站在更大的时空理解民族文化

虽然受限于时空,孩子们还没机会走进神秘的雪域高原,感受原汁原味的藏族文化,但我想热情和开怀可以消除时空的障碍,用藏族的风俗、服饰、舞蹈,先让学生建立对藏族文化的好感和好奇心,在音乐中引发他们对那湛蓝的天空,层峦叠嶂、永不消融的雪山,牧羊人在高原放声高歌的美好场景的向往。

《我的家在日喀则》教学结束后的第二天下午大课间,我的办公室外突然传来欢叫声和嬉戏声,没等我出去看个究竟,一声"报告"传了进来。原来是佳佳,她在同学们的簇拥下腼腆地走了进来,向我展示自己做的扎木念乐器模型。

我拿在手中仔细观察这个和尤克里里一般大小的扎木念,上面有她当初构想的那些好看的花纹和图案,我试着拨动了一下,皮筋发出"嗡嗡"的声响。"非常不错!"我由衷地赞叹,得到表扬后孩子们开心极了,嘻嘻哈哈地跑出办公室,依稀还能听到他们唱出的"……就在日喀则呀!"的歌声。

延时服务课上,我们又一起观看了歌舞剧《圆梦》,孩子们看到了藏族传统音乐与新时代音乐的交融,与西方交响乐进行的革命性的创新尝试。我们还开展了"搜集藏族歌曲100首"的活动,学生在课后主动搜集藏族歌曲资源,并利用课前十分钟欣赏分享。

一天,小茹分享了《北京的金山上》的音乐视频,年代久远的歌曲一下带我回到孩童时代,这也是一首让世人了解藏族的歌曲,质朴热情的旋律表达了藏族人民对中国共产党领导人民当家作主、过上蒸蒸日上的生活的感恩之情。视频中的藏族锅庄舞蹈也入选了非物质文化遗产,它走向世界,让中国风在世界各地流行,这些成就均让孩子们赞叹不已。

春风浩荡满月新,扬帆奋进正当时,党的二十大从国家发展、民族复兴的高度提出"推进文化自信自强,铸就社会主义文化新辉煌"的重大任务。作为音乐教育者,我们负有传承和弘扬民族音乐、引导学生热爱祖国和人民的责任和使命。我将在带领学生学习民族音乐、传承民族文化的道路上不断精进,做一个充满力量、精神的老师,照亮天真烂漫的学生!

(作者系重庆两江新区鸳鸯小学校)

三 经典传承

音乐审美自有韵，传统文化润童心

高婷婷

6年前，我以一节小学三年级的音乐欣赏课——古筝独奏曲《浏阳河》，在重庆市第三届小学音乐现场课评选活动中获得了一等奖。这节课紧紧围绕古筝的音色和乐曲结构两大板块，结合乐曲的创作背景，遵循"以美育人"的教育思想，很好地带领学生感受了中华民族传统音乐的魅力，激发了学生的民族文化自豪感。

识·筝之韵

这节课的目标之一是结合欣赏古筝曲《浏阳河》，让学生学习民族乐器——古筝，感受古筝的艺术魅力。

在看到古筝时，绝大部分孩子都能认出并能很快地说出它的名称，但这只是停留在表面，需要引导学生更深入地去了解古筝的特点、演奏技法等，让他们能通过对古筝曲的欣赏感受到古筝的艺术魅力，从而喜爱上这件属于中国的民族乐器。因此，我选择现场亲自范奏，帮助学生更直观地感受古筝的外观、音色、演奏之艺术美。

时间回到评选活动现场。开场伊始，我邀请学生先一起认识古筝："同学们，这件乐器你们认识吗？它叫什么？"

"古筝。"

"对！这是古筝，属于中国民族弹拨乐器之一。今天，老师要用古筝为大家演奏一曲《浏阳河》，请大家先静心欣赏。"

接着，我开始弹奏。《浏阳河》一共有三段，引子部分用琶音奏出，营造出了浏阳河水水波荡漾的感觉。第一段则采取原歌曲的基本旋律，歌唱性很强，优美动听，上滑音和下滑音的运用更加强了水波荡漾的欢愉之情。第二段是原歌曲旋律的两个变奏，分别运用了右手旋律加花和双手快速弹奏下行琶音，使乐曲达到了高潮。第三段恢复到原歌曲的主旋律，结尾再次运用琶音。乐曲深情地表达了人民对家乡、生活的热爱之情和对未来的美好憧憬。

学生一边聆听着优美的旋律，一边感受着古筝音色带来的意境之美。

一曲《浏阳河》演奏完毕，学生报以热烈的掌声，我表示感谢，然后问道："你们能听出古筝的音色有怎样的特点吗？"

学生："清亮的。"

"对！为了让古筝的音色清亮，演奏者一般都要戴上'甲片'。"我特意向学生展示我佩戴的古筝指甲。

"现在你们能辨别古筝的音色了吗？"

"能！"学生自信地回答道。

"太棒了，那接下来我们玩一个小游戏，老师这里有几段由不同乐器演奏的《浏阳河》，请你们听听看，第几段音乐是用古筝演奏的？"我开始依序播放音乐。

"第三段。"学生回答。

"对了！小耳朵真会聆听！那么其他音乐片段，你们知道是用什么乐器演奏的吗？"

"二胡。"

"琵琶。"

"唢呐。"

学生顺利说出了每个片段的演奏乐器，我也依次出示了这些乐器的照片，并称赞道："看来你们在平时的学习生活中积累了丰富的音乐知识，对民乐很感兴趣，为你们点赞！"

这个环节的设置，对应本册民族乐器的认知顺序，既让学生准确地听辨出古筝的音色，又对前面所学的知识进行复习巩固，同时又能达到对《浏阳河》主题旋律的记忆，让学生在听辨中感受不同乐器的艺术魅力。

品·曲之情

接下来,为了让学生更直观地感受到浏阳河的自然景色之美,使其联想到艺术与自然、生命、生活、社会之间的紧密关系,我播放了一段介绍浏阳河的讲解视频:"浏阳河属于湖南省湘江的一条重要支流,弯过了九道湾,流域内的湘潭是中国伟大领袖毛主席的诞生地……"

而在乐曲的B段,包含两个变奏,好似浏阳河边上土改运动后丰收的人们在用歌声、舞蹈传递着对毛主席、对家乡的热爱与赞美之情。这是本课教学的重点。我决定用"以舞生情"和"以创促情"两个环节来推动学生对音乐知识的掌握,并让学生在欣赏乐曲中感受音乐所传达的情感。

【以舞生情】

"请听这段音乐。听到它,你的心情会变得怎样?"(师播放音乐)

"高兴!"

"你能用动作来表现愉快的心情吗?"我想用动作来激发孩子们的想象。

这时孩子们自由地开始表现起来。

我赶紧观察发现:"哦,你是用表情来表现的,请你上来!""你是用身体来表现的,也请你上来!""哦,你是用不同的动作来表现的,也请你上来!"

几位学生上台带领大家一起跟着音乐舞动,现场一片欢乐气氛。

一阵小高潮后,我又问道:"同学们,听到这段音乐,你为什么会有愉快、高兴的心情呢?我们来看一下乐谱,第一条是主题旋律,第二条是我们刚刚听到的旋律,请仔细观察,你们发现它们有什么不同之处了吗?"

这时,一个男生立马把手举得高高的。

"好,请你说。"

"第二条旋律的音符上面有点,第一条没有,然后第二条旋律的音符比第一条多。"

"大家同意吗?"我问道。

"同意!"全场一致同意。

"掌声送给他。孩子,你的小眼睛真会观察,这条旋律音区变高了,音符增多了,像这样在主题旋律的基础上进行变化,这样的创作手法称为'变奏'。这里是我们在乐曲中遇到的第一次变奏,因此把它称为'变奏一'。"

我在黑板上贴出"变奏一"的卡纸,继续说:"同学们,在浏阳河边人们感谢毛主席给他们带来的幸福生活,他们心情愉悦,载歌载舞共同庆祝这美好的新生活。小朋友们,让我们也跟着音乐再一次跳起来吧!注意,我们在跳的时候要边聆听音乐边跟上节拍哦!全体起立!音乐准备,起!"

师生再次共同沉浸在欢快高兴的热烈气氛中,意犹未尽。

【以创促情】

乐曲B段的变奏二与变奏一相比,在演奏上运用了分解和弦、下行琶音弹奏,使乐曲更具有连绵不断流水般的感觉。

"让我们继续聆听,接下来的音乐会让你联想到什么?"这时,我又做了现场演奏,让学生更近距离地感受古筝这一乐器给我们呈现出的流水画面,仿佛浏阳河就在我们面前不断地流淌。

"音乐让你想到什么啦?"演奏结束,我问道。

"有流水的感觉。"孩子们争先恐后地回答。

"你们的想象力真丰富!这段音乐就是描绘了浏阳河水流动的画面。在这里演奏者需要用高超的演奏技巧,左右手交替快速演奏下行琶音。"我顺势又弹了一句。

"音乐描绘了一条流动的浏阳河。"我出示浏阳河水流动的画面。

"同学们,这里是我们遇到的第二次变奏,它叫'变奏二'。"接下来,我播放视频,让学生观看老师和学生是怎样来合作表现变奏二流水的形象的。

视频播放完,我试探着问道:"感觉怎么样?"

"很美。"

"那你们也能像我们一样对这段音乐进行创编表现吗?我们来看看任务单。"

我给出任务,组织小组进行合作:"请各小组长带领你的组员一起来试一试吧!时间3分钟,请开始!"

各个小组立即开始行动起来。创作过程中,我会巡视每个小组的动态,及时给予指导。

"好的,同学们,时间到了,哪一个小组愿意来分享展示?"学生的表现欲望很强烈,每个小组都想上来做展示。

"好,有请第二小组。"

第二小组展示完毕,我在黑板上展示出评价单,请其他人对展示效果做出评价:"请你们根据评价单的标准为他们评分。"

有一个小组亮出两颗星。

"请你来说说,为什么你评出两颗星呢?他们还有什么地方可以改进?"我问道。

"他们的动作还需要再柔和一点儿才能表现出流水的形象,我觉得水是柔的,有线条的美。"小组长很自信地评价着。

"你们接受他的观点吗?"我问被评价的小组。

"接受。"学生点点头表示认可。

"好的,现在让我们再一次跟着音乐来表现,相信这次每个小组都会合作表现得很好,有信心吗?"

"有!"

"好!"音乐响起,学生再一次进行合作表现,这一次他们更加仔细,注意相互间的配合了。

整个B段的演唱,我都处于"退位"状态,把主动权交给孩子,让孩子在聆听和感受音乐的过程中体验音乐的情感变化,乐曲的整个B段达到了整节课的高潮。

悟·乐之美

到了第三段,乐曲又恢复到原曲的主旋律,结尾再次运用琶音演奏来表现浏阳河水连绵不断、源远流长。欣赏完这个片段后,我带领学生重新梳理了整首乐曲的结构,并邀请所有学生再一次完整地聆听,在唱、跳、合作中表现全曲。

最后,我进行课堂小结:"在今天的这堂课上,我们认识了古筝,感受了古筝清亮的音色,欣赏了古筝曲《浏阳河》,了解了乐曲的结构和在浏阳河边上发生的故事,我相信,这首作品不仅给大家带来了音乐的享受,也让大家更好地感受了我们的民族音乐之美,希望同学们能够喜欢我们的民族音乐,并为其自豪,也希望大家不忘这些优秀民族音乐中所传递的革命精神,传承中华优秀传统文化,做有理想、有本领、有担当的时代新人!"此时,学生的眼神亮晶晶的,听得非常认真。

不管是2021年教育部印发的《革命传统进中小学课程教材指南》,还是2022年颁布的新版课程标准,都要求在音乐教学中,全面进行德育渗透,厚植爱国主义情怀,通过音乐的审美作用,陶冶青少年的道德情操,引导他们树立正确的世界观、人生观和价值观。因为这些精神在音乐的节奏、旋律当中,更容易让学生感受到,也更容易让学生有一种认同感和使命感,在学习和欣赏音乐中加深对祖国的热爱之情。我将在本课教学的基础上,不断精进专业能力,创新教学方式,带领孩子们去感受更多民族音乐的美,在音乐中厚植学生的爱国情、报国志!

(作者系重庆市巴蜀蓝湖郡小学音乐教师)

吟诵，架起语言与音乐的桥梁

吴珍

冼星海说："音乐，是人生最大的快乐；音乐，是生活中的一股清泉；音乐，是陶冶性情的熔炉。"但孩子们告诉我，上音乐课，既快乐又紧张。快乐是因为音乐课很轻松，没有压力；紧张是因为怕开口，怕唱错。确实，我遇到过不少这样的孩子：上课时听得很认真，一旦真让他们当着所有人的面唱歌，就一个劲儿地闪躲，一句也不敢唱。

如何让孩子们爱上音乐课、敢于自信开口，成为我不断思考的问题。直到一次偶然的机会，我结识了吟诵。

吟古韵之声，品诗词之美

吟诵，是一种汉族独有的中正雅致的音乐形式。通过吟诵这种有旋律、有节奏、有情感的中国传统读书方法，我们不仅仅可以听音，更可以"观"音，可以观到诗词所描绘的整个画面，随着高低起伏、轻重缓急的声音，可以清晰地领略诗词文赋的音韵美和内在的意义。

在中国传统文化里，诗教与乐教一脉相承、密不可分。于是，我产生了一个大胆的想法：可否将吟诵融入音乐教学？

说干就干！

古人云："诗言志，歌永言，声依永，律和声。"在初次尝试时，我选择了《静夜思》。但我并没有直接告诉孩子们要学习吟诵，而是按照依字行腔的方式，先教他们抬起右手画出声调朗读单个的字，再拉长声调大声说出来时，孩子们发现自己好像已经"唱"起来了，一个个兴奋极了！

我们从吟诵一个字、吟诵两个字、吟诵三个字开始，孩子们显得很有兴趣，当我出示"床前明月光"这句诗时，孩子们居然没有畏难情绪，而是无数只小手在空中画着拉长的声调，几十张小嘴巴"ang""ian""ing"唱着诗词……

但是我不能止步于孩子开始喜欢的状态，我还希望他们吟诵完这首完整的诗歌，于是,我开始"得寸进尺",出示了第二句:疑是地上霜。还没等我开口,他们已经开始画声调了,就这样,一首《静夜思》,孩子们居然能完整吟诵了。而且出乎我的意料,这堂课孩子们非常享受,听得很专注,学得有劲头,摇头晃脑,天籁童声,余音绕梁。我陶醉在孩子们的吟诵中,从未有过的幸福感涌上心头,也坚定了我的信心:可以继续探索吟诵与音乐结合这条路!

带领孩子们了解、体验了吟诵之后,我把第二节课的教学内容设定在《游子吟》上。

我让孩子们提前一周预习这首诗歌,自己尝试理解,根据自己感受到的情感尝试编出自己的吟诵调。

上课时,我先将孩子们分成3个组,让他们分享交流对诗的理解并吟诵。

有的孩子说:"'手中线'和'身上衣'让我想起妈妈给我织围巾的样子……"

有的孩子说:"我会在'临行密密缝,意恐迟迟归'中的'密密''迟迟'处加强语气,因为针线里藏着盼儿子回家的心情。"

还有孩子说:"吟诵时,我总会想到妈妈给我做的菜……"

趁着孩子们有感而发时,我立即问孩子们:"在预习古诗时,是什么让我们有这样的感受呢?"一半以上的孩子纷纷举手。

有的孩子说:"将字词的声调拉长后,好像能看到一幅画……"

有的孩子说:"本来觉得老师的要求很简单,但是当我将声调拉长后,却神奇地感受到了妈妈的爱……"

在孩子们的表达中,我感受到了吟诵古诗对他们产生的积极影响,感受到他们对这首诗的用心,我便提议每个组展示两位同学编的吟诵调,展示的孩子大大方方走上讲台,每个孩子的吟诵调都不一样,但对诗词的理解和表现都是情真意切,赢得了全班同学的阵阵掌声。

之后在学习谷建芬老师写的歌曲旋律时,孩子们学得非常快。我在吃惊于孩子们学习歌曲的速度时,心里也在想:这不就是我一直在探索的语言和音乐之间的桥梁吗?

创编吟诵调,让孩子唱自己的歌

通过吟诵,我们可以把旋律创编变得简单起来,只要会说汉语就能创编出旋律,非常容易掌握。

我以《唱自己的歌》为主题,在帮助学生掌握了吟诵的基本规则之后,就让学生练习创编旋律。

我们使用了五线谱画旋律线,根据旋律线进行旋律创编。

首先,根据唱词中每个字音调的调值,阴平为55,阳平为35,上声为214,去声为51,在五线格上画出基本的旋律线条,直接用调值的音高也可以,想要有些变化,就再根据旋律线条编写音符旋律。

五线谱上旋律线条是旋律创编的基础,是必须要遵循的,这就是依字行腔。

在这个基础上,每个学生将每首诗、每首词创编出自己的曲调,都很有新意。孩子们会自己创编曲调之后,不用总是唱别人的歌,而是唱自己的歌了,他们自己创编出的歌都是自己的理解、自己的感受,这种方式毫不费力地就能让他们将音乐创作与诗词很好地联系起来,一举多得,孩子们学得不亦乐乎!

当然,我也设计了适合于不同层次学生的创编方式,比如"四声对五音",即:

阳平——宫 1

阴平——商 2

入声——角 3

上声——徵 5

去声——羽 6

于是,我和孩子们选择了一些课本里的古诗词编了吟唱的旋律,和诗以歌。

孩子们"唱着自己的歌",脸上洋溢着的自信和阳光让我感到很欣慰。课间,走廊上、教室里,经常会听到之前一直不敢在课上开口的小刚唱歌,即使有时候你明明听到他确实唱走调了,但是他的声音不会因此而变小,仍然很清亮,还很动情,且整个人的气质都不一样了,彬彬有礼,热情果敢。

很少主动开口唱歌的孩子也能跟随声调自信地唱起来,他们会运用依字行腔创编吟诵调,这不就是在作曲吗?他们在演唱歌曲时,字里行间同样都透着真挚的、深深的感情!

至此,诗与词、歌与赋,在我的音乐教学上融为一体,这样的音乐课,影响了他们,也影响着我。

一方面,吟诵这种有旋律、有节奏的读书方式,与音乐有着密不可分的关系,吟诵的音乐性特点,能帮助我从声音的角度来更好地理解吟诵的本质,更快地学习吟诵;而音乐课中融入了吟诵,则能够丰富音乐课堂的内容,促进音乐素养的培养,还能够让学生开阔视野,更好地发挥音乐在美育、传统文化教育与国学经典教育中的作用。除此之外,还能让孩子们获得强大的创作动力。

还有一个小片段，每每想起便觉得孩子们远比我们想象的更棒：我向孩子们提到了行揖礼是一种礼节，第二节课上，孩子们便主动跟我行揖礼，看到孩子们将这样的礼节融入生活，融入课堂，我感到特别欣慰。孩子们弯下腰低下头行揖礼的那一刻，已感到吟诵诗词带给我们的不只是声音，更是一种谦虚、大气的生活状态。

用吟诵为生命刷一层柔软底色

"暮春者，春服既成，冠者五六人，童子六七人，浴乎沂，风乎舞雩，咏而归。"这是《论语》描述的教育理想，曾无数次拨动我的心弦。作为一名音乐教师，我也一直憧憬着这样的教育境界：暮春时节，惠风和畅，我领着一群少年，以天地为课堂，以生活为舞台，高歌于山谷，低吟于青山。吟诵帮助我实现了梦想。

践行吟诵教学以来，我先后带着一群少年，在北京孔庙吟诵，在台湾日月潭放歌，我们用歌声礼赞中华文明，用吟诵传承民族文化，努力去实现孔子所说的"兴于诗，立于礼，成于乐"。

有一次，我带孩子们到杭州游学，准备离开的时候，小刚说道："老师，我们可不可以在这里吟诵《饮湖上初晴后雨》给苏轼，他们那个时代是吟诵着读书，那我们的吟诵，相信他会听到的……"

那天，在场的每一个孩子都非常认真，声情并茂、字正腔圆，路过的游客们纷纷走过来聆听，结束后问我们是不是什么演出团的？我们说是学校的学生时，他们竖起大拇指，赞扬声不断。

那一刻，我内心涌起深深的感动：感动于孩子的自信，更感动于在与重庆相距1500多千米的杭州，在900多年后的今天，孩子们能对他乡、对古人拥有如此的人文关怀。正如古人说："幼儿养性、童蒙养正。"我想，若我们能在孩子们这个阶段保护他们纯洁的天性，用优秀传统文化浸润他们柔软的内心，日后长大，相信他们也能对身边的人给予同样的温柔和关怀。这，就是诗词和音乐融合的力量和魅力；这，就是最美的教学延续。

这些年来，吟诵也帮助我找到了专业成长的方向。在"国培计划"（2018）——乡村学校教师中华优秀传统文化培训中，我给来自全国各省、市的老师们分享吟诵教学，老师们沉浸其中，纷纷感慨原来古诗词和音乐可以这么教，这么学。近两年，我为各地区的学校培训吟诵师资300余人，被选为北京市吟诵教育研究会全国宣讲团的讲师，与一群热爱吟诵的老师们将吟诵传播到一所所学校……一直觉得"人类灵魂的工程师"离自己很遥远的我,也慢慢体会到了小小的音符,能奏响民族经典乐章,平凡的音乐老师也能传播向上、向善、至美的正能量。我会继续探究吟诵与音乐的关系,继续将音乐与吟诵融合在一起,继续让我的学生在这个过程中得到更多、更美、更好的生活体验,能够继续唱更多他们自己的歌!

(作者系重庆市八中两江金溪中学校音乐教师)

传承戏曲文化根，弘扬传统音乐魂

马红磊

"快快快，该我了，你帮我数，'写春秋'……"

"哎，不对不对，你少了一拍，看我的！"

"不对，我自己数着的，明明是十一拍！"

"你明明就少了一拍，我数得清清楚楚，现在看我的了。"

这是小王和小宋两位同学在《甘洒热血写春秋》这堂京剧课中自主学习时的对话。

两位小男生为了本首京剧唱段中"写春秋"的"秋"字的长拖腔的拍数在争先展示练习，一招一式有模有样，在课堂上显得非常的兴致盎然！

但回想起2018年我刚开始接到这个授课课题时的感受，用一句方言俚语形容就是"一个头，两个大"。

寻根探源，戏曲瑰宝何以遇冷

现在的学生往往更容易接受和演唱流行音乐、通俗音乐，对我国的戏曲瑰宝则认为有些难以接受甚至觉得"很土"。但是从教材中戏曲方面的内容设置，可以看出国家在中国戏曲文化传承方面所做的努力。而我从小喜欢听戏曲，喜欢唱戏曲。传承戏曲文化，在孩子们心中植入戏曲文化的种子也是我一直想做的事情。

虽说京剧在小学教育阶段非常重要，但是在实际教学过程中，我还是遇到了很多困难和挑战，由于我所在的西南地区学生大多从小对京剧学习、感受的环境不足，他们从小就几乎没接触过京剧浸润的文化场，所以对京剧的初始兴趣并不浓厚。如何激发孩子们对京剧的学习兴趣是摆在我面前的一个难题。

那么，怎样将学生领进门？用什么作为切入点呢？经过反复思考和实践，我准备从戏歌听唱上切入。因为京剧戏歌是具有京腔京韵的歌曲，具有一些京剧元素，学唱时也相对比较容易。于是，一堂基于特级教师谢晓梅老师所提出的"快乐歌唱"理念中"启于境、游于艺、归于情"实践模式的京剧课堂开始了。

任务驱动,自主建立初步认知

"五花马,青锋剑,江山无限;夜一程,昼一程,星月轮转。"

"同学们,通过我刚刚的演唱,你们从唱段中能听出这首歌曲具有哪种戏曲的音乐风格吗?"我演唱完之后随即问道。

"老师,老师,我知道,我爷爷喜欢听京剧,我经常和他一起听,这首歌曲有点儿像京剧。"

"对,你的知识真丰富,老师刚才演唱的就是电视剧《康熙微服私访记》的主题曲《江山无限》,有谁知道这首歌曲的演唱者是哪位吗?"

"老师,老师,我知道。"小宋高高举起了手,生怕老师没看见他,都从座位上站起来了。

我说:"小宋同学,请你来介绍一下这位歌手。"

"他叫屠洪刚,最开始是唱京剧的,唱过'花脸',声音非常强壮有力,他还唱过《霸王别姬》《精忠报国》。"小宋说得神采飞扬,边说还边看向身边的同学,一副"看,我可厉害了"的骄傲小神情。

看到他这样"骄傲",我先是称赞了他的知识面很丰富,同时在表述上对小宋同学进行了纠正:"'声音强壮有力'的表述还可以更准确一些,形容声音,我们可以用'雄浑有力'可能会更恰当一些。"

"今天我们将要通过京剧唱段《甘洒热血写春秋》来感受京剧的魅力,感受京腔京韵的特点。"

随后,我按照之前布置的小组任务,请各小组把提前搜集的关于本堂课的相关知识和全班学生分享一下。

"首先有请一组同学为我们分享你们小组搜集的本唱段的故事背景,哪位同学来分享?"

"《甘洒热血写春秋》选自现代京剧《智取威虎山》。故事取材于曲波的同名小说《林海雪原》。"还没等我说完,一组的小轩同学就立马脱口而出。他看向我,我向他点点头,示意他继续。他扶一下自己的白边框眼镜接着说道:"《智取威虎山》的故事讲述了解放军侦察排长杨子荣主动请命乔扮土匪胡彪,以献联络图为名打入威虎山匪窟。这个唱段就是匪徒们在为杨子荣庆功的时候,在剿匪胜利前的演唱,这个唱段也正表现了杨子荣机智勇敢,深入虎穴当卧底,唱出了战斗必胜的信心与英雄气概。"说完看着我,又扶了一下他的小眼镜。我冲他微笑点头,示意他坐下。

"接下来,有请二组来说一下你们搜集的关于唱段唱腔的资料。"我把目光投向二组,只见二组小萱同学端端正正地坐在课桌后,右手做了一个非常标准的桌上举手的姿势,瞪着一双水汪汪的大眼睛看向我,那意思是:我来代表我们组发言。

"请你说,小萱同学。"

"《甘洒热血写春秋》属于老生行当的唱腔,与旦角唱腔旋律不同,上下句落音在2,1上,用大嗓唱,加上锣鼓伴奏烘托,更显刚强有力。此段为'快二六',这也是快板的一种,一气呵成,犹如蓄势后拉开闸门,将戏曲推向高潮。"小萱同学说完,全场响起阵阵掌声。我也对这样的回答感到吃惊,资料搜集得如此细致,如此专业,不像网络上能够找到的。

我问她资料是从哪里找的,她说:"马老师,我奶奶是京剧票友,这些资料是我奶奶带我去重庆京剧院找专业老师了解的。"哇!孩子们还真是'八仙过海,各显神通'啊,一次次地给我惊喜,我不由得伸出大拇指给她一个大大的赞。

在随后的课堂教学中,我和孩子们一起欣赏《智取威虎山》第六场"打进匪窟"。孩子们被剧情和表演深深地吸引住了,他们也跟着剧中人物,一起投入到剧情当中,和戏中的人物同悲欢、共仇恨。有了情绪情感和初听的音乐印象,孩子们接下来的学习就更有样可寻了。

精抓细节,逐一攻克学习难点

欣赏完表演片段之后,我在黑板上呈现出乐谱,学生首先通过观察乐谱中的节奏,能自主找出唱段中的节奏难点。然后,我采用以手击拍的方式来感受乐曲节奏。

在这个过程中,我来读戏词,学生为我击拍,通过感受,学生找出规律,戏词的第一句和第二句是弱拍起,也就是戏曲中说的"眼起板落",第三句和第四句是强拍起,也就是戏曲中的"板起板落"。

在找到节奏的规律后,学生视谱自读,开始可能会存在一些读错、混乱和掌握不准确的现象,这些都是正常的。在经过几次练习和纠错之后,他们就能够准确地掌握戏词的节奏,为下一步的演唱打好基础。

第二个节奏方面的难点是最后一个"秋"字的拖腔。这个地方首先让学生自己观察,通过对比聆听音乐和观察乐谱,得出原唱中"秋"字节奏演唱十一拍,这样学生在后续自主训练演唱时就可以做到心中有数,数板而唱,相互监督,这也就出现了开头的小王和小宋两位同学的对话。

在旋律演唱方面,学唱"写春秋"这三个字时,应当放慢速度唱准确,并加以手势高低来辅助演唱,学生通过慢速地演唱来感受旋律特点,后再经提速演唱方可掌握唱段中旋律和韵味之奥妙,方可把戏曲的"魂"展现和表达好。

技术助力,趣味挑战中感受京韵之美

旋律掌握得差不多了,为了增加表演和演唱的韵味,需要加入一些动作来帮助提升唱段韵味。这里,我们采用了智慧化的教学手段,学生人手一台平板电脑,我将《甘洒热血写春秋》的表演片段在电脑上展示,学生观察并模仿视频中演员的姿势和动作,学习演唱时的摊掌、颤手等手势,注意眼神变化,做到双眼有神、眼随手动,以及最后的亮相动作。学生模仿之后,打开摄像头,根据音乐进度来录制自己的动作,系统会根据模仿的相像程度和到位程度给出不同的等级评定,这样既增加了学习的趣味性,又提升了学生学习模仿动作的准确度。孩子们在手眼身法的模仿环节中做得津津有味,这些动作的表演和模仿,也有助于他们在体验中切实地感受京韵之美。

一切准备就绪,我和孩子们进入了表现环节。此环节中孩子们以小组为单位,分别选派几位表现意愿强烈的同学来展示,各小组用事先做好的京剧脸谱贴,为各自认为展示较到位的小组贴上,这样就呈现了四个小组的评比结果。此时课堂达到了高潮,展示的同学自信大方,观看表演的同学一个个叫好鼓掌,仿佛这一刻教室化身了梨园。

在最后的课堂小结中,我请孩子们说一说本堂课的收获,大家纷纷举起了手。

"《甘洒热血写春秋》是有关革命文化的,杨子荣太厉害了,一个人到土匪山寨都不怕,我们应该向他学习,胆大心细,做一个勇敢的人。"

"我知道了京剧中的手眼身法步,也感受到了学习京剧的乐趣,以后我会多去听京剧。"

是啊!我们音乐课中的戏曲课不是单纯教会学生一些唱段,还要将唱段背后的故事融入课堂。通过接触经典作品,孩子们可以了解京剧常识,对听京剧、唱京剧感兴趣。我们要让他们坐下来爱听、站起来会唱。这样,京剧艺术才算走进孩子们的心田。在让孩子们更多地体会艺术多样性的同时,我们要引导学生热爱、继承和发扬中华优秀传统文化,在孩子们心中播下传统艺术的种子,像京剧样板戏《红灯记》里唱的那样:"栽什么树苗,结什么果,撒什么种子,开什么花!"

(作者系重庆两江新区云创初级中学校音乐教师)

《咏鹅》磨课记：如何引导孩子走进经典深处？

谭小娟

一节"失败"的公开课

2015年，我到重庆的一所区县学校送教，要上《咏鹅》。但由于路上颠簸耽误了行程，到了现场已没有时间去熟悉学生，想着《咏鹅》早已童叟皆知、家喻户晓，只是换种方式吟诵古诗，小坐一会儿，我就直接上台了。

走近孩子们，一双双眼睛怯生生地看着我这个陌生的老师。霎时间，环绕在脑海里的教学流程，消失得无影无踪。我只能临场应变，先问孩子们喜欢哪些小动物，希望拉近和他们的距离。

这个问题每个人都可以回答，教室里便开始叽叽喳喳、七嘴八舌：

"我喜欢小兔子。"

"我喜欢小狗。"

"我喜欢小猫咪。"

"我喜欢……"

不出所料，我由于忙于课堂常规的落实，疏于美好情境的创设，整堂课按部就班，毫无美感可言。所幸老师们很友善，一个劲儿地说着"乡村孩子不比城里娃，规则意识欠缺太多"。

向老师们表达诚挚歉意后，我脑海里一直想的是：如果老师们把教学中的不完美都归咎于孩子们的弱点上，那么，育人的意义何在？美育的意义又何在？

跨界借力，深挖作品内涵

送教归来，我开始研读各类《咏鹅》资料，旋律闭眼即入，每天课标不离手，也拜读了不少语文名师所上的《咏鹅》的课例。

问自己：我该如何通过"欣赏"，使学生能感受音乐的情绪与情感，了解音乐的表现要素、表现形式,感知、理解音乐,从而深化音乐情感体验,提升文化理解素养?问自己:我该如何通过"表现",使学生掌握艺术表演的基本技能,表达思想感情,从而提升自己的艺术表现力?问自己:我该如何通过"创造",使学生能对声音进行探索,运用创造性思维,表达个人创意,提升创新实践。

沙坪坝区教研员林老师告诉我,要想上好音乐课,就得凸显音乐的美感;市教研员胡老师告诉我,音乐是有灵魂的,从歌之魂,到民族之魂!沿着大咖们的谆谆教导,我摸着石头过河,引经据典,找寻《咏鹅》背后的故事。

《咏鹅》是初唐诗人骆宾王在7岁时写下的一首五言古诗,它的鲜明特点是通俗易懂、朗朗上口。相传,小时候的骆宾王,住在浙江义乌县城北的一个小村落里。村外有一口池塘叫骆家塘,每到春天,塘边柳丝飘拂,池水清澈见底,水上鹅儿成群,景色格外迷人。有一天,家中贵客到访,客人见骆宾王面容清秀,聪明伶俐,便上前提问,7岁的骆宾王皆对答如流,客人惊叹不已。当骆宾王随客人走到骆家塘时,一群白鹅正在池塘里浮游,客人有意试探骆宾王,便指着白鹅要他以鹅作诗,骆宾王略加思索,便创作了此诗。

由此,美感从何而来呢?语文名师告诉我,"鹅!鹅!鹅!"写出了鹅的声响美,表达了诗人对鹅的喜爱;"曲项"与"向天"、"白毛"与"绿水"、"红掌"与"清波"的对比,写出了鹅的线条美与色彩美;同时,"歌""浮""拨"等字又写出了鹅的动态美;全诗将听觉与视觉、静态与动态、声音与色彩完美结合,活灵活现地显示出鹅的形神之美。"曲项"一词,以优美的弧线勾画了白鹅从容优雅的形象;"向天歌"三个字则更重要,它不但以曲笔暗含了远天高空,给全诗一种广阔的背景,还写出了鹅的不凡志向,向着蓝天引吭高歌,似乎在向往蓝天、向往远方。

纵观诗词内容,这首诗的关键句是"曲项向天歌",那么在音乐课中,怎样的动作体现才能让小学低段的学生感受到白鹅之美呢?了解至此,作为音乐教师的我,又该如何引导孩子们将绝美的古诗词用音乐的形式幻化为对白鹅之美的精神向往?该如何去诠释"美生情、乐中学"呢?

观摩了音乐名师们的教学视频,我发现他们都有一个共同点,那就是想方设法带着孩子们去体验,去感受,去碰撞,与音乐产生共鸣。名师们的示范也给了我信心:《咏鹅》是骆宾王在7岁时写下的,作为同龄人,一年级的孩子们也一定能表现出作者当时心中的意境之美。

反复迭代,优化教学路径

但在实际操作中,我发现常规化的情境教学已然不能提高孩子们的课堂关注度。连续几天,我辗转反侧、彻夜难眠。

偶然的一次校队训练,我拿起手中的巴乌,即兴演奏了《咏鹅》,当优美的旋律响彻耳畔时,正在练习巴乌的学生们陆续安静了下来,曲终人未散。霎时,我茅塞顿开,是否可以把巴乌融进课堂？因为巴乌的音色,像极了鹅叫声。此外,除了学唱歌曲,我还能将这一中国民族乐器融入作品中,让孩子们近距离感受巴乌的音色,既能创设情境,又能促进音乐要素的积累,简直一举多得！

想到此,我激动地拨通了云南民族大学王亚军教授的电话,师徒二人就在电话里进行了一个多小时的交流。电话里,我完整演奏了《咏鹅》,王老师指导我在个别乐句中加入相应的演奏技巧,刹那间,惟妙惟肖的白鹅形象跃然纸上,这真是一次质的飞跃！我的教案上,至此有了浓墨重彩的一笔——"老师用巴乌模仿鹅叫声,创设情境,引导学生感受歌曲意境之美。"看似简单的语言,背后却倾注了无数的心血。

教案形成,我便开始了一遍遍的试讲。从理论到实践,我每天在不同的班级中穿梭着,每天被不同班级的学生"考验"着,刚改好的设计方案,遇到不同的问题后,又得马上调整。各班学情不同,效果不一,我不知疲倦地往前走着。在磨课的过程中,不难发现,很多孩子在学前启蒙时就已接触过《咏鹅》,所以歌词学唱没有问题,关键是要唱出情境、唱出感情。因此在设计教学时,我把创作表现调整为重点,整体教学思路也以"鹅"为主线,设计环环相扣的教学活动,让孩子们在看、听、想、说、演的过程中感受鹅、表现鹅、体验鹅,启发他们运用多感官体验来对歌曲所表达的意境进行感悟与探索。

在一次次磨课中,我还感受到一首经典好诗本身就是一幅优美的图画。你看,"鹅,鹅,鹅,曲项向天歌。白毛浮绿水,红掌拨清波"。美丽的白鹅,弯着脖子向着天空歌唱,雪白的羽毛漂浮在碧绿的水面上,红色的脚掌划着清波,就像一支支船桨一样。在试讲中,孩子们自主创编的动作也可爱至极,结合白鹅优美的形态,我们将肢体语言调整到最佳,围着"池塘"转起来、跳起来。在一遍遍的聆听中,我们学会了《咏鹅》;在一次次"向天歌"中,我们把白鹅模仿得栩栩如生。骆宾王笔下的白鹅,在孩子们的姿态中,变得活灵活现。古诗与现代音乐的完美结合,更是铸就了经典中的经典。

就这样,我和孩子们在一次次试讲中,被中国文化浸润着、感动着。我感受到,学习积极健康的古诗,不仅能够提高学生的文学素养,还能使学生受到美的熏陶,能够引导学生通过欣赏古诗的语言美,感受歌曲的旋律美,去认识其中表达的意境美,进而体验到诗人所表达的意境,这对陶冶性情、培养高尚情操、提高学生的音乐审美能力大有好处。

在课堂上,我把更多的精力花在了引导上,引导学生"动口""动手",在整个教唱过程中,我不断地变换教法:旋律接龙、歌词接龙、师生互动、生生互动,枯燥的学歌环节变得生动、活泼起来,充分利用对比、模仿、视唱等方法,让学生成为学习的主人,主动参与。理念对了,思路顺了,教学过程无比幸福。

在这个过程中,我再一次深刻意识到,老师教给学生的,是一种以音乐审美为核心的学习方法,这才是最根本的教学理念,从而突出音乐学科的特点。音乐教学首先需要激发和培养学生的音乐兴趣,并且学习习惯的培养、学习方法的培养,还有积极性的调动也很重要。教师应坚持以审美教育为核心,注重培养学生对音乐的兴趣,以学生为主体,让他们在愉快的音乐实践活动中,主动地去发现音乐、去探究音乐、去感受音乐、去理解音乐、去表现音乐,并在一定理解的基础上,去创造音乐。教师也必须善于走进学生的情感世界,把自己当作学生的朋友,与学生平等相处,感受他们的喜怒哀乐,让美的音乐去触动他们的心弦,让美的音乐去洗涤他们的心灵,让美的音乐与孩子们成为真正的朋友。

评价转向,激活学生自信

在几次试讲中,我发现孩子们在课上总是乱糟糟的,课后我进行了反思,发现是自己的评价语言没有用在点子上,过于频繁地重复某些表扬的话语,不仅空洞乏味,而且失去了表扬本身的意义,孩子们无法从表扬中汲取到营养,没有一个明确的导向。

思考良久,我开始注意评价机制与评价语的正确引导,针对低段儿童的心理特点,我把本节课的评价机制换成了美丽的白鹅,小组表现优秀就会让大白鹅往前游一步,比比哪一组的白鹅最先游到对岸,而这一切的改变,皆源自对学生真正的关爱。

我发现,课堂氛围变得更加和谐、温暖;我发现,不爱举手的孩子也有了积极发言的勇气;我发现,眼神躲闪不自信的孩子,也有了上台展示自己的欲望。

我发现,只要我们用心去引导,用爱去感化,孩子们真的挺容易做到;我发现,及时捕捉微妙的变化,其实更有利于调整我接下来的教学方式和教学进度。

我发现,做个有温度的老师,治愈自己也在温暖他人。在课堂活动中,创设平等、民主、愉悦的环境,可以在课堂中点燃学生的求知火焰。

终于,教案成型后的最后一次试讲,听课老师给予了高度的评价。他们认为,《咏鹅》

里的读诗、唱歌、创编动作几部分内容相互联系,贴近学生的生活,童趣盎然。在学会歌曲的基础上,还能让孩子们把整个教室看作池塘,在情境中进行自由表演,老师演奏巴乌,加入其中,更是激发了学生的表演欲望,进一步体会到了《咏鹅》这首歌的意境,感受诗词歌赋之美!那一刻,我感到无比轻松与自豪!

此后,我多次送教《咏鹅》到各个区县,每一次执教,我都能和孩子们一起高度享受《咏鹅》带来的音乐之美、经典之美。如果说,音乐教师是中国民族文化的传承者,那么,在鼓励孩子们走近诗歌、诵读经典的同时,让孩子们的生活充满诗的韵味,开启他们心中的经典之门,更是任重道远!一起携手吧,愿与更多同行者共同见证这段诗意的旅程。

(作者系重庆市沙坪坝区树人小学校音乐教师)

如何让戏曲在校园薪火相传

刘娟

"刘老师,您好!"欢乐热闹的课间,突然传来京剧念白式的特别问好,我用同样的方式微笑着回答道:"同学们,你们好!"紧接着,一群小朋友都用这样的方式向我问好,有的还翘着兰花指,有的提着眉毛亮着眼,在教学楼的走廊里形成一道特别的风景。

从一堂京剧课说起……

2019年的秋天,教研组长突然告诉我:"刘老师,我区即将举行'小学优质课'现场比赛,你快准备准备,代表学校去参赛。"对于"职初教师"的我而言,这可是非常难得的比赛机会,可如何扬长避短,展示最好的自己呢?

这时,学科组有经验的谭老师建议我尝试戏曲课,戏曲是中华优秀传统文化的重要组成部分,加上我的声乐比较好,善于表演,戏曲课也非常具有挑战性,容易出彩。在她的建议和鼓励下,我便选择了人民音乐出版社小学音乐教材二年级下册第二课《难忘的歌》——《红灯记》中李铁梅的经典唱段《都有一颗红亮的心》。这是在整个学科教材体系中第一次出现京剧的相关内容。

课程设计充分运用"快乐歌唱"理念中的"启于境、游于艺、归于情"实践模型。一句饱含京腔京韵的问好,开启了课堂戏曲之旅。在每次试讲中,孩子们对这样的问好方式感到特别的惊喜,他们睁着可爱的小眼睛模仿着老师的动作和声音,顿时课堂被浓浓的京味儿点燃。每个班试讲之后,孩子们见到我就会用京剧念白的方式相互问好,这仿佛是有魔性的。

京剧是我国的国粹,常常使用"口传心授"的方式教学。为了给孩子们更好的京剧体验,我拜访了京剧大师、重庆市戏剧家协会程主席,在她的指导下,我被京剧艺术的表演程式、唱腔深深感动,情不自禁地爱上了京剧。从那以后,我上下班的车载音乐是《都有一颗红亮的心》单曲循环;常常在校园里对着教室的镜子,模仿、练习铁梅的动作、表演;在办公室里备课,备着备着就唱上几嗓子,同事们总是夸赞我嗓子太好了,太适合唱京剧了。就这样,我成为校园里的戏迷。

在新时代,戏曲作为传统文化中的瑰宝,应该如何在少年儿童中薪火相传呢?带着这些思考,我不断地学习和研究。我认为鼓励音乐老师们敢于大胆尝试戏曲教学非常有必要,为此,我通过实践与研究,总结出了一套关于戏曲教学的思路与方法:戏曲念白式问好—独有的仪式感"子午式坐姿(站姿)"—戏曲式发声练习"吊嗓"或"喊嗓";课程内容结合戏曲四功——唱、念、做、打,以及五法——手、眼、身、法、步;重视戏曲的唱词之美、音乐之美和形式之美,坚持以美育人,重视艺术体验。

我把这些思考梳理出来后和教研员马老师进行了深度的交流,教研员特别赞同,让我围绕着这些思考设计一堂戏曲课,在区教研时交流展示。在他的支持和指导下,我设计的《校园小戏迷》一课,于2021年12月在巴蜀蓝湖郡小学校作为课例展示。

整堂课紧紧围绕"以生为本,以创为基,以美为魂"的设计理念,用京剧的念白,帮助学生体验京剧中"字正腔圆"的唱词之美;用"吊嗓"和"喊嗓"引导学生体验京腔京韵,感受戏曲的音乐韵律之美;搭建戏曲舞台,规范戏曲小演员的坐姿、站姿以及手、眼、身、法、步等,重视戏曲表演的形式之美。

结束后,有的老师和我交流说:"刘老师,你的课很精彩。在此之前我看到教材中的戏曲内容根本无从下手,直接跳过。今天看了你的课后,我看到孩子们如此喜欢戏曲课,他们的唱腔韵味十足,亮相的动作特别可爱,那认真学习、努力模仿的样子坚定了我要努力地去尝试戏曲教学。"后来,参与展示的这个班级的班主任给我发信息说:"我去上语文课时,有的孩子坐着'子午相'听课,看来国粹魅力入脑入心呀。"是的,孩子们的内心是热爱戏曲艺术的,需要作为教师的我们,为孩子们插上戏曲的翅膀,带着他们遨游梨园,感受国粹的魅力。

把学生一步一步带入梨园

时间回到2015年,那时我刚参加工作。学校为丰富学生的校园生活,每天下午都开设社团活动课程。我开设的戏曲"小梨花"社团深受孩子们的喜爱,在课中,孩子们不仅能够欣赏到经典的戏曲名段,还能扮演喜爱的角色:男孩子拿着金箍棒扮演孙悟空,女孩子穿着长长的水袖,扮演着小仙女。每次排队放学时,都会吸引好多小朋友羡慕的目光,社团的孩子们更是走出了戏曲小明星的步伐。更令我欣慰的是,家长们经常发来孩子们在亲戚面前表演的《卖水》《梨花颂》《苏三起解》等经典唱段,稚嫩的童声、可爱的神韵,比起那些网络口水歌曲,这些唱段更有中国味道。

让我记忆深刻的是社团里有一个小男生,嗓子特别好,属于天赋异禀的类型。可是,每次比赛都拿不了高分,因为他除了演唱,不会表演,没有神韵。2019年的暑假,她的妈妈打电话咨询我,该如何给孩子选曲目。通过对孩子的了解,我建议他唱一首戏歌,便推荐了少儿歌曲《唱大戏》。比赛结束后,他妈妈激动地给我打来电话说:"刘老师,孩子今天拿到了金奖。太感谢您了,今天舞台上的他仿佛变了一个人,动作很大气,眼神亮亮的,很有精气神,这都是学戏带给他的进步。"我想,随着孩子们对戏曲文化的认识不断加深,他们对表演的渴望就越来越强烈,这就是传承。

让戏剧走进主题班队活动

说到传承,被尊奉为"伶界大王"的京剧大师梅兰芳在京剧发展史上做出了巨大贡献。党的二十大强调"坚守中华文化立场,提炼展示中华文明的精神标识和文化精髓,加快构建中国话语和中国叙事体系,讲好中国故事、传播好中国声音,展现可信、可爱、可敬的中国形象"。2022年,时值梅兰芳排演《霸王别姬》剧目100周年之际,我和孩子们开展了"梅兰芳华,传奇人生"主题班队活动。孩子们用精彩的故事,讲述了一代京剧大师梅兰芳精彩、传奇的艺术人生。

梅兰芳将创新的京剧梅派艺术带出国门,使京剧艺术跻身于世界三大表演体系之中,让世界人民看到了东方艺术的精彩;1942年,48岁的梅兰芳,正是人生演绎发展的巅峰时刻,可卧病在床的他却一脸憔悴,给他看病的吴医生颤巍巍地拿起针头,却怎么也不忍心给他打下去,因为梅兰芳为了拒绝给日本军人演出,甘愿打3针伤寒针,誓死不登台;而1949年新中国成立以后,为新中国的重建,他积极投身义演,贡献自己的力量。梅兰芳的一生热爱祖国,热爱人民,把毕生精力贡献给了京剧艺术事业。通过本次班会活动,孩子们更加崇拜梅兰芳,主动学唱《霸王别姬》,成了名副其实的"票友"。

新课标指出,感受和理解我国深厚的文化底蕴,继承和发扬中华优秀传统文化,铸牢中华民族共同体意识是对新时代的少年儿童的新要求,也是他们的新使命。如何继承和发扬以京剧为代表的传统文化呢,我想正如京歌《校园小戏迷》所唱:西皮、二黄韵味浓,"唱、念、做、打"见真功。仔细学,认真练,古朴神韵展奇功……我们都是校园小戏迷。

(作者系重庆两江新区星光九曲河学校音乐教师)

四
综合体验

好课堂，激发孩子对美好的向往

余元锦　李飞飞

"10,9,8,7,6,5,4,3,2,1……"

"神舟十五号成功发射！"

"耶！"

伴随着双排键模拟的火箭发射轰鸣声，孩子们欢呼雀跃，这激动的一幕，是我和孩子们最近一节音乐课的场景……

在真实情景中唤醒学习动力

那节课的内容是人民音乐出版社小学音乐教材第二册第六课中的唱歌课内容《星光恰恰恰》，D大调，活泼欢快，全曲共有8个小节，是4个乐句的单段体结构。

传统音乐课的教学模式是"听完学、学了唱、会唱就结束"，而这样的教学模式早就跟不上教育前进的步伐。新课标下的音乐课，要善于联系日常生活或学生的生活经验挖掘素材，精心创设与音乐情绪相适应、与生活相关联的环境氛围、音乐情境，激发学生学习的兴趣，引导他们以良好的学习状态积极投入音乐学习。

但怎样才能为这节课找到合适的生活素材呢？在和谢晓梅校长的沟通探讨下，"结合时事"4个字让我突然有了灵感。

2022年中国航天仍然迈着大步向浩瀚的宇宙不断探索着：神舟十三号载人飞船返回舱成功着陆，圆满完成任务；神舟十四号、神舟十五号载人飞船相继成功发射……我是不是可以将"太空""中国航天"等元素融入音乐课堂，为孩子们营造一个梦幻神奇的课堂情境，并从中滋养孩子们的爱国情呢？

确定主题后，我激动地找到双排键郑老师，请他助我一臂之力。一番讨论后，我俩不谋而合，决定大胆地运用多媒体、网络资源，将双排键特色音效与倒计时时刻激动的心跳声、火箭发射的轰鸣声衔接起来。

就这样，一开课，我一边弹着双排键，一边和孩子们一起紧张地倒计时，身临其境地重现神舟十五号成功发射的激动场面。我记得当时好几个男孩按捺不住激动的心情，情不自禁地欢呼雀跃了起来。

当我用双排键弹奏梦幻音效，视频播放出宇航员离开地球，进入一望无际的浩瀚星河的画面时，孩子们瞪着大大的眼睛，还忍不住发出了"哇"的惊叹声。孩子们在视、听觉的感官刺激中，在别开生面的情境体验中，激动得涨红了小脸，开心得咧开了小嘴。就连平时最爱东张西望的孩子也自主、快乐、积极地参与到了音乐的学习中，我想这就是具有真情实感、生机活力的课堂情境所带来的魅力。

在游戏体验中强化技能掌握

《星光恰恰恰》是一首四四拍，具有舞曲风格的歌曲。歌曲旋律级进与跳进相结合，四分音符、八分音符的节奏不断变换着与其配合，起伏流畅。节奏与歌词水乳交融，适合低年级学生唱跳相结合的律动。

一年级学生以形象思维为主，好动好奇，有强烈的表现欲望，喜欢参与体验和表现活动，但兴趣持续时间短，那怎样才能让一年级学生在兴趣中持续学习的热情呢？

每当我没有新思路的时候，我总是喜欢通过查阅书籍或文章来获取新的启发。偶然间，我阅读到谢晓梅校长的《让音符跳出课本——小学音乐课程快乐教学的组织与实践》一文，这篇文章介绍了谢晓梅校长是如何通过充满趣味的音乐课堂给予学生内心生长需要的阳光和养分，如课例《雪花带来冬天的梦》，除了优美的歌词、容易记忆的旋律外，这首歌曲的学习还需要特别关注它的节拍——四四拍指挥图式。于是，谢晓梅校长为学生创设了"小小指挥家"的游戏，让学生跟着《雪花带来冬天的梦》的音乐"还原指挥"，在过了一把"指挥瘾"的同时，在游戏中把握了音乐节奏的变化。课例《乡间的小路》则在结合歌曲表演的课堂游戏中，激发了学生的好奇心，帮助学生把握歌曲的节奏和情绪。

在谢晓梅校长的教学经验的启发下和对新课标的学习中,我明白,可以以趣味化游戏的方式来开展音乐活动,让学生在音乐游戏和活动体验中学会音乐的基本要素、感受音乐的魅力,音乐也可以玩起来!

于是,我将新的感悟运用到《星光恰恰恰》的课堂中,将开课的太空情境继续贯穿,和孩子们围成圆圈以顺时针的方向随伴奏音乐太空漫步起来,在轻松快乐的漫步游戏中熟悉、体验节奏"X"。

第一次太空漫步结束后,我以"X X X"的节奏方式对认真参与的孩子进行了表扬,同时也是为了让孩子们初步感知节奏"X X X"。我不断升级游戏难度,让孩子们在游戏挑战中保持学习热情。

游戏一:师生在感受节奏"X"的律动中聆听节奏"X X X",并停下来。

游戏二:师生在节奏"X X X"处停下来并拍手。

游戏三:生在节奏"X X X"处加入即兴创编的声势。

循序渐进的音乐游戏不仅激发了学生学习音乐的兴趣,还加强了学生的记忆感知,帮助他们进一步理解和熟悉音乐节奏、旋律,在多感官的音乐体验中做到玩中学、动中学、乐中学。

在自主感受中激发创造潜力

教材中对《星光恰恰恰》这首作品的要求是能用欢快的歌声和简单的动作,有节奏地表演。为了增加教学活动的丰富性及提升学生的音乐听辨及创演能力,围绕"美好的夜"音乐与大自然这一主题,我选取了经久不衰的经典儿童歌曲《闪烁的小星星》,增加了对比聆听、合作创演的教学环节。

我引导孩子们边复习歌曲《闪烁的小星星》,边对比思考这两首歌曲的不同情绪,使孩子们自主感受不同音乐情绪所带来的不同画面。

随后,在美丽的夜空星景下,我和孩子们举办了一场"小星星太空音乐会",音乐会的任务是:安静优美地演唱《闪烁的小星星》,和小伙伴合作表演《星光恰恰恰》。

我记得当时任务一出示,小组长就迅速召集组员热火朝天地商讨、创编起来。每一组孩子都在快乐的表演活动中,自信自由地表达着对星空的喜爱之情和对美丽夜晚的赞美之情。

小溪带领的小组被评选为表演最自信、动作最丰富的小组，小溪落落大方地带领组员做了精彩展示，其中有一个"摘星星"的动作让我印象深刻，小溪说："我想像宇航员一样翱翔太空，摘很多的星星回家。"那一刻我很感动也很激动，学生将现实生活的切身感悟与体验，作为他的创作灵感，产生了出人意料的艺术效果。

我也迅速反思自己，有时我们是不是小看了孩子们成长过程中所积累的经验，也低估了孩子们内心极其丰富的想象力，总以为他们完成不了或完成不好。其实，只要给予他们足够的信任和支持，每个孩子都可以在奇思妙想的世界里大放光彩。

在学科合作中实现协同育人

尊重孩子情感的表达，既是遵循艺术学习规律，也是适应学生发展。根据新课标提出的课程设计思路，1—2年级课程以艺术综合为主，体现从幼儿园综合活动到小学分科课程的过渡与衔接。于是，我和美术老师飞飞商量，以同一主题上了一节连堂课，音乐从听觉上对孩子进行感染，美术从视觉上进行熏陶，从多感官出发实现艺术课程协同育人的作用。

有了音乐课的铺垫，我和孩子们怀揣着对美好夜空的向往，一起走进飞飞老师的美术教室，一幅新的作品引起了孩子们的注意。

"这画的是什么？好奇怪？"

"这上面是一圈黄色的圆圈，一圈蓝色的圆圈，像漩涡一样。下面有山，还有小房子。"

"哇！这画好漂亮！"

"我知道了，这是晚上，上面是星星。"

孩子们带着好奇心和同伴一起加入到对作品的欣赏中，产生了不少疑问。

飞飞老师积极回应道："这是荷兰伟大的画家凡·高画的《星月夜》，他热爱生活，热爱画画，被人们称为用心在作画的画家。之前，你们在音乐课上通过对比聆听音乐，能感受不同情绪的星星，这节课让我们一起透过凡·高的作品，继续表达自己心中的夜空吧！"

说着，孩子们便以小组为单位开始商量着。

"星星有大有小，我们可以画一些大大小小的点点，用金黄色或橘黄色。"

"我们可以画一些奇形怪状的星星，在有些星星外面画一根根射线，像星星发出的光芒。"

"我们可以画唱歌、跳舞的小星星啊，就像在音乐课上一样，举办一场小星星太空音乐会。"

孩子们在天马行空的交流中行动了起来。我作为旁观者，静静地聆听、观察着孩子们的创作过程，让我吃惊的是，个别孩子边创作边情不自禁地哼唱起了《星光恰恰恰》的歌曲旋律。艺术的美是相通的，孩子们在联系、融合的艺术实践中，潜移默化地提升着艺术素养及创造、融合能力。

不一会儿，各个小组就掌握了"油水分离"画的方式，将五彩斑斓的夜空展现在了眼前。有的孩子添画上树木、房子、云朵，还有的孩子画上了飞机、飞船等，孩子们的星空处女作就完成了！

看到他们的画作中各种各样的笔触，有快速的、转弯的，长的、短的，轻的、重的，不同的笔触画出了夜空在狂风吹动下旋转、流动、震撼的感觉，让我感觉非常神奇，很有艺术大师的风范！

人类对天空的探索从未停止脚步，孩子对星空的想象也极尽天马行空，虽不能像宇航员那样飞向太空，但对美好生活的畅想可以令其开启想象的大门。实现新课标的低段目标，在自然与社会中表达真实的情感体验，领会艺术的魅力，在艺术的世界中求真、崇善、尚美。

2022年10月，谢晓梅校长在一次工作室活动中分享了她近期的研究成果——"美生情、乐中学"新时代小学音乐课堂育人实践，其中对"情"字的释义，让我印象深刻。谢晓梅校长指出：教学中的"情"最终要归于厚植家国情怀，坚定理想信念，在音乐课堂中为学生播下热爱的种子。

于是，受此启发，"归于情"作为我和飞飞老师融合课的最后升华。通过孩子们互相交流星空作品，我们巧妙引出航天员及中国空间站。孩子们手拿星空之作，在自豪的歌声中表达着对航天员的崇敬之情和对伟大祖国的热爱之情。

"一颗星、两颗星、三颗星，静静地在夜里数星星……"在美好的星空下，快乐的音乐中，一颗颗充满幻想的种子，悄然发芽了……

（作者系重庆两江新区博雅小学校音乐教师）

课堂要放手：把探索的权利还给孩子

谭栩

"谭老师，下节课我们年级要去捉泥鳅哟！"我的音乐课刚结束，孩子们就兴奋地向我预告他们要去捉泥鳅的好消息。

我们学校有一片专门开辟出来的田地，既根据四季种水稻、油菜，也养鱼和泥鳅，以此希望给孩子们创造一个与大自然亲密接触的机会，这个场地也成了得天独厚的孩子们进行劳动体验的地方。这一周的劳动体验主题正好是"捉泥鳅"。

原本想待在音乐教室备课的我坐不住了，捉泥鳅是我儿时的美好记忆，怎么能错过这难得的机会呢？于是我放下东西，和孩子们一起奔向稻田，去重温抓泥鳅的刺激。

泥鳅很"灵活"，但孩子们比泥鳅还灵活，田里到处都是他们在泥水中奔跑的身影，衣服、脸蛋被弄脏也毫不在意，也丝毫不觉得累，一群泥娃娃开心地在泥水中感受劳动的乐趣。

这个生动的场景突然触动了我：既然劳动教育可以不用反复讲解，而是用体验的方式让孩子们自己去感受劳动的价值和乐趣，那可否用类似的方式，让孩子们自己去感受音乐之美呢？

于是，我赶紧跑回办公室翻阅教材，发现四年级有一节课叫《童心是小鸟》，正好可以呼应这周的劳动体验内容，我决定把这节课提前，并尝试优化教学方式，把探索、体验的权利还给孩子，推动学生自己去完成这节课的深入学习。

营造情境，唤醒探究动力

童心是小鸟
我把小树苗栽到春天的故事里
我把小蜻蜓送回夏天的目光里
我把小鸽子放飞在秋天的歌声里
我把小雪人堆在冬天的童话里

啦啦啦啦啦啦　啦

啦啦啦啦啦啦　啦

童心是小鸟

羽毛很美丽

飞来飞去在四季的怀抱里

童心是小鸟

羽毛很美丽

飞来飞去在四季的怀抱里

这是《童心是小鸟》的学习内容，歌词很简单，对于小朋友来说，歌中提及的各种动物也是比较常见的，没有特别新奇的内容。如何唤起他们的学习兴趣呢？

谢晓梅老师曾告诉我，一节有温度的音乐课需要用心去营造一个音乐情境，因此，为了让孩子们在心灵上有一个"默契"，我先创造了一个和他们年龄相仿的虚拟小伙伴——"童童"。

"有一个小伙伴，他叫童童，他非常喜欢他的学校，他要为我们展示一下校园的四季，请仔细聆听，他的校园四季里都有些什么？"我向孩子们发起提问，并让他们带着问题去聆听音乐。

孩子们听完音乐后，七嘴八舌地分享了他们听到的内容，从而形成对这首作品的初步感知，也方便我检验学生对于歌词的理解程度。

"哇，童童的校园四季有这么多东西，这么美，那我们童心小学的校园美吗？你能说说你的校园四季吗？"

这个问题的意图，是希望让孩子们把歌曲与自己的生活建立链接，帮助他们与童童产生"共鸣"，激发他们的学习兴趣，探究美丽的校园，为下一步学习奠定基础。果然，与自己的学习生活高度相关，孩子们发言更加踊跃了，纷纷举手分享自己的观察结果。

巧妙引导，释放学习潜能

理解了歌词，接下来需要孩子们能唱、会唱、唱准。我决定用层层追问的形式，让他们跟随童童继续去探索。

"童童说，这首歌颂校园之美的歌曲里有很多宝藏，邀请大家一起去寻找，接下来请大家观察，第一个乐句由哪些'宝藏'组成呢？"

学生自信地告诉我:"有四分音符、八分音符、附点节奏。"

师:"是附点几分节奏?"

生:"是附点四分节奏。"

师:"请你边读边用手划节奏,在附点四分节奏的地方加重一下语气。"

我发现有部分同学没有在附点节奏的地方加重语气,为了引起他们的关注,我找了一个"小老师"给他们示范,在小老师认真严谨的示范下,顺利解决了附点节奏的教学难点。

师:"你会唱了吗?请加上旋律唱第一个乐句。"

学生纷纷唱了起来,第一个乐句不费多大力气就学会了,不过也出现了一个问题,他们在休止符的地方根本没有"休息"。

但为了不破坏"探索"的氛围,我没有直接指出大家的错误,而是继续追问:"童童对我说,还有一个宝藏大家漏掉了,你们有谁发现了吗?"

第二排的小胖胸有成竹地举手说:"是休止符,虽然它在休息,但是我们不能忽略它,就好像我们捉泥鳅时有时候要停下来观察,动静结合,时机成熟才能下手。"

师:"多么会观察的同学!你长了一双会发现的眼睛,能把课堂与生活无缝对接。太棒了!"

既然第一个乐句孩子们能探索出"音乐密码",我决定继续大胆放手,也让孩子们分组学唱后面的乐句,把课堂还给他们,让他们成为课堂的小主人,我充当"绿叶"即可。

师:"孩子们,夏天、秋天、冬天校园里又有什么新奇的宝藏呢?请自行分组寻宝,老师将邀请各小组展示你们寻到的宝藏。"

学生自行分组学唱后续乐句后,我按照顺序随机邀请小组分乐句演唱,来检验学习效果。

师:"你们觉得哪一个'宝藏'找起来有点儿难度?我们来共同探讨一下。"

孩子们纷纷说出了觉得不好唱的乐句,我及时提供帮助,引导他们练习难点内容。

通过这样的方式,孩子们凭借自己的观察找出了音乐中所用到的节奏型,轻松愉快地完成了第一乐段的演唱学习。

歌曲第二乐段在音准、节奏、速度、力度、情绪等方面区别于第一乐段。我决定用不同风格的范唱引导他们去体验由此带来的不同感受。

我播放了两种风格的范唱:第一种是进行曲风格,第二种是抒情风格。

师:"哪种范唱你觉得更能代表童童的心情?"

孩子们很自信地选择了第二种演唱风格。

从这里我进一步体会到,有时候遇到教学中的难点,当孩子们的认知还不能轻松解决的时候,需要我们把难点缩小,让学生轻松选择,从而做到化繁为简、化难为易。

我继续发布任务:"孩子们,童童邀请你们去第二乐段找出能够表达愉快之情的音乐元素。"

生:"'啦啦啦啦'的节奏、八度音程。"

师:"我们该用什么样的声音来唱'啦啦啦啦啦啦啦'?八度音程又该怎么解决呢?请大家动动脑筋,帮老师想想办法!"

第一组的小鹏同学第一个举手发言:"唱'啦啦啦啦'的时候就好像自己捉到泥鳅一样,要笑着唱,但是不要唱得太重,要轻松愉快一点儿,八度音程我们可以用柯尔文手势搭桥的方法来练习。"说完他自己就开始用手势给同学们示范。他的发言赢得了热烈掌声,看来小鹏的观点得到了大家的认同。

看,老师有时候需要"示弱",才能让学生变"强",增加他们学习的信心,感觉自己很有力量,能够帮助老师,能够被人需要。

"童童的校园很美,有很多鸟儿,我们的童心乐园有更丰富的鸟类,我们一起来欣赏一下吧!"在学生完整演唱第二乐段的时候,我立刻把童心小学观鸟课程的视频配合音乐一起播放,音画结合的方式让他们在视觉上找到了"衔接点",孩子们的眼睛亮亮的,充满了好奇。

润润品格,激发情感共鸣

为了进一步检验孩子们用专业眼光鉴赏的能力,我设计了评价的环节:"请三大组同学用你们快乐的情绪演唱整首歌曲,其余同学当小小评论家。"

第一组同学评价说:"歌声倒是很美,音准、节奏、速度都还可以,就是缺乏画面感。"孩子们的审美素养已经明显提高,欣赏美的方式也多样化。

接下来,我邀请他们用音画结合的方式来表现这首歌曲,以进一步增强对音乐的感受和理解。

在各小组准备分组表演时,出现了一个小插曲:第四组的天一同学性格内向腼腆,不爱说话,在课堂上属于"慢热型"学生。她所在的小组里,其他同学都动起来了,只有她一个人静静站在原地,不知所措。

我看到后,正想应该用什么办法去帮助她融入团队中,没想到,同一小组里的小芸同学主动站了出来："我们组每个人都要表演,都要有事情可做,如果天一不进来就会显得我们组不团结,其他组都是人人参与。"在小芸的带领下,组员们最后邀请天一担当小树苗的角色,最后天一很快融合到了团队中去,表演时也明显放松很多。不需要老师的介入,孩子们自己就能解决团队协作的问题,也能换位思考和共情,我想,这就是音乐德育的最真实写照。

此时,课堂已经接近尾声,但我希望能引导孩子进一步理解艺术与生活的关系,于是,我邀请孩子们参照歌词,把自己在童心小学富有童趣的四季故事,也写成一首小诗,配合歌曲唱出来。

师："孩子们,这首歌的歌词本来是一首小诗,谱曲后,便成了一首动听的歌曲。你们能不能把我们童心小学富有童趣的四季小故事,也写一首小诗唱出来?请按照老师的要求作诗(出示图片),一组完成一句,四组分别是春夏秋冬,请各组思考、讨论并展示!'童童'也想知道我们童心小学的校园四季有哪些画面。"

  我把(　　　)(　　　)春天的(　　　)
  我把(　　　)(　　　)夏天的(　　　)
  我把(　　　)(　　　)秋天的(　　　)
  我把(　　　)(　　　)冬天的(　　　)

孩子们创意十足,通力合作,很快完成了作品:

  我把小种子播在春天的油菜地
  我和小泥鳅玩耍在夏天的水田里
  我把小黄鹂放飞在秋天的校园里
  我把小红薯堆在冬天的菜园里

师："童年是快乐的,四季是多彩的,愿你们的心灵永远像小鸟一样飞翔在四季的怀抱里!让我们用这首《童心是小鸟》歌曲结束今天的音乐之旅吧!"

对艺术的感知,是我们与生俱来的能力。像劳动教育一样,反复地说教,并不能让孩子爱上劳动,反而是捉泥鳅这些生动的活动,给孩子们带来了美好的体验,让孩子们感受了自然美、劳动美后爱上劳动。

音乐教育也是如此,创造机会,让孩子们自己去感受、去发现、去领悟,才能充分激发孩子对音乐的热爱。"路漫漫其修远兮,吾将上下而求索。"在以后的教学生活中,我将继续学习放手,引导孩子自行去音乐的世界中"寻宝",让他们在音乐带来的美好生活里茁壮成长。

(作者系重庆两江新区童心小学校音乐教师)

推陈出新,让"正统"音乐也有可爱面孔

曾臻

随着科技的发展,流量时代,当下的学生不爱唱课本中的歌曲,认为课本中的歌曲老套,不好听,欣赏不了,而一味追逐流行歌曲。爱因斯坦有一句至理名言:"兴趣,是最好的老师。"兴趣是学习任何知识的基本动力,音乐学习兴趣是学生与音乐保持密切联系,享受音乐,用音乐美化人生的前提。因此,我决定创新教学方法,把我的音乐课变成一种新时代学生感兴趣的"时尚",给学生带来一种新的体验。

《哦,十分钟》:课间游戏动起来

在设计《哦,十分钟》这节课的教学时,我抓住课间活动这个元素,设计了丰富的体验活动,希望让孩子们在玩乐中爱上这首歌曲。

这一天,我和孩子们相聚在音乐教室,我提前播放歌曲《哦,十分钟》的视频,视频中小朋友们随着背景音乐《哦,十分钟》的节奏,踢毽子、打乒乓球、跳着踢踏舞。

观看结束后,我问孩子们:"孩子们,我们的课间是多久呢?课间你们一般都喜欢做些什么活动呢?"

孩子们告诉我,大课间半小时在操场区跳操,平时课间为10分钟,几乎都是和好朋友们一起做做游戏,聊聊天,时间一会儿就过去了。

"老师可以加入你们的游戏吗?"

"可以啊,太好了!"孩子们特别高兴地回应我。

"我们先来挑战踢毽子,不过我们需要按照四分音符"tata tata"的节奏踢,我们一起试下可以吗?"

孩子们特别兴奋地看着我,没想到踢毽子还可以这样玩。很快,第一个同学举手申请,配合着音乐踢毽子,竟然一次成功。有了第一个同学的成功示范,其他人也一一加入挑战。

挑战到中途,有学生提出来:"老师,前面部分我们还可以在心里默数节奏踢着毽子,

可是后面部分好像不太行了。"

"孩子们,你们已经很棒了,这是我们将音乐课的内容带入课间活动的一次体验,你们刚刚听着音乐踢毽子,心情如何呢?"

"我们觉得很有趣,很好玩。"

"你们知道这个音乐是几拍子的吗?"

不经思考,孩子们告诉我这是二拍子,因为强弱对比很明显。我表示了认可和鼓励,告诉他们这个二拍子的节奏还可以加入很多其他的运动项目。

通过这个活动,孩子们对音乐课和这首歌开始产生浓厚的兴趣,我顺势介绍音乐背景,让孩子们知道,我们教材上的歌曲也是有趣的:"孩子们,《哦,十分钟》是我们四年级上册的一节唱歌课,是一首四二拍的儿童歌曲。旋律优美、风格独特、节奏活泼、朗朗上口,受到广大小朋友的喜爱。词曲作者独树一帜,将课间十分钟作为歌曲写作的主题,并且进行了精彩别致的发展,就像我们现在一样。歌曲的曲调欢快、活泼,歌词是对学生们课间十分钟的描写,也是在提醒我们在紧张的学习后,下课十分钟的放松方式非常重要,要注重劳逸结合。"

"接下来,请大家跟随我一起来打乒乓球。"我拿出了一副乒乓球拍和一个球,找了一个同学和我配合完成,然后到了第二回合,换成两个同学打球,我就在边上唱着:"哦,十分钟,哦,十分钟,十分钟,十分钟,十分钟!"

同学们回应我:"曾老师,这个节奏还挺适合我们打球的呢。"

"是啊,第二部分音乐旋律变得舒缓,适合我们放慢一点点节奏来体验。我们一起来试下,先把歌曲的速度放慢,用音乐连线把乒乓球连接起来。"

在一次次像玩耍一样的尝试中,孩子们最终成功地将歌曲第二部分加入进行尝试,体验到成功的孩子们,露出了开心的笑容。我告诉他们,不是所有的事情都是一次成功的,要不断地尝试,不要放弃。

接着,我们利用踢毽子和打乒乓球,把整首歌曲完整地进行了配合,孩子们告诉我,这节音乐课上得特别开心,还主动要求我将这首歌曲教予他们。我请他们之后的课间十分钟,约上我,一起玩,他们高兴地答应了。这一刻,我觉得我的新方法让他们对音乐课有了新的认识,让他们重新热爱音乐,感觉音乐课很值得。

《梅花》：古诗新唱美起来

2020年9月，我要作为导师为合川区小学音乐教师进行一堂导师示范课，我决定尝试不一样的风格，上一节古诗新唱课。

我选了《梅花》。"墙角数支梅，凌寒独自开。遥知不知雪，为有暗香来。"王安石的《梅花》前两句描写出了梅花的傲立独香、冰清玉洁。而本课借助古诗词的丰富内涵与唯美意境，以及优美的旋律线条与节奏韵律，以提升孩子们的音乐素养为出发点，充分注重了他们的内心感受、体验与审美，带领他们深入古诗古韵之中，去感受古诗新唱带来的不同体验，进一步理解词意表达的唯美意境，从而提升音乐素养与能力。

课堂的导入，我选择了当时非常受关注的节目《经典咏流传》中由李昕融、李凯稠、樊桐舟演唱的白居易的《池上》，让孩子们从一开始就了解到古诗是可以用唱的方式进行展现的。

导入结束后，我借鉴《经典咏流传》的氛围，对《梅花》进行了主题引入，并告诉孩子们："今天，曾老师也想把优美的古诗唱给你们听……"然后我进行了投入的范唱，让孩子们感受梅花的柔和之美与坚强之美。

因为是一节唱歌课，为了与本课的情绪表达相契合，我让孩子们尝试闻着梅花的淡淡清香做气息训练，既巧妙，又实用；然后用"U"模唱、视唱等方式引导孩子们学习的方法：用控制气息、轻柔的声音来表达梅花的柔美，用加强气息、饱满的情绪来表达梅花之坚毅。

在学习歌曲的过程中，我还引导孩子们跟随音乐动起来，通过不同方向的步伐去找到乐句之间的联系；运用肢体语言去感知歌曲的情绪变化；用挥拍的方法去掌握旋律的节奏变化等。这些方法在课堂上自然而巧妙地运用，使得孩子们在课堂中的学习兴趣盎然。

当孩子们学会整首歌曲之后，我又展示了《静夜思》和《春晓》，让孩子们将这两首古诗加上今天所学习的旋律进行视唱，没想到，孩子们一次成功，并且表示他们还可以唱出更多的古诗。

孩子们告诉我："曾老师，原来音乐和语文课也是可以联系起来的，而且我觉得用唱的方式，好像一下就把古诗记住了，我们以后还可以通过唱歌来背古诗，太有趣了！"

《美丽的夏牧场》：自主创编乐起来

其实从2011年以来，新课程改革就一直在强调儿童的学习主体性，通过对音乐基础素养的学习，帮助学生带着问题聆听音乐，带着情感、想象去创编，最终实现将知识、技能的学习转化为一种能力。于是我在进行《美丽的夏牧场》的教学设计时，进行了大胆的尝试。

我设定的教学目标是通过演唱歌曲等音乐活动，孩子们能对歌曲《美丽的夏牧场》产生学习兴趣，让他们在聆听、学唱、创编等音乐活动中感受歌曲内容和旋律的美，以及少数民族音乐文化，并自己创编歌词，将合川文化介绍给外界，因此，创编歌词是教学重点。

"孩子们，欢迎大家一起和我开启今天的音乐之旅，我们伟大的祖国幅员辽阔，在甘肃、青海、内蒙古、新疆、宁夏、西藏等省、自治区都有辽阔的大草原，在广阔的草地上，有肥美的牛羊，还有勤劳善良的人们，他们非常热爱自己赖以生存的这片草原，听，他们正在歌唱这片草原呢！"

"老师，我看到了雪山、草原、牛羊、葡萄等。"通过观看视频、播放音乐，孩子们激动地回应着我。

紧接着，我为孩子们介绍了歌曲的背景："新疆以天山为界，分为南疆和北疆，歌中唱的夏牧场在天山山麓之南，恰布河横穿其间，那里有很多牧草肥沃的牧场，牧民以哈萨克族为多，哈萨克族是一个善于歌舞的民族，因此歌中赞美为'这是哈萨克放牧的好地方'。"

学唱歌曲时，孩子们可以观察到，歌曲短小，旋律优美，非常容易记住，我着重讲解了作曲家运用的重复这一创作手法，为孩子们创编做铺垫。

"歌曲中讲到的内容都是哈萨克族人的特色，他们通过音乐的方式向世界人民展示了家乡的美，欢迎大家去旅行。孩子们，我希望你们通过今天的学习，也能用音乐的方式，将你的家乡介绍给朋友们认识，现在大家就尝试一下改编歌词吧！"

十几分钟之后，几个小组的孩子自信地将自己小组的成果进行了分享，我也对他们的成果进行了评价。

最后，我邀请各个小组，配合伴奏，将自己所创编的歌词唱出来。孩子们非常激动地唱着他们的专属歌词，我看到了他们满脸的喜悦，这是属于他们自己的成果，我鼓励他们，下次还可以将自己所作的歌词加入自己创编的曲谱，更有意思。

回首音乐课程的教学，其实相对于其他学科，音乐学科的教学内容本就有一定的时代性，更何况现在的学生生活在高度信息化的社会，音乐课就更要体现时代性。如果还在"死啃"教材，不灵活运用一些适合学生心理发展的教学理念和教学技能，势必会使本来已经远离学生兴趣的教学走入死胡同。所以,我将不断了解音乐动向、课程融合等先进理念,在教学实践中,融入当今多元化的音乐和不同的玩法,使音乐课更活、更有时代性、更有美感,让更多的孩子爱上音乐课,在音乐课中感受生活的美好。

(作者系重庆市合川区濮湖小学校音乐教师)

情、趣交融，成就有温度的音乐课堂

尹雪

人音版小学音乐教材三年级下册有一首歌曲：《甜甜的秘密》。这是一首曲调轻快、活泼的儿童歌曲。歌曲借物抒情，通过富有趣味的活动，揭示了学生的心理，唱出了对老师的喜爱之情。

歌曲由两个乐段组成，第一乐段多处运用了八分休止符，把学生一连串"悄悄"的动作表现得淋漓尽致。第二乐段的节奏和旋律较为舒展，乐句从弱拍起，曲调的跳进形成高低起伏，与学生的亲切语气非常贴切，表达了学生盼望老师发现秘密的急切心情。

表现师生情的音乐作品很多，很多作品从歌词里已经表达了爱老师，而这首《甜甜的秘密》比较特殊，全曲没有明确表达爱意，在课堂中我要怎样引导学生感受这份师生情呢？经过反复斟酌，最终我进行了如下教学。

你演我看：在情境中感受音乐

表达爱意有很多种方式，可以大声地表达，可以悄悄地说，当然也可以埋藏于心里。既然歌里的孩子们觉得这就是一个甜甜的秘密，那不如我们就先说一个秘密吧。

上课前，我邀请孩子们和我一起进行一个"你演我猜"的游戏，我进行了一段说悄悄话的无实物表演，然后让学生猜我的表演内容。

学生给出了天马行空的答案：

"这是小偷吗？"

"哈哈哈，什么小偷呀，这是在演哑剧吧？"

……

终于有个声音说道："不对，这是在模仿平时我们在讲悄悄话呀！"

我顺势说道："是的，孩子们，你们猜对了！刚才老师就是在表演讲悄悄话。因为接下来咱们要玩一个游戏，模拟一下你向别人倾诉秘密的情境。老师手里有写着节奏的秘密卡片，发给每一组的第一个小朋友，注意这是秘密卡片，不能让别的小朋友看见。接下来你们默默地把这些节奏记在心里,然后转身把这个秘密口头传递下去。当秘密传到最后一个小朋友那里时,请最后一个小朋友再把你们抽屉里老师事先准备好的三张节奏卡片拿出来,默默地读一读,找出和你听到的秘密节奏一样的卡片,选好以后再放进第一个小朋友的抽屉里。最后,我们再来看一看,两张卡片是否相同,如果相同,这一组就获胜啦!提醒大家,因为全程都是秘密传递,所以你们的音量只能互相听见,不能被别人偷听到哦!

当我说完了游戏规则以后,整个教室安静极了,你可以发现每一个孩子的眼睛都在滴溜溜地转,既盼望着秘密赶快传递到自己这里来,又紧张着生怕自己把秘密传递错了,但毫无疑问每个孩子都在专注地玩游戏。

这是我准备的秘密卡片,这也是歌曲第一乐段的第一乐句的节奏,通过模拟倾诉秘密的场景,我希望让孩子感受八分休止符出现在这里的妙处:表现孩子们装小秘密时的小心翼翼,紧张而又兴奋,以及孩子们的童真。

$\frac{4}{4}$ X X O X X X O X | X O X O X — ‖
悄 悄   地 悄 悄   地 悄 悄 地

你说我听:教师要懂得适时让位

游戏结束,我展开和孩子们的对话,希望引导他们自己去总结出八分休止符的作用:"为什么这一句要用这样的节奏呢?请用你们的语言以及歌声去畅所欲言吧!"

"我觉得八分休止符用在这里特别巧妙,就像刚才我们在玩秘密游戏一样,悄悄地,生怕别人听到了。"

"是的,如果没有休止符,听起来就太呆板了。"

"休止符,很特别。"这是一个平时不太擅长表达的男生在说话。

"为什么特别呀?"另一个同学反问道。

"就是特别啊,有了休止符就很好听!"

"老师,他根本就不知道为什么,只知道说好听!"

"就是好听啊!你听!悄悄地、悄悄地、悄悄地,把秘密装进金黄的橘子里;悄悄地、悄悄地、悄悄地,把橘子放进老师的抽屉里。"这不善言辞的男生说不过,直接就开唱,并且还带有肢体表演。

很显然,在无伴奏的情况下,他音准也不是那么的好,但通过他的歌声把歌曲中孩子们给老师送秘密时生怕被发现的情景表现得淋漓尽致。真挚的歌声一下子打动了我,我也顺势马上反问道:"那如果是你趁老师不在,悄悄地送秘密,你会是怎样的心情呢?"

"我会很紧张……"这个小男孩儿不好意思地说道。

"哈哈哈……"全班一阵哄堂大笑。

"给你!"我马上递给这个小男孩一个小橘子。"现在就由你负责带领大家把装满秘密的小橘子悄悄地送上来。你可以带领大家一起用歌声和动作来表现吗?对了,这是秘密,老师看不到的。"说完,我立刻背对全班学生。这一刻,我看不到学生的表情,也看不到他们的表演,但全班整齐的歌声传入我的耳朵,更击中了我的内心。

"在他的带领下,你们成功地把装满秘密的橘子悄悄地送上来啦!谢谢你们!"这个小男孩儿仍然是一脸不好意思,但其他孩子的表情中多了一份认同。

"孩子们,在你们送橘子的过程中,除了紧张,还有哪些心情和感受呢?"

"感觉很神秘。"

"还有一点儿兴奋!"

"是的,而这些情绪都通过一个又一个休止符,通过你们声断气连的演唱方式表现出来了。小小休止符却有大大的作用呀!"

从这个环节的教学中可以看到,老师一定要适时让位,才能激发孩子们自主思考的潜力,才有机会收获孩子们在课堂中的妙语连珠。而且,学科德育是润物细无声的过程,需要我们把握音乐学科德育的时机。

你唱我画:带领学生挖掘音乐的美

音乐课中,技能培养和情感浸润是可以同步进行的。如何让学生感受并正确表达歌曲的情感呢?我认为要给足学生"品"的时间。我们要引导学生去品味音乐,感受音乐的脉搏,而在这样的过程中,老师是不能操之过急的。首先要挖掘出影响该歌曲重要的音乐要素,在老师的指导下进行有效的重复聆听和演唱。当然这里的"重复"不是没有层次、没有提升、没有目的的重复,而是有目标、有要求、有递进的重复;不是单纯、枯燥的重复,而是有变化、有评价的重复。

"孩子们,歌曲第二乐段想表达什么?你们可以把这一段的歌词读出来吗?"

"我还可以读得更好!"

"我可以比他读得更有感情!"

孩子们争着分享自己用正确的节奏诵读第二乐段歌词，我在旁边只是进行简短的、针对性的评价，同时提出疑问："你们可以再试试边读边根据抑扬顿挫的声调画一画线条吗？"

"能！"孩子们立刻行动起来，他们画完以后，我也马上边唱边在黑板上画出旋律线，并提问："你们画的线条和老师画的旋律线有什么区别吗？"

通过这样的引导，他们发现自己边读边画的线条和老师边唱边画的旋律线几乎是一致的，而歌曲的情感就蕴含在这些起伏明显的波浪形旋律线中。接着我便鼓励孩子们自己边画旋律线边唱一唱。从读到画再到唱，音乐在不断地重复着，孩子们对歌曲情感的理解也在不断地积淀、升华。

课堂最后，我布置了一个小任务："你们一定有想对老师说又不太敢说的小秘密，今天请你们用笔把心中的秘密写下来。写完以后，把纸条叠好放进这个小盒子里吧。"

孩子们立刻认真地写起来。

"你写的什么？"一个孩子探着脑袋看向同桌。

"哎呀，不许你看，这是我对老师说的小秘密！"

"嘘！你自己写！"

当学生安静地书写时，教室里再次响起歌曲《甜甜的秘密》，我知道这个时候他们写的每一个字都有着真实的感受。那一瞬间，我相信我、学生与音乐是产生了强烈的共鸣的。

其实，《甜甜的秘密》传递着一股力量，这股力量来自以情感人、以美育人，这也是音乐学科的特点：希望通过音乐，在学生心灵中埋下真、善、美的种子。新课标提出以美育人，核心素养提到审美感知、文化理解，要想在音乐课堂中真正落实这些要求，就需要我们不断挖掘教学内容的深层次内涵，在教学过程中充分发挥学生的主体作用，这样才能让我们的音乐课堂更有温度，让小小的课堂有大大的舞台！

（作者系重庆市渝中区大坪小学校音乐教师）

以生为本,让音乐学习乐趣横生

熊堪

不知不觉间,我已入职四年,在这四年中,我上过数千节音乐课,而有一首歌曲的教学却让我始终记忆犹新。这首歌曲就是人音版小学音乐教材二年级下册第六单元《兽王》中的歌曲《两只老虎》。

它是一首法国童谣,采用了四四拍,大调式,一段体结构。这首歌的音域只有九度,其旋律简练流畅,采用了级进的方式,并主要以重复的手法构成。这首歌曲歌词生动、有趣,是一首深受儿童喜爱的游戏歌曲。

创意导入,为课堂创造好的开始

第一次接触《两只老虎》是在 2020 年 11 月,在我的师傅谢晓梅校长的鼓励下,我作为她工作室的学习者,要前往合川为当地的音乐教师们展示一堂 15 分钟的片段音乐课。

当时的我初出茅庐,毫无教学经验,中高年级的音乐教学我又没有信心能够完全把控,不知道该安排什么展示内容。

带着一颗忐忑的心,我胡乱翻开一本教材,突然看到了二年级下册《两只老虎》这一课,这首歌短短两句歌词,貌似一听就会,根本不用怎么去讲解,但细细一看,我却发现了教材中歌曲的结构很有特点。这首歌的演唱形式是轮唱,是前几册中没有出现过的新内容。拿起教参反复研读,结合课标带给我的指引,我明白,现阶段的音乐教育不应局限于课本教材,更应结合生活,拓宽学生的知识领域,提高学生的综合素养。

突然间,我转过头注意到办公室的门、窗、书桌等,顿时灵光闪现,边拍节奏边念出我当时的所见之物,节奏明确,甚至还可以两人合作交替进行,我想将学习歌曲的重难点"轮唱"与观察生活、发现生活相结合,作为课前律动,不失为一个好的课堂导入。

那节 15 分钟的片段课,我最终展示了课前律动和几次练习演唱的教学环节,面对综合素养比较高的老师们,我非常轻松地完成了那一次展示,也给我自己的教学树立了很大的信心。

读懂孩子，让教学优化有的放矢

2022年学校举办青年教师赛课活动，选择参赛内容时，我又想起了在合川上的《两只老虎》片段课，我决定将这节课没有完成的后续教学设计补上，在赛课活动上完整呈现这节有趣的音乐课。

思考后，我迫不及待地与晓梅校长分享我的想法，她肯定了我的选择，还给我做了一些针对性的指导。晓梅校长告诉我，音乐教育应"以生为本，以乐为根"，音乐是发现美、感受美、创造美的艺术课程，我们可以围绕教材将知识进行拓展提炼并传授给学生，但这一切都应贴合课本主题。

这让我有了更深入的教学思路。学生天性喜爱小动物，模仿动物的动作或声音更是他们十分愿意表现的方式，基于此，我改变了之前的部分内容，打算用情景导入的方式将学生带入动物世界，激发他们的学习兴趣。

同时，二年级的孩子们自律性差，上课注意力集中时间短，许多音乐专业术语理解不到位，如何才能让这些低段学生在课堂上准确学习到歌曲中的乐理知识呢？面对这一问题，我翻阅了整个教材和教参以及新课标，寻找规律，并尽可能掌握各种乐理知识的教授方法，与此同时，虚心求教，向前辈们请教教学方法，最后确定：利用课前律动让学生感受轮唱，然后在演唱的过程中不断聆听歌曲，让学生自主发现歌曲的特点并对其进行总结，用自己的语言阐述音乐特点，领略音乐情感，理解音乐艺术的深层价值。

基于这样的设计，上课后，我先用一段优美的钢琴声吸引孩子们的注意力，孩子们听到"音乐密码"后，安静有序地分散到教室的各个地方。

接下来，以故事为线索，我来当导游，音乐响起，学生们随着"火车开动"的声音，高兴、自由又安静地在教室里模仿小火车开动的样子。

来到了"动物晚会"，孩子们争先恐后地听辨着动物们激动的叫声，边拍着手边有序模仿动物们的叫声和动作，在一遍又一遍的尝试与合作中，他们首次体验了歌曲轮唱的演唱形式，由于从未体验过这种新颖的课前律动方式，他们非常开心又特别好奇。紧密有趣的课前律动，让每一位学生参与到快乐的学习中，也推动课堂顺利进入后续的演唱歌曲等环节。

到了全曲学习的重难点——轮唱，我邀请孩子们进行"头脑风暴"，尝试用自己的语言去总结歌曲中出现的独特的演唱特点。孩子们畅所欲言。在经过"头脑风暴"后，我辅助他们给出了准确的答案：歌曲采用了一种新的演唱形式——轮唱，在将其定义准确无误地表达之后，我又给出几段不同形式的音乐，让学生以小组竞赛的方式进行听辨答题。

我还记得当时全班同学都积极举手发言，没有被抽中的同学还唉声叹气感到惋惜，甚至全校出了名的"调皮大王"小凯同学也毫不吝啬地伸出小手迫不及待地想要为他的小组抢夺一分。也许这就是学习的魅力。

学理之外，更要有情感涵养

《两只老虎》这首歌曲情绪欢乐激动、节奏明确，歌词简单却又饱含深意。音乐是学生感知美、创造美的艺术载体，要在教学中融合德育元素，开阔学生的文化视野，培养道德情操，也让学生在乐唱、爱唱、玩唱中，潜移默化地树立保护自然环境和野生动物、与动物和谐共处的意识，培养学生热爱小动物的情感。

于是，本课的最后部分，我带着孩子们对歌词进行分析。

"孩子们，你们来说说歌曲中的两只老虎有什么特点。"

"一只没有眼睛，一只没有尾巴！"

"那现在你们能够用自己的动作来表现这两只老虎吗？"

音乐响起，教室里孩子们围坐成一个个小圆圈，欢快地表演着动作，嘴里还唱着歌。接着，他们以小组为单位自行创编着歌词，创编出各式各样的小老虎，还兴高采烈地表演着动作。

突然，我听到一个小小的声音："它们为什么变成了这个样子呢？"孩子们讨论的声音戛然而止，一位看起来健壮的小男孩马上起立，愤愤地说道："因为老虎受到了人的追杀，它们受到了伤害，所以受伤了。"小男孩生气地说出这句话，表现出了他的不满与失望，其他同学也紧跟其后，纷纷表达自己的观点："我们应当爱护动物，保护动物。""坏人应当受到惩罚！"

听到这里，我不禁感叹他们小小的身体里却藏着巨大的能量，他们从小就拥有一颗纯真、善良的心，作为老师，我们应当去守护。

艺术真正的意义在于使人幸福，使人得到鼓舞。音乐是生活和心情的调节剂，也是心灵的彼岸、精神的家园。它教会我们认识生活、感受生活，并在一定程度上创造生活。每一位学生从踏入校园开始就不断地接受音乐的熏陶，每一个孩子的茁壮成长都离不开音乐的浇灌。我将继续努力带给孩子们美好的音乐教育，在潜移默化间让他们心中形成一股力量，引领他们快乐出发，向美而行……

（作者系重庆两江新区博雅小学校音乐教师）

"错误"的生成更精彩

张弛

记得我刚入职的时候,在学习人音版小学音乐教材第四册第一课《大树妈妈》时发生的一件事,让我的心情久久不能平静。因为学校刚开学,课本配套的录音磁带没到,又使用的是循环教材,加之我之前从未上过二年级的教材,我就在网上找了一个音频素材,让孩子们跟着学习。

没想到第一节课的音频和教材配套录音里的内容有差异。音频里教孩子们唱的是"大树妈妈个儿高,对着那摇篮唱歌谣,摇啊摇、摇啊摇、摇篮里的小鸟睡着了。"教材配套录音是"大树妈妈个儿高,摇啊摇、摇啊摇,对着那摇篮唱歌谣,摇篮里的小鸟睡着了。"为了让孩子们更好地理解歌词,有个环节是让他们集体有感情地朗读歌词。结果孩子们读到中间时,有些孩子读"大树妈妈个儿高,摇啊摇、摇啊摇",而有些孩子读"大树妈妈个儿高,对着那摇篮唱歌谣"。

这下完了,这怎么向孩子们交代?因为小学生年龄小,常有看错的现象,我赶快又仔细地分析歌曲——到底有没有错呀?因为每首歌曲的创作都要遵循"起、承、转、合"的规律,不但歌词要遵循这个规律,旋律也要遵循这个规律。韩愈曾经说过:"师者,所以传道授业解惑也。"在一般情况下,对于低年级的学生,我都是用钢琴逐字逐句地带着他们去完成歌曲,基本上只有和伴奏,完整演唱的时候会用到纯音频伴奏。通过对比资料,我最终确定了正确的音频素材,不会在孩子们面前"出丑"。

从这件事我想到了很多,于是把网络上找来的音频资料进行逐一对比,一对比还真有不少问题和错误。比如五年级《我的小绵羊》这一课的歌词出现了严重的错误,还有大家所熟悉的《大树桩你有几岁》《金扁担》两课的旋律出现了错误。因为网络素材的不严谨性,导致学生这次有着先入为主的"错误"认知,随后对正确音符的讲解显得尤为困难。对于二年级的学生来说,这是比较抽象的,他们也不易理解。如何把这些"错误"当成教育的契机,让孩子们能够更好地掌握正确的音符和节奏呢?

于是,在教学中,我紧紧围绕"以学生为中心",充分激发学生学习的动力,联系生活,调动学生参与课堂活动的积极性,充分发挥想象力,在讨论中、演唱中、欣赏中、活动中,让学生更易于认识正确的音符与节奏。通常我会创设一个让学生感知的音乐氛围:让他们与其他同学合作,用打击乐器或其他发声材料表现声音的长短,并用相应的图形或线条在黑板上表示出来,让学生进行初步感知;接着让他们聆听不同的节拍声,把听到的节拍用拍手或其他方式表达出来,完成声音与动作的一致。在让学生聆听歌曲的时候,让他们说说联想到的情境,并随音乐的起伏,模仿、运用"情景剧""音乐剧""声音剧"等形式感知音乐、欣赏音乐、理解音乐。

在《大树妈妈》这节课开始,我用了一个有关妈妈的爱的故事进行导入,以此紧紧抓住学生的好奇心,让学生重新认识这首歌曲的音乐情绪价值,并让学生在音乐活动中悄无声息地、深刻地体味音乐所体现出来的美。接着,我让学生说说他们自己对妈妈的印象时,学生说得很感动人,他们在一件件小事中感受到了母爱。随后,我让学生听《大树妈妈》的歌,并且谈谈他们对大树妈妈的看法,他们说:"她是一个非常善良的妈妈,是天下最好的妈妈。""为了能给小鸟遮风挡雨,她不顾自己又冷又湿,用自己的身体为小鸟带来了安宁和温暖。"学生各抒己见,这时他们体会到了母爱的伟大,我想这也是学习这首歌的目的之一。

有了情感上的铺垫,孩子们学起歌来也感觉轻松愉快了许多,在学会的基础上我让他们扮演大树妈妈,一边做摇摇篮的动作,一边跟着音乐温柔地演唱,我发现他们的声音是那样的温柔、美丽而感人,让他们更容易感受音乐的力量。

教学《大树妈妈》这节课的"小插曲"让我明白,出现错误的教学资料,只要教师善于恰当地转化,正确引导,就能"山重水复疑无路,柳暗花明又一村"。课堂教学本身就是动态的、变化发展的,在师生、生生交流互动的过程中,随时可能出现错误的学情信息。偶然的错误中也许蕴藏着无穷的良机和学生智慧的火花。只要我们能够及时抓取,细心呵护,用心挖掘,课堂中的"错误"就能变成可贵的资源和美丽的图景,让音乐课堂教学因"错误"的生成更加精彩。

同时,我们在教学过程中,更要学会独立辩证地去认识问题,要勇于质疑,对待所教授的知识,也要更加的严谨与谨慎。在教学实践中,教师要结合学生的成长需求,通过"美生情、乐中学"的音乐课堂,在"启于境—游于艺—归于情"的音乐教学实践中培根铸魂、启智润心。小学音乐教育的目的并不是把学生培养成为音乐家,小学音乐是培养人的教育,是为了陶冶学生的情操,它是德育与美育的完美结合,是为了提高学生的综合素质,促进其完美人格的形成,让学生健康成长。

因此,教师应充分挖掘教材中的一些具有时代气息、教育意义、生动有趣的教学内容,要注重学生音乐知识、技能的培养,更要通过组织一系列的音乐活动,活跃学生的思维,促进其想象、创新能力的发展,开启他们的音乐之门。

(作者系重庆两江新区万年路小学校音乐教师)

情景模拟，让孩子走进音乐的世界

朱思晓

镜子前，一群穿着汉服的孩子们正整理着自己的衣角，摸着头上的抹额，和同学小声交流。随着《春晓》的伴奏响起，孩子们在音乐声中自由行走着：有的背手踱步，有的欢快蹦跳，有的缓慢前行。慢慢地，他们的步伐越来越整齐，好多都合上了音乐的拍点……利用现有的道具，合理创设情境，适当引导，唤醒学生对中国古典文化的情感。孩子们通过亲自体验，沉浸其中，潜移默化地习得技能，从而帮助自身更好地理解音乐。

像小诗人一样演唱《春晓》

这个班的孩子是去"国旗下展示"的，展示的主题是"经典咏流传"，班主任还给孩子们准备了汉服。孩子们站在舞台上，一个个飘逸的裙角，高耸的发髻，拿着竹简摇头晃脑，煞是可爱。这模样，不就是一个个小诗人吗？让小诗人来演唱诗歌，不是恰到好处吗？

下午的音乐课，我带孩子们来到形体教室，请他们照照镜子，看看自己。欣赏完自己，我请孩子们听着音乐在教室里自由行走，用合适的步伐来表现音乐。《春晓》的音乐响起了，起初，教室里有乱跑的，有蹦蹦跳跳的，还有牵着手走的，真是好不热闹。我指了指嘴，又指了指耳朵，大多数孩子立刻明白了我的意思，但还有几个孩子停不下来。我走过去拉起调皮的小王的手，陪他一起感受音乐。

慢慢地，教室里只能听见音乐声了，孩子们的步伐逐渐统一，他们踩着拍点，轻快地走着。有的孩子还像小诗人一样，背着手挺着胸膛踱步。音乐停下来了，我问："孩子们，如果让你给音乐贴标签，欢快活泼的和优美抒情的，你选择哪个呢？"孩子们异口同声地选择了"欢快活泼的"。"大家都有会聆听的耳朵和善于总结的能力，老师在班级优化大师上为大家分别加上一颗星。"

由于此前已经欣赏过这首歌曲，孩子们比较熟悉，几遍学唱后，他们已经唱会了。孩子们强烈要求自主演唱。于是，我让他们对着镜子，像小诗人一样演唱这首"作品"。音乐响起了，听到轻快的前奏，他们不禁摆动身体，仿佛要和音乐融为一体。演唱时，他们嘴角上扬,强弱急缓拿捏得十分到位。他们自信满满,笑靥如花,用优美的声音演唱了这首歌曲。

在审美实践中感知、体验、理解音乐,比一味地教学来得更加重要。于是,我利用现有道具,情景模拟,让孩子们走进歌曲的世界。

请孩子们体验一次"沉浸式音乐课"

再次教学《春晓》时,正值春天。万物生长,桃李争放。2班的孩子一向喜爱音乐课,当他们听到老师要求大家朗诵古诗《春晓》时,难掩激动的心情。几个男孩更是将"花落知多少"读得又重又长,完全失去了古诗本来的韵味。我没有批评,而是笑了笑,走过去摸摸他们的头,继续歌曲教学。他们学得很快,三四遍,就已经唱得滚瓜烂熟了。但始终觉得差了点儿什么。

两天后,我一早去学校,看到清洁工在李树下清扫昨晚春雨打下来的落叶和花瓣,"花落知多少,花落知多少……"我喃喃道。"阿姨,您可以不扫这一块儿吗?待会儿我让孩子们来帮您。"我拉着清洁工阿姨的手说。"哦,好。"阿姨还没反应过来,又顺着回答道。

音乐课上,我把2班的孩子带到了这片李树下,请孩子们体验一次"沉浸式音乐课"。"孩子们,看到一地的花瓣,你们想到了什么?"我笑着问道。沉默了几秒,一个调皮的男孩大喊"花落知多少"。全班同学亦喊道"花落知多少"。这就是我想要的效果。"昨晚下了小雨,你们听见了吗?""没有,我睡得可沉了,像小猪一样。"还是刚才那个小男孩。全班哈哈大笑起来,也纷纷说自己没有听到雨声。"那你们听到了花瓣落下的声音吗?"我接着问。大家都摇了摇头。"让我们再来唱一唱第3、4乐句吧。"孩子们马上站直了身体,一起唱:"夜来风雨声,花落知多少。"我听不到那个拖得很长的声音了,我听到的是孩子们静悄悄地唱,生怕自己的歌声,吹掉了枝头的花瓣。

"孩子们,你们的歌声让老师感受到了春天。咱们能把这首好听的歌曲送给旁边的观众吗?"其实在我们讨论时,旁边已经围了一大圈其他班的孩子。为了锻炼孩子们的胆量,我请他们来表演歌曲。我用带来的小音箱播放音乐,孩子们站在李树下快乐地唱着。此情此景,不就是诗歌里最美的春天吗?唱罢,观众响起热烈的掌声。孩子们也开心地鞠躬表示感谢。"教学"结束,我拜托几位孩子把掉落的花瓣清扫干净。学习之余还得劳动不是?孩子们挥舞着扫把,嘴里还在回味这首歌曲。我知道,这恰到好处的一课,让《春晓》走进了他们的心里。

我利用体验式的教学方式激发孩子们的学习兴趣,让他们沉浸式学习,激发他们积极学习的欲望。同时,我让他们享受艺术表现的乐趣,丰富其想象力,发展其创新思维,让他们积极参与表演、展示等艺术实践,真正感受和理解我国深厚的文化底蕴。

《春晓》背后的故事

《春晓》是我很喜欢的一首音乐作品,于是在上课前,我查阅了很多相关资料,了解《春晓》背后的故事。《春晓》是人音版小学音乐教材一年级下册第一课的一首歌曲。听名字就知道,这是用古诗《春晓》作为歌词,谱上新曲的歌,作曲者是我国著名作曲家谷建芬老师。谷老师的创作初衷很简单,她希望孩子们通过传唱这些歌曲,理解和喜爱我们自己的经典文化。

古典诗词作为中华优秀传统文化的重要内容,扮演了一个独特且重要的位置。如今的快餐式文化来势汹汹、夺人眼球,而含蓄的古典诗词从来都是默默绽放着。起初,诗词就是以吟咏的状态出现,而今,谷建芬老师再次以歌唱的形式展示它们。她希望孩子们有自己的歌唱,也在歌曲中,拉近古代圣贤与现代儿童之间的距离,传承和弘扬中华优秀传统文化。

《春晓》是诗人孟浩然在春日清晨醒来,看着窗外的景色,即兴创作的一首绝世佳作。全诗文笔自然,浑然天成。歌曲《春晓》是谷建芬新学堂歌中传唱最广的一首,旋律清新活泼、朗朗上口。诗曲的完美结合,处处透露着春的盎然。这"恰到好处"的搭配,造就了这首家喻户晓的歌曲《春晓》。我利用"恰到好处"的景、物、时机,上好这堂音乐课,让孩子们在音乐中感受美,把经典文化根植在他们的心里。音乐还未结束,教学还在继续,让春天的花在孩子们心中绽放,让快乐的旋律在孩子们心中飘扬。

(作者系重庆两江新区博雅小学校音乐教师)

应该给孩子们一节怎样的唱歌课?

冉霞

重庆的冬天不算太冷,深冬季节的阳光特别难得,午间休息,校园里有的孩子在操场上围坐讲故事、看书,有的孩子和老师一起沐浴阳光,玩着游戏。我穿过走廊,隐约听见远处传来清脆悦耳的歌声——"千万雪花,竞相开放,万千你我,汇聚成一个家",我连忙循声而去,原来是三个小女孩坐在走廊外的草地上唱歌,阳光洒在脸上,微笑的脸庞更加动人,眼眸更加清澈闪亮。我轻轻走近她们,看见我走过去,三个孩子很有礼貌地向我问好。

"真好听,老师和你们一起唱。"

我也坐在草地上和她们一起唱起了这首北京冬奥会的主题曲《雪花》:"雪花雪花,开在阳光下,在故乡,在远方,都一样闪亮。"

歌声回荡在校园里,我们的脸上洋溢着灿烂的笑容,我问她们:"你们很喜欢这首歌?"

"是啊,特别喜欢这首《雪花》。"一个孩子说道。

"为什么呢?"

"很好听,一唱这首歌就好像看到了好多雪花在飘啊飘啊。"

"是的,是的,我好像还看到了运动员们在滑雪呢。"另一个孩子连忙回答。

看到她们如此喜欢这首歌曲,看着她们的笑容,我在想:这就是音乐的魅力,这就是艺术承载的中国人的梦想和拼搏精神,将其融入这简单、优美的旋律中,多有感染力啊!

随音乐模仿玩雪的场景

离学校的骨干教师展示课还有一周的时间,我的执教课题是唱歌教学《雪花带来冬天的梦》,我一直在思考从怎样的切入点才能创设一个从情感上升华的情境进行导入,几个小女孩的歌声给了我很大的启发。

中央音乐学院党委书记赵旻曾这样评论《雪花》:"雪花不仅是寒冷冬天的化身,也是上天赐予大地的纯洁盛装,更是带来无限遐想的使者。"《雪花》吸纳了中国文化的精华,把人们对北京冬奥会激动、自信的情感都唱入了歌声中,难怪人们如此喜欢,传唱如此广泛。

我一直思考着,应该给孩子们上一节怎样的唱歌课。雪花的世界,总给人以梦幻般的感觉,一想到冬天就会想到厚厚的雪,想到堆雪人、打雪仗、滑雪橇,还会想到冬眠的动物们。为了欣赏雪花的美景,营造冬日雪花飞舞的气氛,让孩子们在课堂上也能沉浸在银色的世界里,在课前,我在窗户上、黑板上贴了大大小小的雪花,孩子们一走进教室就被雪花吸引了。音乐课上,我首先和孩子们聊聊天:"孩子们,你们都见过雪吗?"大家都争先恐后地回答:"见过,我还喜欢玩雪呢!""都喜欢怎样玩呢?""堆雪人、打雪仗、滑雪橇……""那大家跟着音乐,我们一起去玩雪吧!"孩子们一听要在音乐中去模仿玩雪的场景,一下子都兴趣盎然。在老师的带领下,孩子们跟着音乐一起,三个一组,看雪景、堆雪人,追逐着、嬉闹着,模拟了在雪地里玩耍的情境,马上就有了浓浓的冬日氛围。

在聆听中感受歌曲的节拍和意境

我继续和孩子们聊着:"谁来说说雪花是什么样子的?"

有个小女孩马上说"亮晶晶的、有六瓣,雪花落下来特别美",说到这里,她还闭上了眼睛,仿佛雪花就在她面前。我被她的表情感染了,这个叫萌萌的孩子,回答的时候眼睛忽闪忽闪的,就像雪花一样晶莹剔透,可以看出她有着和雪花一样纯洁的心灵。

"看,雪花落在了我的手上,我们一起来吹雪花。"马上就有学生和我一起模仿吹雪花,轻轻的、柔柔的气息,把雪花吹向空中,孩子们都抬头看着,仿佛漫天飞舞的都是洁白的雪花,好一派冬日景象。"孩子们,让我们一起闭上眼睛,感受雪花一片片从头顶落下。"

此时,整个时间仿佛都慢了下来。孩子们正沉浸在雪花的美景中,于是我提问:"孩子们,我们中国刚刚举办了一场重大的盛会,是什么?"

大家整齐地回答:"冬奥会。"

"我国的奥运健儿们在冰雪赛场上英姿飒爽,顽强拼搏,夺得了九枚金牌。他们在雪地里展现自己,追逐梦想。今天有这样一个梦,听一听,雪花给谁带来了梦?歌曲带给你怎样的感受?"接着,我坐在钢琴前,深情地范唱歌曲。这是孩子们第一次完整聆听这首歌曲,带着任务,他们听得很认真。看着大屏幕上美丽的雪景,在银色的世界,一个个小动物们可爱的样子,很多孩子闭上了眼睛,在轻轻地跟着音乐摇动,歌曲播放结束还沉浸其中。

"是谁在做梦呢?它们为什么到了冬天就甜甜地睡觉做梦呢?"问题一提出,所有的孩子都举起了手,于是我请了一个男孩子,他自信又迫不及待地回答"是小动物们在做梦,因为它们在冬眠";还有很多孩子举着手,我又赶紧请一个女孩子回答:"我听到了,有小青蛙、小刺猬、小甲虫、小狗熊。"看来孩子们听得特别认真。

我又问:"这是一个怎样的梦?"

"甜美的梦。"

在这样的情境创设中,学生都一点点地融入了雪花的世界,内心安静放松,听歌曲也特别投入。每当回想起这段情景,我就想起三个小女孩甜甜地唱着《雪花》的样子,那笑容该是从心里溢出来的吧。

"让我们再听歌曲,随着这甜美的梦一起感受歌曲的节拍和意境。"这是第二次完整聆听歌曲,带着任务,孩子们听得很认真,看着大屏幕上美丽的雪景,雪花簌簌飘落、可爱的雪人、一个个小动物们可爱的样子,有的孩子依然闭上了眼睛,有的孩子在轻轻地跟着音乐摇动,歌曲播放结束后仍然沉醉其中。

让音乐带给孩子们丰富的审美体验

我印象最深的就是萌萌,每一次听歌曲,每一次演唱,她都特别投入,身体都自然地跟着音乐在动。在第一次聆听歌曲时,我问孩子们有什么样的感受,她回答说:"我就是觉得很美,很舒服,就是特别美,好喜欢雪花。"

这是音乐带给孩子们的审美体验,他们在优美的旋律、简单清新的歌词中感受到了内心无比的舒畅,这就是审美感知和审美体验。

这首歌曲中有一个知识点就是升记号,其实很多学生是认识这个记号的,简单的讲解会很生硬和呆板。于是,我让孩子们听一听有升记号和没有升记号的旋律的区别,对比一下有什么不一样,没想到萌萌又一次回答:"我感觉加了升记号更有童话的感觉,更好听,很梦幻。"真是用心感受音乐的孩子。其他的学生七嘴八舌地附和着:"做梦一样""我也觉得有梦幻的感觉""有升记号更好听"。

他们的回答让我惊讶又开心,哪里需要我告诉他们是有梦幻的色彩,相信孩子们,给他们想象的空间,给他们一点儿思考的时间,他们的答案会给我们惊喜。

"喜欢小动物吗?用歌声唱出对小动物的爱,想象一下我们手上有个小动物,抚摸着它,哄它睡觉。"我仿佛抱着一个小动物,用手轻轻抚摸它,孩子们也模仿着我的动作,眼里满是对小动物的爱。

为了更加贴切地表达歌曲的情感,在"睡吧,睡吧,快快闭上小眼睛"这里加上动作,来表达对小动物的喜爱。"孩子们,抚摸着小动物,我们一起轻轻地唱一唱这一句。"孩子们跟着音乐边唱边做着动作,演唱也更加深情。

"谁能上来唱一唱这一句?"听到有机会展示,很多孩子都举起了手,我请了两个男孩和两个女孩,原本以为男孩会紧张一点儿,动作或许没那么柔和,谁知道两个男孩表演得特别棒,身体还轻轻地摇晃着,完全沉醉在对小动物的喜爱,又怕吵醒它们的情感中。我看到萌萌在座位上陶醉地表演着,眼中满是温暖。这个表演流露出了孩子们的纯真、善良和友爱,也让我特别感动。

"孩子们,'小动物们为什么要冬眠'这个大自然的科普问题可难不倒大家——"

"因为太冷了,冬眠能避免消耗能量。"

"因为没有食物。"

"可以安全过冬。"

大家七嘴八舌地说了起来。

"除了歌曲中唱到的小青蛙、小刺猬、小甲虫、小狗熊以外,你还们知道哪些动物要冬眠吗?"

这个问题孩子们知道得更多,好多孩子都举起了手。

"蛇、蝙蝠、仓鼠、蜥蜴、蚯蚓、鳄鱼、蜗牛……"

"它们的梦里都有什么呢?"

"找到好吃的""战胜对手""驱赶敌人""去一个美丽的家园"大家积极地回答。

和生活、大自然相关的知识,孩子们都特别感兴趣。看着他们那么喜欢小动物,我思考着:或许这首歌曲能让孩子们体会到人与自然和谐共生的美好。

"孩子们,你们的知识太丰富了!它们会在什么时候醒来呢?"

听到我的表扬,不少孩子的背马上挺得直直的,回答更积极:"春天。"

"春风姑娘唤醒它们追逐梦想,小动物有自己的梦想,你们的梦想是什么呢?"这个问题一出,孩子们的眼睛滴溜溜地转着。

"当运动员""当歌唱家""当飞行员""登上珠峰"……孩子们开心地说着他们的梦想,每个人的状态和刚刚上课时完全不一样,变得更加开心、更加骄傲了。

"我们应该怎样才能实现梦想?"

萌萌站起来,坚定地回答:"像奥运健儿一样克服困难,努力拼搏。"这一刻,我看到了她眼里的光芒。

"孩子们,冬天的雪花闪闪亮亮,无论在哪里,我们都要像雪花一样出彩、一样闪亮。"

"让我们也乘着春风的翅膀,去追逐梦想,向未来出发!"

全班同学随着伴奏音乐深情地演唱着,歌声柔美动听,多了几分自豪,多了几分力量,他们的身体也随着节奏自然地动了起来,脸上都洋溢着自信的笑容。我被孩子们的歌声打动了,走到他们的中间和他们一起唱完这首歌曲。下课时间到了,和孩子们挥手再见,大家都还不愿离开教室,有的在摸着窗户上的雪花,有的还在三三两两哼唱着歌曲。学生今天收获的不仅是学会了这首歌曲,更多的是在学习过程中收获了快乐和感受到了国家的强大。这就是艺术的魅力、美的力量。

课后,我耳边又想起三个小女孩清澈的歌声"千万雪花,竞相开放,万千你我,汇聚成一个家",或许是雪花的美让学生歌声悠扬,或许是冬奥会的精神让学生看到了梦想,或许是音乐的力量让学生的内心有了坚韧的力量。是的,一定是这艺术课堂的冲击,在孩子们的内心激荡起奋发向上的一股动力,至少在这节音乐课上,孩子们在纷飞的雪花中,在自己的歌声中越来越自信,学会了发现美、创造美。就像北京冬奥会主题曲《雪花》中所体现的奥运精神——"在故乡,在远方,都一样闪亮",无论走到哪里,都能绽放光彩。

作为一线音乐教师,我希望每一首歌曲都能够在孩子们心中荡起涟漪,在我们无痕的教育中激发他们的审美感知,让他们自信、坚强,在艺术之美的熏陶下快乐成长!

(作者系重庆两江新区金州小学校音乐教师)

一节音乐课的"别样"尝试

杨茜茜　冉妮

"提着篮子去采花,茉莉花呀海棠花,江西腊那个野菊花……"随着琅琅的歌声从教室里传来,孩子们沉浸在了欢快的拍手游戏里。

当音乐课与语文课交织在一起,又会碰撞出怎样的火花呢?在《打花巴掌》(人音版小学音乐教材二年级上册第五课)这一课中,我们进行了别样的尝试。

小组合作,初知节奏

让学习的乐趣在小组合作中萌发。简单地问好后,按照歌曲教学内容,我将孩子们分成6个小组,通过对本节课孩子们表现的记录,最佳的小组将会获得代表荣誉的小花。

上课正式开始,"X　X ｜ X　X",音乐响起,孩子们也随之动了起来。拍拍小手,跺跺小脚,摇摇小脑袋,最让人印象深刻的是那个扭屁股的小胖子,别看他身体胖胖的,却十分灵活。短短的几分钟里,大家都参与了进来。听节奏辨节拍,孩子们对基本节奏有了初步感知,也为新课的学习奠定了基础。

联系生活,激发兴趣

启发式教学模式往往更能吸引孩子们的注意。借由问题,唤起孩子们的好奇心。我从生活入手,问:"大家平时都喜欢玩游戏吗?都喜欢玩哪些游戏呢?"话匣子一旦打开,孩子们的思路也跟着开阔起来。

借由PPT上呈现的图片,"拍拍手"这一常见的游戏进入大家的视野。课堂上孩子们一下就炸开了锅,有的孩子举手想来展示,有的孩子索性就直接和旁边的小伙伴一起玩了起来。看到孩子们这么活跃,我也加入了他们,随着童谣一起玩了起来。

"你拍一,我拍一,动物世界真稀奇。"

"你拍二,我拍二,人和动物是伙伴。"

"你拍三,我拍三……"

学科融合，寻找规律

在聆听音乐的过程中，孩子们不约而同地将其与语文课上学到的《拍手歌》联系在了一起。有知识经验的他们，在学习这一课时，不仅变得更加自信，也大胆了许多。

找寻规律，让思维动起来。第一遍音乐响起了，在安静聆听的过程中，孩子们不由自主地就随音乐的旋律感受了歌曲的节拍。

"这首歌曲开头是在说，说完一月一之后再唱歌词，后面又是二月二，然后又开始唱。一直这样唱到四月四。"随着一阵不约而同的掌声响起，大家都对小昊的发现表示高度赞同。

"还有押韵。"小平宇的回答出乎我的意料，语文和音乐学科的联系就在这一刻被他发现了。讲到这里，我顺势带出来一年级学唱的歌曲《咏鹅》和其他几首歌，孩子们再一次发现，原来音乐和语文是相通的！

"对呀，所以你们认真地去读很多古诗，你们会发现，许多诗是可以唱起来的，诗歌诗歌，它们本就是一对好搭档呢！"我告诉孩子们。

作为教师，我反思应该关注课堂中的每一位学生，除了给孩子们传授音乐知识，还应该注重学科间的融合，将音乐融入孩子们的生活。

续编新曲，深化体验

最后的创编环节，我将屏幕切换到歌词，让孩子们自主创编，请他们帮忙往下编一编：

打花巴掌的，五月五，我们从小爱跳舞；

打花巴掌的，六月六，我们从小吃石榴；

打花巴掌的，七月七，我们从小爱新衣；

打花巴掌的，八月八，我们从小爱爸爸；

打花巴掌的，九月九，我们从小是朋友；

……

瞧，从一次一次的歌声和拍手游戏中，孩子们已然明白了什么是押韵，什么是音乐的韵律。自己创编自己唱，愉快的课程在孩子们欢乐的歌声中接近尾声。

音乐教育不仅具有艺术价值和美育价值，还具有德育功能。教育发生在现实中的含义，强调的是它发生的含义，正在发生之中的，因而是鲜活的，富有生命意义的。因此，教师应该创设丰富的教学情境,让学生在体验和活动中学习,在学习中成长。

通过这堂课我也有不小的收获,原来音乐课不仅需要孩子们会唱歌,更需要孩子们在会唱的基础上唱好,用自己喜欢的方式演唱、创编。对于低段学生而言,他们更喜欢在游戏中接受知识,教师需要营造活泼的课堂气氛,所以每一课都应该根据乐曲内容、文化知识背景,重新构建课堂内容、课程环节,这样才能真正提升学生应有的音乐素养及综合素质。

(作者系重庆两江新区博雅小学校音乐教师)

五 成长故事

经典赋能，为乡村孩子插上心灵腾飞的翅膀

刘鸿

2021年9月，我前往沙坪坝区新丝路中学支教。这是一所师资比较薄弱，孩子们的基础也比较薄弱的学校。我希望能在支教期间，带领孩子们掌握一件乐器的基础演奏，通过这种方式帮助他们建立一些自信心。

我想到之前曾和重庆师范大学音乐学院的孙伟教授共同主编了一本《中学生口风琴教程》，里面编配了20首人民音乐出版社、湖南文艺出版社音乐教材里的爱国主义歌曲，10首世界经典名曲，非常适合这次支教使用，因此，我决定教孩子们学习吹奏这本教程里的口风琴乐曲。

勇敢开口，就成功了一半

我选定的第一首歌曲是《歌唱祖国》。

上口风琴的第一节课，孩子们虽然充满了期待，但是看着密密麻麻的五线谱，很多孩子有些茫然了。为了帮助孩子们克服畏难情绪，我先讲了动画片《狮子王》主题曲的创作故事，激励孩子们不畏艰难，争取学好口风琴这件小乐器。

虽然每个人都拿到了谱子，但为了帮助他们理解五线谱是如何写成的，我当着所有人的面，工整地把五线谱写到黑板上，并请孩子们在我写谱的时候，自行默认识谱。因为只

有心中有谱,才能吹出优美的曲子。当我把谱子写好,转身看见多数学生看着谱子不知所以然,我知道孩子们还是畏难了。我暗自鼓励自己,一定要教会他们识谱,不要因为孩子们的不自信而退却。

为了让孩子们建立固定的音高概念,我教孩子们用固定唱名法唱谱,然后随机邀请学生起来视唱。

一个孩子被点到名字后,连连摆手:"老师,我不行!"

"没关系,你试试,错了也没关系。"我温和地回答她。终于,在我的再三鼓励之下,她勇敢地张口唱了起来。

"你唱得很好!我们给这位勇敢的同学鼓掌!"在我的带动下,教室里响起了热烈的掌声。

"孩子们,你看,只要我们相信自己,就真的可以!只要我们勇敢开口,这首曲子的学习,就成功了一大半!接下来,请大家一起跟我说:音乐能让人聪明,音乐能给我们力量,音乐能给我们带来幸福,音乐能增强我们的记忆力。"

很神奇,当全班一起念完这几句话后,孩子们的精神明显振奋起来,他们开始敢于尝试去唱歌谱。听见他们的歌声,我心里也有了一点儿小激动,我知道,这群孩子的不自信非一日之寒,我要做的是无条件地信任和鼓励他们,反复强化他们能"唱好"的信念感。

因为热爱,所以不惧挑战

接着,我给孩子们介绍了《歌唱祖国》这首歌曲的创作背景。一段生动的历史故事,拉近了孩子们与《歌唱祖国》的距离,孩子们领悟到这首歌背后的重大意义。

然后,我开始教孩子们如何在琴键上找音的位置。为了避免教室里发出噪音,我让孩子们不急着吹,而是嘴里唱谱,手指在口风琴上找到音的位置,我用钢琴弹出旋律,看似简单的口风琴,要学好还得做到心、口、手一致,这能很好地培养孩子们的专注力。

经过反复的练习,我询问哪位同学会吹奏了,小梁同学自信地举手,主动为同学们演奏,我赶紧表扬。小范同学也举手表示可以吹奏了,我赶紧让她给大家示范。在她们的带动下,越来越多的同学纷纷主动站起来吹奏出《歌唱祖国》的旋律,教室里洋溢着成功的喜悦。

我也满心欢喜,让孩子们一起和我吹奏《歌唱祖国》的前4个乐句,然后让孩子们把《歌唱祖国》的乐谱完整地随我的钢琴声视唱了一遍。

时间过得很快,下课铃响了,我和新丝路学校的音乐老师们约定,把全班分成3组,我们3位音乐老师各自带一组同学,一个一个地过关练习。

我主动承担了最难的低声部的练习。由于低声部的旋律感不强,孩子们有畏难情绪,我耐心地带领他们一个音符一个音符地认,然后在琴键上找到音的位置,我还不时提醒他们,F大调遇见B音要弹降B音黑键,和声音程需要两个手指同时落键。对于孩子们来说,这是件非常不容易的事情,因为既要认准音符,又要找准琴键,还要节奏准确,指法顺畅,但大家都充满了热情,遇到出错的情况也并不气馁。

终于来到第二节音乐课,3组同学练习合奏,我们依然采用一句一句合奏的方式。我知道合奏的过程必然要经过不整齐、不连贯、不流畅的过程,因此我并不着急。我请学校的音乐老师和我分工,每人练习一个声部示范给孩子们听,请他们像我们一样自信地演奏。本来不好吹的低声部的孩子变得坚定而自信了,慢慢地,两个声部合奏起来有点儿像模像样了。我继续鼓励已经会吹奏的孩子教一教学得慢的孩子,保证每个人都准确流畅地吹奏出各自的声部。

下课前,我给孩子们布置了作业,请他们每天在家练习《歌唱祖国》,同时唱熟《歌唱祖国》的乐谱。孩子们高兴地点头答应。担心孩子们练习得不够熟练,我利用周末时间给他们上网课。趁着家长们在听课,我特别拜托家长帮忙:"请家长们一定要重视孩子们对音乐的学习,给孩子们创造欣赏音乐、歌唱、弹奏音乐的氛围。早上可以用维瓦尔第的《四季》之《春》叫孩子们起床,晚上睡觉时用勃拉姆斯的《摇篮曲》陪伴孩子们安睡。这样做可以营造和谐的家庭氛围。也请每位家长都要多多赞美孩子,肯定和表扬孩子们的细微进步并予以鼓励,孩子们的进步就会更加明显。"

孩子们也对音乐课产生了浓厚的兴趣,纷纷在群中询问:"明天咱们还上音乐课吗?"我趁热打铁回复:"可以,明天下午三点继续哦。"

音乐是情感的艺术,虽然隔着屏幕,但这群与我认识并不久的孩子却与我如此融洽,这都是音乐产生的魅力。

老师不能一直陪伴,但音乐可以

经过艰苦卓绝的练习,功夫不负有心人,孩子们终于能合作吹奏出像模像样的作品了,我和他们都兴奋不已。而练琴的过程就是体验由不会到会、由不自信到自信的过程,听着自己吹奏出来的旋律,孩子们都开心地笑了。

一个孩子还给我写信,信中说道:"老师,最初我真的不相信我们能把密密麻麻的五线谱学会,更不相信我们能学会吹奏《歌唱祖国》,在老师耐心的指导和鼓励下,我们学会了这首耳熟能详的优秀歌曲。谢谢您!"对我来说,这段话就是对这次教学最大的认可。

在支教的过程中,我还教会孩子们演唱合唱歌曲《田野里的歌声》,还把他们在教室里演唱的视频发送给了全国高校美育教学指导委员会副主任郭声健教授,孩子们的演唱视频有幸在中央电视台17频道(农业农村频道)播放,这样的歌唱体验让孩子们感到无比震撼。很多孩子给我写信,其中小王同学给我写信说:"我觉得学校的课都很乏味、无趣,自从上了您的音乐课后,我觉得您很温柔,也很有趣,我对音乐像是着了迷似的。您笑起来特别美,仿佛一股阳光照射到您的脸上,您像一位小姑娘般活泼,您的声音也很甜。每当唱起您教给我们的《田野里的歌声》,我仿佛身处在金色的田野中歌唱,在清澈的小溪边歌唱,这首歌给了我许多的感受,就像刘老师给了我许多的感受一样。刘老师,您是我一辈子都会记住的老师!"

让孩子们沉浸在美好的音乐中,让孩子们拥有健康的心态,这就是我们学习音乐的初衷吧。

这段特殊的教学经历也让我收获了孩子们满满的信任,在支教即将结束的最后一节课,不少孩子表达了不舍的心情。

我买了45本《中学生口风琴》教程送给每个孩子,扉页都写上了一句相同的话:"音乐值得陪伴一生。"

我想让孩子们明白,老师不能一直陪伴他们,但是音乐可以。当我们孤独的时候,可以通过聆听音乐驱散恐惧;当我们忧愁的时候,可以用音乐安慰心灵;当我们脆弱的时候,音乐会给我们的成长带来力量。也许以后我没有机会再次引导他们学习音乐作品,但我相信,这段时光,会让孩子们在今后的音乐学习中更加自信,更加开放地去领略每一首经典作品之美。这段时光,也让我更加深刻地领悟到,孩子们的成长多么需要有音乐的陪伴,音乐老师应该勇敢担当起美育的育人使命,让每一个孩子都拥有学习音乐、享受音乐的权利。

(作者系重庆市沙坪坝区教师进修学院音乐教师)

孩子的成长律动，就在自由呼吸的校歌里

杨小超

1991年8月31日，一个阳光明媚的日子。正在重庆市合川区偏远乡村任教的我突然接到前往合川区百年名校——久长街小学面试的通知。原来是因为久长街小学正好缺音乐老师，我的中师音乐教师、合川第一位特级教师黄文庆老师便向校长推荐了我，说我在键盘乐器教学和歌曲写作方面很有创新意识。

我做梦也不敢想象会有机会进入合川最好的名校，于是壮着胆子前去参加了面试，并顺利被录取，由此正式开启了我的专职音乐教育生涯。

我们能不能也有自己的校歌？

入职不到两年，我被委派代表合川组团带领孩子们前往重庆市人民小学参加重庆市合唱节合唱展演。借此机会，我观看了重庆市人民小学、巴蜀小学等知名学校的合唱团展演，很受触动。这些合唱团基本都是演唱的自己学校创作的形象歌曲，个性鲜明，特点突出。

受此启发，一个念头开始在我脑海中不断盘旋：我们的合唱团能不能也有自己的专属作品呢？于是，我决定返校后，在抓好课堂教学教研的同时，静下心来研究校歌的创作，为久长街小学的孩子们打造专属的校歌，能够唱响孩子们成长律动节奏的校歌。

于是，我在合川走访了很多学校，通过调研，我发现当时只有合川师范学校、合川中学、合川瑞山中学3所学校拥有校歌，从数量上来说就如此稀少，更难谈品质了。

20世纪90年代初，虽然各种音乐形式、音乐风格、音乐体裁、音乐题材争芳斗艳，呈现出了空前繁荣的创作环境，但从社会层面看，儿童歌曲的创作却严重不足，大多还是用旧有儿童歌曲参演、参赛、学习、娱乐，而校歌则更是空缺，远没有跟上时代前进的脚步。

如何创作出高品质的校歌，让校歌唱响孩子们快乐成长的心声，这成为摆在我以及音乐教育人面前的一个难题。但我坚信每个国家都有自己的国歌，每支军队都有自己的军歌，一所学校也理应有自己的校歌，它应该成为学校的文化符号，以及孩子们在不同时代所畅想的成长旋律。

久小专属校歌的诞生

校歌作为校园歌曲的典型代表,有其特有的普遍存在的写作规律。通过深入研究,我发现,形象鲜明的歌词是一首好的校歌的基础。歌词方面,要强调办学理念,要尽量把校训蕴含其中,同时,歌词不宜过长,要利于记忆,方便学生传唱。歌词还要特别重视韵脚,要有歌词所特有的规范,便于演唱,还要选取适合师生演唱的角度,不文言,也不丢古,不复杂,也不简单,尽量避免和其他校歌相关语句重复,要有明显的整体特点,更要有各自学校鲜明的特色。

带着以上对校歌的研究和理解,我开始和团队着手进行久长街小学的校歌创作,歌词由唐秋碧、刘苏提供,我负责谱曲,在通力合作下,我们很快完成了作品《久小,我们成长的摇篮》。歌词开头,直接用"纯阳山旁三江畔"一句点出地理位置,然后用"久小少年,欢乐的笑脸比春天的花儿还要娇艳""久小少年,胸前的红领巾比灿烂的朝霞还要鲜艳"等句子形象地刻画出久小学子的阳光形象。整首歌词主题鲜明,简洁凝练,朴实自然,校训、校园精神"勤奋学习、不怕困难、诚实守纪、勤劳勇敢,文明健美、团结向上、追求真理、听党召唤"等都巧妙地融入其中,不仅展示了学校优越的地理位置和独特的办学特色,更彰显了学校的办学理念与内在精神。

有了精彩的歌词,还需要对应的谱曲。在谱曲方面,我尽量考虑了结构规整、节奏简约、音域适中这三大要素。我在创作时选择了进行曲风格,采用四二拍、D大调。为了便于传唱,我在构思时就力求结构简单规整,旋律简洁明快,富于激情,旋律与歌词的内容、形象、情绪要做到完全吻合。同时还要考虑孩子们的成长规律,我把音乐控制在最适合儿童演唱的音域九度内。副歌部分,则采用拓展、节奏舒缓开来的手法,从而与主题乐句形成鲜明对比,既点题,又富有感召力,使得整个作品激昂向上、饱含激情、明快流畅,有对比,有意境,塑造出了久小少年在百年名校的摇篮里勤奋学习、不怕苦难、追求真理、听党召唤、誓做社会主义事业接班人,为中华灿烂的明天勇敢向前的美好形象。

《久小,我们成长的摇篮》这首校歌一经推出,就受到广泛好评,还被收录到中国国际广播出版社1994年出版的《中国校歌精选》一书里,后经过江苏小红花合唱团演唱管制磁带向全国发行,1996年获中国音乐家协会举办的全国征歌大赛银奖,受到中国音乐家协会表彰。2006年,学校拍摄的校歌MV参加了重庆市教委举办的市校园歌曲比赛,获最佳画面奖。2015年,又在全国首届美育实践成果比赛中获得了一等奖。我和团队都没有想到,这首诞生于20世纪90年代初的校歌,一直被认可、传唱了30年。

原在久长街小学担任少先队大队长,现在在北京大学和中国传媒大学就读的小张和小陈同学说:"毕业多年,同学聚会,大家还能完整演唱《久小,我们成长的摇篮》这首校歌。唱起它就会让我们怀念美好的童年,在母校的温暖时光,遇见的每一位善良淳朴的老师,以及为我们播下的让我们受益至今、勇敢向前的种子。特别是高唱'啊,久小,我们成长的摇篮,为了中华灿烂的明天,我们勇敢地向前、向前!',总能感受到热血奔涌、奋进向上的力量,让每一个久小的孩子领悟到人生应该是一次不断奔赴向前的美好经历。校歌的意义在于它可以成为缝补我们在外求学的学子内心的针线,让尚年轻的我们在学海中前行时,不会被猛浪击倒。那些或平淡,或悠扬,或灵动的曲词,在我们实现理想的时刻,便成了胜利的号角。"

久小,我们成长的摇篮

——重庆市合川区久长街小学校歌

唐秋碧、刘苏 词
杨小超、孙大志 曲

每当唱起校歌,从心底更喜欢自己的学校

2006年国家教育部、文化部等七部委联合发文,组织全国中小学音乐教师儿童歌曲创作培训,我作为重庆音乐教师队伍中的一员到苏州参训。培训期间,我有幸跟随著名作曲家陆在易、龚耀年、顾春雨等老师,较为系统地学习了歌曲创作的技法,也更深刻地认识到为孩子写歌的重要性。

随着流行歌曲商业运作的加快,铺天盖地的流行歌曲占据了孩子们的听觉空间,虽然在课堂上和我们音乐老师组织的音乐活动中,孩子们仍然在演唱少量经典的儿童歌曲,但翻开孩子们的音乐课本,不难发现许多歌曲作品"教"多而"乐"少,缺乏"童趣"和"童心",很多作品和时代的发展以及孩子们的认知出现了很大的偏差,许多孩子对很遥远的"老儿歌"产生了"审美疲劳",不感兴趣。

那么,拿什么去填充和占领音乐的主阵地,高质量的校歌就凸显出不可忽视的重要性。同时,我们还要充分考虑孩子们的心理特征,了解各个年龄段孩子们的需要、特点、差异,要深入孩子们的生活去汲取灵感和素材,倾听他们的心声,用多样化的创作手法去拓展校歌创作的思路。只有孩子们爱唱,被孩子们传唱,在传唱中浸润孩子们的心灵,辅助孩子们成长,才是我们创作校歌的目的。于是,我决定继续在这个领域深耕,创作更多精彩的校歌作品。

培训结束后,我又买了大量与歌曲写作相关的书籍认真研读,不断向前辈、专家请教,渐渐地,对儿童歌曲创作,尤其是校歌的歌词创作、歌曲的节奏设计、音调节奏创编、主题

发展创编、结构形式创编,以及前奏、间奏、尾奏创编等,都有了全新的认识,也创作了很多广受认可的作品。

  比如2017年,我为重庆市合川区濮湖小学谱写了校歌《濮湖边上的四叶草》(米峻田、张勇词)。我在前奏部分以诵读的方式引入,许多乐句采用了同头变尾的创作手法来展开,旋律优美、流畅。该作品MV参加2018年第十五届全国中小学校园影视大赛获得一等奖,受到中国教育电视协会、中央电化教育馆的表彰。

濮湖边上的四叶草
——重庆市合川区濮湖小学校歌

1=♭E 2/4
慢 自由地

米峻田、张勇 词
杨小超、陈爽 曲

(竖琴琶音)朗读:濮风濮韵濮水濮情,濮岩山建濮岩寺;福多福满福大福贵,幸福苑有幸福人。

美生情　乐中学
小学音乐课堂育人实践

我在谱写《重庆市合川大石中学校歌》(张友刚词)时，词作者张友刚教授是当时西南大学音乐学院院长，我们受邀到大石中学进行了创作采风，对教师、学生进行了专项的校园文化建设座谈，参观了学校以石头文化为特色的校史馆，对该校提炼出的石头的六种精神"厚重为人、沉稳为事、质朴生活、谦虚求学、坚毅克难、永恒守正"有了深入的了解。

　　张友刚教授一周就完成了歌词的创作。我拿到歌词后，反复诵读，仔细推敲应如何用曲谱展现该所学校厚重的石文化特色，充分体现六种精神，又考虑这所学校是市重点高完中，学生演唱的音域比小学生宽广得多，我在谱曲时为了方便演唱，音域定在11度内，前奏采用号角式的旋律，用大跳、递进的手法凸显质朴与坚毅，第一乐段用了同头变尾的手法，在音乐情绪上用激情向上的情绪进行铺垫并展开，表达让孩子们从宝石、奇石成为祖国建设奠基石、中华复兴铺路石的决心。第二乐段采用了磅礴、意气风发的音乐情绪，我又采用了节奏填充的手法，较多地运用了旋律的反复，从而增强乐曲的记忆点，特别是反复咏唱强化了"大行致广、石以载道"校训内容的核心歌词，让孩子们在高唱校歌中感觉出校歌中折射出的石之韵、石之魂与石之品，让孩子们体会石韵声声、生机勃勃、奋勇前进、弘扬天地的大石精神！根据该曲拍摄的MV也很精美，2016年参加第十三届全国中小学校园影视大赛喜获一等奖，受到中国教育电视协会、中央电化教育馆的表彰。

重庆市合川大石中学校歌

张友刚 词
杨小超 曲

1=C 4/4 2/4
♩=120 激情向上地

(合)嘉陵江畔，屹立着(合)雄伟大石，
(女)嘉陵江畔，涤荡着(男)巍巍大石，

大石校园，蕴藏着多彩宝石。
大石校园，汇聚着绚丽奇石。

我们今天青春飞扬，青春飞扬，我们
我们今天共筑梦想，共筑梦想，我们

（意气风发地）

明天要做祖国繁荣的奠基石。啊
明天要做中华复兴的铺路石。(合)啊

大行致广。 石以载道，
大行致广。 石以载道，

这些年来,我先后为36所中小学谱写了校歌。部分学校还把校歌作品改编成了大课间律动操,制作成品的MV和音频发往中国原创音乐网等,点击人气数超600万。这些成绩让我感受到给孩子写歌是多么的幸福!

我曾参加一次政协委员视察活动到合川区最偏远的油桥小学参访,刚到学校,就听到孩子们正在操场上随着录音演唱我给他们谱曲的校歌《善之歌》,那稚嫩的声音久久在山谷回响,让我深受震撼!这里没有专职的音乐老师,但这里却有重视音乐的校长,他们播放着校歌的录音让孩子们大声地歌唱,稚嫩的声音传递着偏远山区孩子们的梦想的力量!

这些年,我因担任兼职督学、市党代表、市政协委员走访了由我为校歌谱曲的13所学校,许多孩子提起自己的校歌,很自豪,还会主动为我演唱,有孩子告诉我:"每当唱起校歌,我感觉校园更美丽、更赏心、更悦目、更可爱了,从心底里更喜欢自己的学校。"

新时代校园美育,更离不开优秀的校歌

"纯阳山旁三江畔,阳光照耀着我们的校园……"在久长街小学每学期的开学典礼上,升旗仪式后都有分管艺术教育的校领导在主席台上讲学校的历史,领孩子们熟悉校歌歌词、品析音乐,其目的就是要引导学生体会和认同校歌整体的精神风貌和文化内涵。

这是历届校长送给师生开学的一份音乐见面礼。听完讲解后,高年级的孩子们豪迈地歌唱着,新生好奇地聆听着,在歌声中很快融入了学校,开启了新的成长大门……作为学校的音乐老师,久长街小学刘洁好感言:"也许,在繁忙的大千世界中,同学们会有那么一刻忘记校园的模样,但他(她)们心里一定感激曾有一首歌、一段旋律,充实过他(她)们的美好记忆。"

作为音乐老师,我们很荣幸,与校歌一起陪伴万千学子的成长。学校开学的第一周,各个年级的任务就是学唱国歌、校歌。在学唱校歌后,孩子们都得意地拿起歌单回去唱给

爸爸妈妈、爷爷奶奶、外公外婆听,家长们都赞不绝口!

  校歌唱响的是学校主旋律,它从办学宗旨和校训流衍而出,是学校历史艺术化的反映,是对学校精神的弘扬,更是师生对学校未来以及自身发展的美好祝愿。不同的校歌旋律承载着共同的时代精神之道、民族精神之道、学校精神之道、育人目标精神之道。

  同时,校歌凝结的还有不变的乡愁,当学生们唱起校歌的时候,便把乡愁的种子埋进了幼小的心灵。在他们回眸青春时,校歌依稀,乡愁就在那熟悉的歌声中荡漾开来。

  2022年4月出台的《义务教育艺术课程标准(2022年版)》,要求强化课程育人导向,全面落实培养有理想、有本领、有担当的时代新人。校歌也是培养学生良好的审美情趣和人文素养的最好的校本教材。演唱校歌,可以以美生情,唤起学生爱党、爱国、爱家乡、爱学校的情感和对美好事物的热爱之情,在学生的心灵中种下真、善、美的种子。校歌的演唱能以美育人,以美化人,以美润心,以美培元。我会继续为孩子们写歌,让孩子们在高唱校歌中快乐成长,让校歌唱响学生幸福成长的心声!

(作者系重庆市合川区久长街小学音乐教师)

走向优秀的途径就跟自己"死磕"

马红磊

全国基本功大赛——对弱项目的大突击

音乐教师专业基本功大赛是对中小学音乐教师的基本素质、基本技能、心理素质等各方面的全面考查和考验。工作以来,我参加的第一个国家级比赛,就是全国音乐教师专业基本功大赛,这次比赛历时很长,足足4个月。一路走来,有过辛酸,有过艰辛,有过幸福,有过快乐,有过温馨,亦有过欣慰。通过这次比赛,我学到了很多东西,也体会到了真正的团队精神。

全国比赛要比的项目很全面,其中包括:声乐(演唱独唱歌曲一首)、钢琴(演奏钢琴独奏曲一首)、自弹自唱(现场分发保证每位选手都没有见到过的原创乐谱,练习15分钟并马上进行比赛)、合唱指挥(提前一天分发原创乐谱,听音响两遍,并进行准确的指挥和预示)、器乐或舞蹈、理论(所有中小学教材上涉及的听赏音乐和《义务教育音乐课程标准(2011年版)》)这六大项。这些项目对任何一个中小学老师或者对学习和从事音乐教育的工作者来说都是非常严峻的,因为它们并非单单是对专业技能的考验,而是对一个人包括心理素质、舞台经验、应变能力、适应能力、专业积累、基础素质等多方面在内的综合素质的考验。

在比赛前的一个月时间里,我加强了对自己相对较弱项目的大突击,比如合唱指挥、钢琴等。而且除了理论外的其余五项,每一项都专门找老师进行指导。每一份乐谱上我都用笔在上面密密麻麻地记满了注意事项和处理内容,回来一遍又一遍地练习,其中声乐、钢琴、器乐、理论、合唱指挥等项目是我重点突击的几个大项。声乐一遍一遍地演唱,包括声音的运用、情感的处理、舞台表演的设计都进行了细致的练习,常常是练到声音疲惫、嘶哑。

赛前的一段时间我天天都把课标带在身上,天天背,天天看,常常在公交车上、走路时,甚至在去宜昌比赛的飞机上都在研读课标,真正地做到对课标的每一个部分都了如指掌,那段时间真是让我感到了前所未有的充实和紧张。

11月9日,全国比赛正式在宜昌的三峡大学拉开帷幕。第一天首先是选手抽签。本次比赛共有中小学音乐教师130多人参加,我在本次比赛中抽到的参赛号是37号。按照比赛的一般规律这个号码不算好但也不算差,抽完后我就开始了为期一周的紧张比赛。

　　11月10日,声乐比赛在当天的上午,我是第17个登场,当时的评委阵容很强大,都是全国顶尖的声乐表演艺术家和教育家,其中就包括中国音乐学院声乐系马秋华教授。因为第一次参加如此大规格的声乐比赛,心里稍稍还是有点儿紧张。在上台的那一刻,我的心跳开始加快,此时我就利用多年的舞台演出经验,迅速地通过扫视全场和呼吸调节使自己平静下来,并按照平日里的训练完整流畅地演唱了参赛作品。因为不是现场亮分,所以当时不知道自己的成绩。

　　下午比的是钢琴,中午我在琴房里练习了很久,每一次弹奏都想象着有评委老师在观看,在打分,提前使自己适应赛场的气氛,以确保到正式比赛时能够正常发挥。但大家都知道钢琴比赛是最不容易完美发挥的一个项目,每个人上去比赛都会比自己平时的练习打些折扣。尽管比赛前我做了充分的准备,但在比赛时由于心里紧张还是打了些折扣,所以下来后心情比较失落,尽管陈雅丹老师、胡苹老师都在安慰我,但是我心里还是觉得留有遗憾。

　　到了晚上,是理论笔试的时间,理论考试是最能体现实际分差的一项。因为这才是真正体现选手平时对音乐知识积累的项目。傍晚,我们胡乱地吃了点儿东西就赶赴考场等待考试。笔试时相邻的参赛人员来自五湖四海,谁都不认识。当试卷发下后,我心中暗喜,因为这些试题内容对我来说还不算难,于是心情就平静了许多。后来回想起这场理论考试还算是众多比赛项目当中最轻松的一项。

　　11月12日,这天是合唱指挥和自弹自唱两个项目的比赛。因为舞台经验还比较足,虽说对作品的把握可能达不到自己心里的理想目标,但上台后就要表现出自信大方的仪态和神情,因为比赛就是舞台,自信大方的表演才是一个舞台最需要的东西。就这样合唱指挥的比赛结束了,现在想想当时对自己的表现还算是比较满意,毕竟不能凡事都过度要求完美。下午的自弹自唱比赛非常严格,为了使比赛做到公平公正,14点所有参赛选手都被集中在一个教室,不许外出,然后15个人一组进行练习比赛。因为这项比赛考的是平日里的伴奏技能,所以赛前一两天内无法准备。就这样,一天的比赛就又结束了。

　　11月13日,这天比赛的是我的强项——器乐。整个器乐比赛中,我的参赛节目是最受好评的,也是掌声最热烈的。在整个器乐比赛结束时,评委老师对整个比赛进行了点评,每位评委老师都对我的表演给予了高度肯定,其中一位评委说:"演奏唢呐的这位选手是今天全部比赛的亮点,他在技巧、表演等方面已经达到甚至超越了专业演员的水平和素质。"当我听到专业评委对我的演奏给予如此高的评价时,心中十分的高兴。

一分耕耘,一分收获,这次比赛过程虽然很艰辛,但人生难得几回搏,一生难得几回拼。这次比赛我花费了大量的精力和时间,但能够获得全国个人全能一等奖和器乐、舞蹈总排名一等奖第一名的成绩,我认为是对我长久以来努力奋斗结果的肯定。

除了获得奖项,更大的收获是这次比赛使我学到了很多东西,真正地开阔了眼界,理解了人外有人,山外有山,强中自有强中手。能够参加全国比赛的选手个个都身怀绝技,而且我也了解到一些选手是当地响当当的人物,极具影响力。我在这次比赛中也结识了很多全国各地的朋友,大家在一起抛开成绩,单纯地谈论音乐,谈论音乐教育,这些都使我受益良多。此外,本次比赛还使我意识到,比赛不是一个人的事情,而是一个团队的事情,真诚地感谢所有关心和支持我的人。

全国赛课——一个人的深度教研

基本功比赛之后,我就给自己定了新的目标,那就是全国赛课。全国音乐教师现场课评比活动,是音乐教师职业中最重要的赛事之一,被称为国内音乐教育界的奥林匹克。最开始为赛课做准备的时候,我选择了很多课题,因为之前上课面对的一直是高中的学生,而参加赛课时我的授课对象是小学生,内容则是小学学段,所以教学方式、方法都需要重新调整,以适应儿童的身心特点。于是乎,我结合自身专业优势,在众多版本教材和学段中,选择了人教版小学音乐教材三年级上册《打枣》一课。最开始我看到这个课题时,心想:总共不足3分钟的乐曲,上课要上40分钟,讲什么,上什么,怎么能够把一节课的时间上满?但当真正走近作品,走进音乐,深入理解课堂的含义时,我才真正明白,40分钟对这个作品、这个课题来说是远远不够的。一节课、一个作品涉及的东西实在是太多了,调式、调性、音色、节奏、旋律、织体、力度、速度、风格等太多太多了。在备一堂课时,最开始要先做加法,把这个作品涉及的内容尽可能全面详细地罗列出来,吃透吃准。然后根据学生的年段特点、作品的突出特点等方面的因素再来调整,做减法,抓特点,讲特点。

本堂课我从最开始备课到全国比赛最终呈现,完全不同的设计有18个版本,整个过程梳理调整的教案有25万字,如果都印刷出来,一个课题可以是一本书的厚度了。在得奖后浏览自己的教案,我才终于体会到那一句话的含义——真正的优秀不是别人逼出来的,而是自己和自己死磕。全国比赛前一日,我还在和几位老师做着最后的磨课和梳理,自己一遍一遍地在房间里对着窗子讲，一字一句地思考打磨着自己的语言细节，一个环节一个环节地梳理要使用的道具。

第二天正式比赛时，我利用自己的语言调节优势，自己给自己加油鼓劲，我利用仅有的上台之前的一点儿时间和他们沟通，尽量避免孩子们在舞台上紧张。一节课上下来，我自认为还是基本展示出了自己的实力和水平。当然，最终结果还是比较理想的，我获得了第七届全国中小学音乐教师现场课评比活动的一等奖。

在课后，人民音乐出版社的孙昆找到我，希望我能够为人音版小学音乐教材三年级下册《小放牛》一课录制一下拓展演奏欣赏视频，因为《小放牛》和《打枣》这两首乐曲，在演奏形式和乐器表现上有相同之处，都是运用唢呐、咔腔、口弦子三件乐器的不同音色来表现音乐形象，所以我欣然答应了。现在人音版小学音乐教材三年级下册教师教学光盘中《小放牛》一课的拓展欣赏内容就是我演奏的视频，背景就是第七届全国中小学音乐教师现场课评比的舞台背景。有时候我再看那时的自己，我会发自内心地觉得，能够以这样的方式，传播我们中国的民族乐器和传统民间乐曲，是一件非常有成就感的事情。

2021年9月，我正式被聘为重庆市两江新区中小学音乐教研员。自此，由"一个人的教研"发展成了"一群人的教研"，我组织开展两江新区中小学音乐教研工作，成功组织参与了区内初、高中音乐教学专题研究活动，进一步解决了初、高中音乐课堂教学小学化及高中课堂教学无措化、简单化的问题。回望我从教的12年，大部分人都觉得，这12年的我还是可圈可点的，因为已经取得了些许成绩。但对我个人而言，这些还远远不够。峥嵘过去已经彪炳史册，璀璨当下正在不断延伸，光明未来需要踏实开拓！对音乐、对教育，我还要不断积累、不断学习，以"自信人生二百年，会当水击三千里"的勇气和坚韧，实现自己的教育梦想！

(作者系重庆两江新区云创初级中学校音乐教师)

教育是一场温柔与爱的约定

陈秋宇

择一事,终一生,一片丹心育花魂。当我在寒冷的冬天记录下这个温暖的故事时,我想到,教师应是这人间的四月天,每个孩子都是一株花的种子,各有各的花期,各有各的精彩。而我们,作为陪伴孩子成长的为师者,用爱、希望与孩子的花期相约,便一定会迎来一树的花开。

2009年,从小立志走上三尺讲台的我如愿以偿地考入了垫江县白家小学。这里远离城市,空气清新,风景秀丽,但一到学校我就遇到了难题,学校师资匮乏,我接手的班级也只有28名学生,他们穿着朴素,口袋里没有城里孩子那么多的零食和玩具,小手也脏脏的。孩子们平常接触音乐不多,所以当他们看到学校来了一个年轻的音乐教师,可高兴了,老是缠着我问东问西:"老师你姓啥?你教我们唱歌跳舞吗?我们可以一起玩吗……"我不禁陷入沉思,如何让这些乡村孩子享受更多的教育,让他们懂得音乐的美,享受音乐的爱,我已整装待发。于是,我精心地设计每节课的教案,充分准备各种教具,以生动活泼的教学形式和艺术魅力吸引学生。孩子们喜欢我,也喜欢上我的音乐课,我自然非常珍惜与孩子们相处的日子,工作也特别有干劲儿。

最好的沟通方式是共情

有这样一堂课,让我至今记忆犹新,那便是为了迎接新中国成立60周年,我教孩子们学习《祖国祖国我们爱你》这一课。课堂伊始,我通过有趣的童谣谈话导入:"小小蜡笔手中握,画画祖国好山河,赤橙黄绿青蓝紫,祖国妈妈真美丽。在新中国即将迎来60华诞,老师带来了一首赞美祖国妈妈的歌曲,名字叫《祖国祖国我们爱你》,歌曲描绘了小朋友们心中的祖国,请同学们边听边想象,根据歌曲的内容构建画面,把心中的祖国贴一贴。"这个环节,孩子们都很感兴趣,表现非常积极,我邀请了5名孩子参与,他们很快将歌曲的情景准确地拼凑了出来。

在孩子们的热切期待下,我们开启了歌曲的学习之旅。首先我配着伴奏声情并茂地范唱歌曲，孩子们有的随着音乐的节奏微微地摇头，有的轻轻晃动着身体，大家都陶醉在这轻快动听的旋律中，当孩子们听了我的范唱之后，我邀请他们结合自身谈谈对歌曲的感受。

"我听出歌曲的情绪是欢快的，马上就要迎来新中国60岁生日这样一个欢天喜地的美好时刻，所以我们无比的快乐和欢喜。"小悦说。

"我听出的情绪是幸福的，我们这里虽然是农村学校，但条件一点儿也不比城里的小学差，我们有明亮的教室、宽阔的操场，有多功能教室，还有可亲可爱的老师……我感觉特别幸福。"小轩说。

"我听出的情绪是自豪的，我们祖国日益强大，科技迅猛发展，我知道超级计算机'天河一号'、神舟七号、量子计算研究等都取得了重大成果。我一直在努力地学习知识，我觉得只有这样，长大了才能实现自己的梦想，为祖国建设添砖加瓦。"小恒说。

听着他们独特的感受，我突然意识到，让每一位学生都领略到音乐的魅力是一件多么有意义的事情！于是，我对他们说道："同学们都说得非常好，我们生在红旗下，长在春风里。我们现在的优越生活都是革命烈士抛头颅、洒热血换来的，孩子们，你们是祖国的希望，我们一定要珍惜这来之不易的幸福生活，好好学习，从小立志，努力做祖国和人民需要的好孩子。让我们唱好赞歌，祝愿祖国越来越强大。"

孩子们听得很认真，眼神中写满了坚定，还有几个孩子不住地点头。

卢梭在《爱弥儿》中说道："教育孩子最没用的三种教育方式就是讲道理、发脾气、刻意感动。"对孩子来说，最好的沟通方式就是共情。我了解了孩子们的所想，慢慢引导他们，鼓励他们，发现了这种鼓励给他们带来的神奇魔力，发现了他们的可爱，也许教育之路也是一条神奇之路。

学无止境，教无定法。音乐教育就是要把激发学生的学习兴趣贯穿教学始终，让学生在愉快、轻松、互动的气氛中体验音乐、表现音乐。为了让孩子们更好地把握歌曲的情绪，正确处理歌曲，我声情并茂地和着伴奏音乐为孩子们朗诵了一遍，孩子们听得如痴如醉，眼神中满是向往。尤其是小轩，我看到他的手微微颤动，脸上流露出天真的微笑。在后面的学唱歌词环节，他声音洪亮，气势高涨，动听的嗓音仿佛化成了曲中的小鸟，盘旋在教室上空。

看到他们质朴的笑脸，我才发现，我的工作一半风尘仆仆，一半星辰大海，也许极尽琐碎，却浸满美好与温暖，每个孩子都在用特有的温柔温暖着我。由于歌词比较简单，加上反复地演唱歌曲，孩子们基本都能背唱了，这时我对孩子们说道："同学们，马上我们即将迎来中华人民共和国60岁的生日,作为中华儿女,我们一定要懂得饮水思源,要铭记党恩,好好学习,天天向上!"看到同学们纷纷点头,我的心中也是激动不已。

只有爱才能帮助孩子真正成长

接着,我便向孩子们发起了新的挑战:"你们能根据旋律创编歌词作为礼物献给祖国妈妈吗?请大家以小组为单位展开讨论、创编。"

我看到小轩同学创编得非常认真,便邀请他站起来分享他们这组的成果。平时紧张害羞的他在我的鼓励下勇敢地站了起来,他说道:"老师,我最爱我的祖国,也希望自己有一天能够去天安门看一看,于是我们这一组便创作了这样的歌词:

神州大地,多辽阔,

祖国妈妈真美丽。

小朋友们多么高兴,画个图画比一比。

画高山多么巍峨,画江河多么磅礴,

你画长城,我画天安门,祖国祖国,我们爱你。

说完后,大家都热烈鼓掌,小轩也开心地笑了,仿佛一朵喝饱了水的花朵,姿态挺拔地开放在课堂上。听完后我感动不已,为他们精彩的创作点赞,同时我鼓励他,穷且益坚不坠青云之志,只要好好学习、努力奋斗,就能看到更美好的未来。他眼里含着泪光朝我重重地点头。我知道梦想的种子正在他心中生根发芽。

这时,旁边的同学小声地对我说:"老师,今天是小轩的生日呢!""真的吗?"我看着这个小男孩,他不好意思地点点头。我对他说,"老师可以送你一个生日礼物,你想要什么呢?"他绕着手指,害羞地告诉我:"老师,我想和歌里一样,有一盒蜡笔。""好,老师答应你!"

过了几天,我托人买来了一盒蜡笔,送给了小轩,收到礼物的小轩眼里闪着泪花说:"老师,谢谢您,这是我第一次收到生日礼物。"我很诧异:"怎么会是第一次……"我话还没说完,他打断了我:"陈老师,我妈妈很早就去世了,爸爸要养育我和哥哥,我们家穷,没有人给我过生日。"他低下头委屈地说。我的心猛地一颤,轻轻地抚摸着他的头,温柔地对他说:"小轩,老师记住了,以后每年你过生日,老师都会送你一个礼物,但是你要答应老师,一定要好好学习。"小轩抬起头感激地望着我,向我深深鞠了一躬。

后来,因为工作的关系,我离开了这个学校,在师生们为我送别时,小轩突然挤进送别的人群害羞地递给我一幅画,我打开一看,原来是一幅用蜡笔画的天安门,上面有小鸟、小花、蓝天,笔风很稚嫩,有些地方有明显的涂改痕迹,而我却觉得异常美丽。小轩说这是他拿蜡笔画的第一幅画,他想要送给我,以表达对我的感谢。看着他离开的背影,我才终于明白,为什么说教育是一项育人育心的事业,它让我真正明白,只有爱才能创造美好,只有爱才能帮助孩子真正成长。

如今的我虽然已经离开那个地方,可是在那里的每一个片段都在我脑海中永存,在这里我看到了教育最纯粹的模样,也感受到了无与伦比的温情。当然,每年的国庆节前夕,小轩都会收到我寄给他的礼物,他给我的回信也从最开始的图画变成了瘦劲有力的书信。

现在,小轩还是那个小轩——爱唱歌、爱画画的小轩,但不同的是,他从郁郁寡欢变得阳光自信,他在书信里分享着他的生活点滴,分享着他学业的进步。在某种意义上,我用耐心和关心点亮了小轩,他也用他的善良、纯真点亮了我,我们彼此照亮,携手同行,共同遇见最美的教育。

一路荆棘一路歌,最美风景在路上。如果教育的道路是一场艰辛的修行,我愿意做其中最忠实的信徒,我愿在育人的道路中感受温情与快乐,收获温暖与幸福;我也愿用我那微薄的力量去和更多的孩子共赴一场爱的约定,让每个孩子都能抵达那美好的彼岸。

(作者系重庆市合川区行知小学音乐教师)

"蛹"不止步,撑开能照进光的裂缝

张聪明

古人云:"不积跬步,无以至千里;不积小流,无以成江海。"工作8年之久,我仍不断丰富自己的人生阅历,有时候我觉得自己是一只蛹,急切盼望着能够储存更多的能量,能破壳而出,可有时候我又担心自己储存的能量是否够用?我能破壳而出。我不甘心束缚在小小的皮囊里,那是对生命的浪费,于是,带着我的执念和追求,希望撑开一条能照进光的裂缝。

城口支教的一年

2017年9月,我主动申请来到了重庆最边远的城口县开展"三区"支教工作。到了城口,我被安排到城口实验小学任教,执教语文,这对于音乐学专业的我无疑是一种挑战,尽管遇到诸多困难,但对于我这位党员来说,这些都不是事儿。很快,我就进入了良好的工作状态,为了上好一堂语文课,主动向办公室语文教研组老师取经,不断听课、磨课,阅读大量文献,把音乐学科与语文学科进行有效的资源整合。

我经常思考一个问题:支教一年,我给实验小学带去什么?我又给他们留下什么?我该用什么方式进行传递?最后我决定:少说多做,用行动说明一切。上课第一天,我就梳理了课堂规范细则,分享给其他需要的老师;第一周,我就召开了班级家长会,把几天来对孩子们的了解,家长如何配合老师形成家校合力等与家长做了详细的交流;第一个月,我就在全校率先上了示范课,并组织语文组进行说课评课。不到两个月的时间,我给实验小学的师生和家长留下了深刻的印象。

城口实验小学位于大巴山深处,海拔1200多米,冬天异常寒冷。一天,晨扫完毕,孩子们开始了晨读,大家都很乖,手捧着书,坐得端端正正,一个叫小峰的孩子引起了我的注意。只见他瑟缩的身体靠着课桌,两只手死死地插在裤兜里。我走过去,提醒道:把手放上来,把书拿好。他连忙把手从桌子底下抽出来,一边对着双手哈气,一边握住语文书。我一下惊呆了:那是一双怎样的小手啊!红通通的,手背上满是裂口。我鼻子一酸,好可怜的孩子，一定冻坏了！我知道，他家在离学校有四五千米远的一个山坳里，每天天不亮就得出发。这么冷的天，早上更冷，一个孩子，怎么受得了啊？我腾出一只手，紧紧地将他的右手握在手心。好冷，好粗糙！这哪里是手啊，分明就是一块冰冷的石头！我一边指导班上同学读书，一边继续握住他的手，久久不忍放开。后来得知，班上很多同学家里贫困，有一件心爱的、暖和的冬衣，是他们最大的愿望！我暗下决心，一定圆了他们这个梦！

于是，我四处打听，多方联系。终于，一家爱心企业大力支持，答应给实验小学307个孩子每人做一套冬衣。2017年12月23日，阳光格外灿烂，爱心企业不远千里，将崭新的冬衣送到了每个孩子的手里。

同时，我对学校大课间活动进行了规范，丰富了升旗仪式的内容和形式。偶尔我也会教他们唱歌，在兴趣小组课上给30位热爱葫芦丝的孩子每人配备一支葫芦丝，教他们吹奏技巧，并在六一儿童节的庆典上展示。为了倡导学生大量课外阅读，我还发动鱼洞四小为孩子们捐了很多课外书。我希望孩子们养成良好的阅读习惯，为他们搭建起一座走出大山、走向世界、走向未来的桥梁。

在边远山区支教，我很充实，因为我让那些山里娃享受到了和山外的孩子一样的优质教育。老师们在我的带动下，责任心得到进一步强化，工作的劲头儿更足了。城口支教，也让我收获满满。在我看来，那是我人生道路上画下的最精彩的一笔！

"声临其境"的民族打击乐

音乐课上，当我敲击出"咚咚咚""铛铛铛""叮叮叮""锵锵锵"的打击乐器声时，二年级的小可爱们睁大了眼睛，眼神里充满了好奇。

"老师，老师，听到这声音我仿佛看到了大狮子的吼叫。"

"老师，这声音我听过，感觉像蹦蹦跳跳的小兔子。"

"老师，我认识这件乐器，是大鼓，我也想敲。"

这样的打击乐器声在欣赏课《老虎磨牙》一课中把中国民族打击乐的魅力展现得淋漓尽致，这是孩子们的心声，也是他们想要的"答案"，同时也是我们音乐教育者想要的"答案"，此时，我们的角色不仅仅是"主导者"，更应该是"组织者"和"引导者"。

《义务教育艺术课程标准（2022年版）》明确指出，坚持以美育人，学习和领会中华民族艺术精髓；重视艺术体验，在音乐的欣赏、表现、创造、联系过程中形成丰富、健康的审美情趣。本着弘扬民族音乐、坚定文化自信这一方针，我特意选择安志顺老师创作的民族打击乐《老虎磨牙》一课为载体，在课堂中通过游戏、讲故事、情景式的欣赏教学，营造快乐的课堂氛围，让学生在民乐的诱导下感受美、欣赏美、表现美、创造美，真正达到美中学、乐中学。

民族打击乐在低年级的音乐欣赏课中少之又少，而《老虎磨牙》算是非常符合二年级学生的欣赏水平了，作曲家为了塑造老虎的各种形象，运用了不同打击乐器的不同演奏手法，从而表现出不一样的音乐形象，每一件乐器声、每一种演奏技巧都深深地吸引了学生的注意力。为了上好这一堂课，我把音乐中该出现的所有乐器(大鼓、大镲、大锣、疙瘩镲、五音木鱼、拍板、小镲、双云锣)以实物的形式映入眼帘，全部摆放在音乐教室，为每个学生配备了课堂打击乐器(卡巴萨、手鼓、双响筒)，供学生更直观地感受与体验民族打击乐器的魅力。

在整个教学环节中，最大的亮点莫过于"声临其境"的表演了，因为学生真正感受到了音乐美，表现了美，并且创造了美。在此环节中，我讲故事，学生配乐，师生合作、生生合作完美配合。在整个过程中，我完全放手让学生利用音乐的力度、速度、节奏等要素结合乐器丰富的演奏技巧去进行故事情节中声音的塑造，比如用大锣的轮奏技巧表现阴森恐怖的场景，双云锣和五音木鱼的点奏表现出老鼠蹦蹦跳跳的情景，大镲的搓奏表现出老虎吼叫的声音，疙瘩镲的敲击表现出雷鸣电闪的声音，拍板的敲击表现出树枝断了的声音，大鼓的指尖刮奏表现出老虎呼呼睡大觉的声音，指尖与鼓面的敲击表现出老虎走路的声音，鼓棒与鼓钉的刮奏表现出老虎磨牙的声音，快速敲击鼓棒和鼓面表现出老虎奔跑时的场景，等等，所有的声音在乐器演奏技巧的融入下瞬间让我们有了"身临其境"的感觉。

课后的师生教学分享也同样精彩。

"这节课让我认识了很多的民族打击乐器，以后我也想学习大鼓。"

"我了解了每一件打击乐器的演奏方式都不一样，它们发出的音色也不一样。"

"民族打击乐器的声音能让故事充满画面感。"

这些都是孩子们欣赏《老虎磨牙》后的所思所感，这不正是我教书育人的意义所在吗？这不正是音乐课的价值所在吗？我坚信这节课学生在"美中学、乐中学"的过程中体验到了民族音乐的魅力，为孩子们坚定"文化自信"打下了坚实的基础。

成长需要不断地沉淀

蛹之所以还没有变成蝴蝶是因为蛹还需要时间的沉淀,自然而然,"化蛹成蝶"就成为每个人前进的目标,我也不例外。

工作8年之久,我时刻保持着清醒的头脑,一直在为成为一名优秀的人民教师而努力奋斗,无论是在音乐专业的发展上还是在音乐教育的道路上,永远保持一颗不断学习的心。

为了让自己的音乐专业成长得更快,我参加各类音乐专业比赛和公益演出。还记得参加重庆市音乐教师基本功比赛时的紧张感,为了比赛我每天练习竹笛两个小时、声乐一个小时、钢琴两个小时、音乐听力一个小时,这些都只为了让自己每天能进步一点点,终于不负所望,最终取得器乐单项奖和全能一等奖的好成绩。每一次公益演出,每一首原创作品,都是对音乐的执着与热爱。一次次赛课都向一等奖迈进,始终饱含着点燃学生心灵之火的教育情怀。

2021年8月,我非常荣幸成为重庆市首批特级教师谢晓梅、杨小超音乐工作室的成员,工作室无疑是一个良好的学习共同体。大家相聚于此,每个人都带着自己独有的印记组合成了一个新的"我们"。在两位导师的带领下,"与美同行",共同追求高品质的音乐教学,通过专业引领、同伴互助、自主研修等方式一起"学习、实践、研究、创新、分享"。

回顾8年的音乐教育生涯,难忘自己专业成长道路上的点点滴滴,难忘音乐教学活动时孩子们喜悦的眼神,更难忘领奖台上孩子们的那种成就感及家长们欣慰的表情,这一切都给了我莫大的鼓舞和动力,凝聚着我对音乐教育事业的热情、执着、忘我、耐心和希望。我为自己是一名教师而自豪,更为自己所从事的艺术教育工作而感动。爱的力量是无穷的,它是我工作中的舵手,在以后的人生道路上唯有脚踏实地、"蛹"不止步地前行,才能让自己站得更高、看得更远。

路漫漫其修远兮,吾将上下而求索!

(作者系重庆市巴南区鱼洞第四小学校音乐教师)

做精神灿烂的人

谢晓梅

还记得1994年的夏天,阳光洒在密密的黄桷树叶间,渐出了点点斑驳,光亮、疏影、微风。我成为重庆市人民小学的一名音乐教师,还幸运地做了时任人民小学分管教学和科研的副校长、四川省音乐特级教师丁继泉的徒弟,翻开了我教育人生的第一篇章。

"选择老师就是选择一种生活方式,选择一辈子不断地更新学习和研究。"站在巨人的肩上一路前行,我以自己的工作、思维和生活方式,经历了"模仿—移植—借鉴—升华"的专业成长过程,从职初教师到骨干教师,最后成长为一名特级教师。在20多年的从教生涯中,遇到了很多人和事,也拥有很多美好的记忆。

青年教师担起爱和责任

在我入职人民小学的第二年,重庆市渝中区教师进修学院组建了一个"合格+优秀"的音乐教师培训班,期望以此提升音乐教师的专业素养。我有幸加入其中,并在那里遇见了一群可爱的人。每周,我们都在教研员陈鹃老师的带领下相聚在一起,对教材、课程进行学习与探讨,在思维的碰撞中共同进步。

在一次活动中,陈老师提出带我们去重庆江津四面山的一所乡村小学开展教研活动,我主动申请上一堂支教课。那是1997年,从重庆主城去往江津的交通尚不便利。我们一行人乘坐大巴,先坐到江津主城,还要转一趟车,才最终抵达我们支教的村庄。我们一早出发,到达时已是下午五点。十月的山间秋意寒凉,天色也已渐暗,吃过晚饭,我熟悉教案后,就早早睡下了。

第二天一早,我们来到要举办教研活动的乡村小学。走进教室,看到脱落的墙皮、昏暗的光线,还有磨得发光的长课桌,我的心好像被针刺痛了一下。这所小学里,唯一的乐器是一台脚踏风琴,比班里孩子的年龄还要大。我坐上去试弹半响,嘎吱嘎吱的"伴奏"便宣告了它的"退休"。上课了,孩子们排着整齐的队伍走进教室,黑黢黢的小脸儿上一双双眼睛好奇地打量着我这个来自城里的音乐老师。这节课学习的是《送别》，每个孩子都学得特别认真。虽然音不准，唱得也不是很整齐，可是他们那一双双闪闪发亮的眼睛从未从我身上移开。一遍又一遍，孩子们尽情地唱着。"长亭外，古道边，芳草碧连天……"下课了，不知为什么，看着这群可爱的孩子，我竟有些难以割舍。返程的路上，我坐在颠簸的大巴上，望着窗外匆匆掠过的山峦，更加真切地认识到了这所乡村学校与城市学校的差距，感受到教育的职责与教师的使命。

第二次支教是在2006年。在当时重庆市小学音乐教研员潘光玲老师的带领下，我们的团队从重庆主城出发，前往渝东南。慢吞吞的交通运输工具把许多时间浪费在了路途上，为了依次赶往黔江、彭水、秀山和酉阳，我们几乎每天都在不同的学校与车站之间奔波。

幸运的是，四月的山中，桃花正在枝头盎然盛开，竹叶沙沙，鸟雀叽喳。"春雨唱歌（呀），滴答滴答；春风弹琴（呀），沙沙沙沙……"春的美，连着和煦的春风吹入眼帘，也在不觉间为我们拂去了身心的疲惫。

最后一站支教的学校，是位于酉阳的一所小学。教室虽不大，但干净整洁。上这一节课之前，大家听说是重庆主城区的优秀教师来讲课，就早早地来到教室，不一会儿就坐满了，一些迟来的教师没有座位，不得不挤在过道里站着听。

音乐综合课《春天举行音乐会》开始了，讲台下每个人都听得十分专注。不知何时，教室的后门旁悄悄多了两个观众：一个是因为迟到而气喘吁吁的年轻女人，一个是她抱在怀里的五六个月大的孩子。我想，这一定是一位刚当上妈妈的年轻教师，为了不错过学习机会，只能抱着尚在哺乳期的婴儿，匆匆赶来听课。她靠在墙角，一边拍着怀里憨憨吮吸着小手的孩子，一边尽量集中精力盯着黑板看我讲课。她生怕自己错过一点儿授课内容，又担心孩子哭起来影响课堂效果。

看着那名年轻女教师柔弱的身体和刚强的干劲儿，我仿佛看到了自己。那时候，我生下女儿还不到一年时间。2005年是我人生中十分重要的一年，不仅因为它是我教师职业生涯的第一个十年，更因为我迎来了生命里最可爱的天使：我的女儿。而那一年也是重庆市重要的一年，为了纪念直辖八周年，重庆中国三峡博物馆定于6月18日隆重开馆。为了庆祝这个喜庆、美好的日子，我带领的小主人合唱团受市委宣传部邀请，为三峡博物馆开馆仪式表演节目《祝福您，重庆》。挺着大肚子的我，白天上课，课下又张罗着节目排练，时常加班到很晚才回家。因为放心不下孩子们，我一直工作到6月10日，直至预产期临近，才在家人及同事的劝说下，放下工作回家休养。不过，爱操心的我就算在家里也惦念着合唱团,电话里忍不住多番询问排练情况。

6月18日上午8点我进入手术室,顺利生下了宝贝女儿。10点回到了病房,因为惦记着合唱团孩子们的现场表演直播,我让家人赶紧打开电视机。隔着屏幕,听到合唱团孩子们甜美深情地演唱歌曲《祝福您,重庆》,我感到无比满足与幸福。

8月中旬,还没休满产假,我又匆匆赶回学校,为即将到来的六十周年校庆进行紧张的节目筹备工作,把尚在哺乳期的女儿留在家,由家人照顾……

时间拉回到在酉阳支教的那天,工作全部结束后,我立即返程。之所以着急,是因为那一天是我30岁的生日。说来也怪,自从教以来,我的生日几乎都是在工作中度过的,上课、交流、开会等,无一例外。支教的最后一天,家人打来电话,问我几时才能回家,牙牙学语的孩子也从电话那头传来声音,似乎期盼着我回家。

30岁生日这天,我本该打扮得漂漂亮亮,和我的先生、孩子以及家人,在温馨浪漫的餐厅里共进晚餐,细细感受这个特别又美好的日子。而现实是,因为回城的路途遥远,待我赶到家中时已是深夜。顾不得因为颠簸早已散乱的头发,也顾不得桌上家人做的热了又冷的晚饭,我健步走到卧室,轻轻推门进去。亲爱的女儿睡得香甜,不忍抱起来吵醒她,我静静地端详一阵子,便也觉得幸福极了。

我想,在教育的道路上,像我和酉阳那位妈妈一样的年轻教师一定还有很多。他们和我们一样,不论身处城市还是农村,都为着孩子的明天而教;他们和我们一样,在呵护班里每一个孩子的同时,有一个自己的小家需要守护;他们也和我们一样,即使忙碌艰辛,也热爱学习,热爱生活,努力扛起放不下的那一份责任。而在我们所有老师的身后,也一定有亲爱的家人默默地支持我们,成全教育的伟大事业。

还记得那天课后,我从讲台径直走到那位年轻女教师的面前,简短交流过后,我鼓励她:"你的宝宝好漂亮。加油吧,你会做得更好!"

当全国赛课遭遇多媒体课件危机

安徽黄山是一座有着"中国名片"之称的美丽城市,我第一次去那里,缘于2007年一场三年一次的盛会——第五届全国中小学音乐课现场评选活动。作为一名赛课教师,我有幸参加了活动。

赛课前,我在大会组委会的安排下获得半个小时的时间,就一个人来到黄山市长干小学和学生见面。到学校一看,整体条件是很简陋的,全校只有一位专职音乐教师,而我即将教学的学生是由兼职音乐教师任教的,其音乐能力和音乐素养都一般。我并不惊慌。我冷静、从容地与学生从相互熟悉开始,用亲切、温和的态度面对陌生的学生,很快我就拉近了与学生的距离,为学生营造出轻松的课堂氛围。我教他们练习长音,教他们循环呼吸的方法,又一起练习了三度和声音程,在排座位上,也充分考虑加强二声部,把能力强、音准好的学生排到了二声部。

临别时,学生的班级任课老师对我说:"我很喜欢你,你还没上课我就很喜欢你,因为我看到了你对孩子们的爱。"是呀,因为我知道,这个时候最重要的是自我调整。不管学生的能力有多欠缺,但热爱音乐的心是一样的,我竟有点儿心疼他们,真希望在课堂上带着他们乘着歌声的翅膀,共享音乐的美好。

和学生短暂接触过后,我回到临时住所,针对任教班级学生的实际情况调整教学设计,将原定的教学目标难度降低,顺学而导,力争用一节课让学生基本学会合唱,并具备一定的音乐表现力。

评选活动为时三天,我的赛课在第二天下午。在那之前,我白天一边在会场听课,一边思考着自己的教学,取长补短。到了晚上,我排除一切干扰,静心准备,精益求精。

万全的准备有时也不能躲过临时状况的突袭,令人猝不及防。原本头一天在赛场拷课件、试设备的时候,一切都很顺利,可是当我登上讲台,学生、课堂,一切准备就绪了,我的部分课件却不知为何放不出声音。全场观众都在等我,台下一片焦急的静默。聚光灯下的我,望着眼前那群同样不知所措的学生,更是心急如焚。

漫长的五分钟过去了,问题依旧没有解决。我觉得不能再等了!我当机立断,和组委会沟通:上一堂没有多媒体播放范唱的音乐课。

我迅速调整自己的情绪和状态,开始投入教学中。不能播放音乐我就自己范唱,歌曲原调太高,学生唱不上去,就半音下行降调处理,调到适合孩子们演唱的音域。40分钟的课堂,我的眼里只有学生,我和他们一起学习、感受和体验,经历着每一个美好的当下。孩子们从音不准到有表情地合唱,从刚开始的紧张到后面的自信,因为一个个有效的教学策略和老师巧妙给予的支架,他们慢慢攀登,自我突破,合唱能力得到明显提高。课堂结束,在接下来的专家点评环节中,顾理澜教授、王懿颖教授给出了这样的评价:"先说目标。这节课改变了我们常见的歌曲教唱的方法——先教会歌曲的旋律和歌词,再对声音进行'润色'和美化,将具体目标集中于'塑造美好音色',在紧扣音乐美的前提下有机地完成'会唱、唱准、唱好'的多层次目标。再说过程。只凭一架钢琴和一张歌谱,教师在引导学生一遍遍地歌唱中完成了对歌曲旋律和节奏的教学,同时提出对声音美的追求和具体要求。与时下那些花样繁复、片面求新求异的教学设计相比,显得简单、平实,把握住了歌唱的精髓和要义。"虽然那时的我参加工作已有十几个年头,也有过几次参加全国比赛和市级比赛的经历,但那是我教师生涯中印象最深的一次赛课。不仅是因为赛场上"惊险的突发状况",其引发的思考更令我难忘。

现在,先进的多媒体设备走进校园,我们早已习惯了科技为课堂所带来的好处。可是,如果没有多媒体,难道就不能上音乐课吗?难道就不能上好音乐课吗?教育的最终指向是"人",但教育的方式、手段一定不是单一且千篇一律的。音乐教师必须具备扎实的唱、跳、奏、演等专业基本功,尤其是教师有温度、有情感、高质量的范唱是上好唱歌课的必要条件,也是学生学习心理的总动员。

也因此,有时候教师教不好学生,不要把责任归咎于客观因素,而要从自身找原因,问问自己:是否以学生为本、顺学而导?是否在遇到困难的时候想办法、换策略去勇敢跨过障碍,开辟出另一条更加美好的路?

最后,最不可忽略的是,教师的讲课功夫全在平时。教师应当认真对待每一节课,在每日的工作中狠练教学基本功。课堂上的语言问题、教态问题、学生问题等,需要教师逐一攻克,并且持续不断地发现新的问题、解决新的问题。我们要时刻关注学生,找准自身定位,朝着自己的目标不断前进。

感谢我的师傅丁继泉校长,感谢时任重庆市小学音乐教研员潘光玲老师和渝中区音乐教研员陈鹃老师,更要感谢重庆市人民小学的伙伴和默默支持我的家人。

名师工作室:与美同行

2017年,我的音乐教育人生步入一个新的阶段。10月,重庆两江新区成立首批名师工作坊,十位各有千秋的特级教师、学科名师以及70多位来自不同学校的优秀学员,组成一个和谐友爱、团结奋进的大家庭。我就是"谢晓梅名师工作坊"的带头人。同年11月,我还被重庆市教委、重庆市人力资源和社会保障局联合评为首批教学专家工作室主持人。那时,我已经离开人民小学,任职于重庆两江新区星光学校,担任副校长。但我并没有离开一线教学,我还是音乐课堂上孩子们的"晓梅老师"。一直到今天,即使我已经担任两江新区博雅小学党支部书记、校长,我也认为,课堂是我离不开的主阵地,我将一直站在讲台上。这是因为,问题来源于课堂,经验也来源于课堂,只有身在孩子堆里,教学的意义才能真切地发生。2021年,我和杨小超老师被重庆市教委评为首批特级教师工作室主持人,又带领着重庆市一群优秀的音乐教师向美同行。

目标是决定一个人前行速度和质量的关键因素。在工作室,我常问大家:你了解自己吗?你是个怎样的音乐老师?你有哪些优点、缺点?你未来想成为哪种类型的音乐老师?……事实上,每个人都需要从这些问题中认识自己。工作室的成员们不但在三年规划中写下目标和计划,也时时在自我认识与反思中成就更好的自己。

我们的工作室,无疑是一个良好的学习共同体。相聚于此,每个人都带着自己独有的印记,这些印记组合成了一个新的"我们"。当学员们找准自我,树立起"共同体"意识,我们就可以一起发扬个性,凸显共性,在互助互学中发挥群体的动力作用,共同成长。

脚踏实地,从容学教——这是我对工作室成员的要求,也是我对自己的要求。从习惯入手回顾自身成长,"写"这一爱好着实带给我太多惊喜。因此,我要求我的成员们从记录两本笔记开始学习:一本笔记用于教案撰写,除了记录严谨细致的教学设计外,也要记录好自己的课堂实践反思;另一本笔记则用于记录工作室日常活动以及撰写读书笔记。这些记录汇聚了学员的点滴思考,也在无形中提高了他们的专业表达能力。于是慢慢地,我看到的教案越来越多,其中不乏一些精品教学设计;我看到的分享也越来越好,大家的思维更加聚焦且深入。

我喜欢看书,各领域均有涉猎,总是获益良多,所以我对工作室的成员们提出期望:静心研读,用心感悟。专业书籍自不必多说,音乐教学理论、教育学、心理学知识,这些是学习的起点,也是一名合格的教师必备的知识。但除此以外,我希望每个人的灵魂是丰盈的、有趣的——只有当老师有趣起来,孩子们才能学得更加快乐。所以,我也鼓励大家阅读文学作品,丰富我们的想象;阅读史书,提升我们的思辨能力;阅读科技前沿信息,了解最新科技动态,跟上时代的脚步。正是在这样的氛围里,我们的工作室总是一片欢声笑语。

"与美同行"是我们共同的愿景,我希望通过专业引领、同伴互助、自主研修等方式把工作室建成音乐教师的实践共同体、研学同修苑、共享文化场、民主对话台。秉持着"学习、实践、研究、创新、分享"五位一体的宗旨,我们修行于课堂内外,在螺旋式上升的范式构建中,在思考、实践、反思、突破的道路上,不断前行。学习是我们的起点,也是我们的终点。

回顾过往,我们因对音乐的热爱、对教育的高品质追求而相聚在音乐教育的生命场。

生长,是生命最好的样态。我很高兴能遇见这样一群又一群年轻且充满力量的教师,他们把青春与热血洒向大地,让我在教育教学这条漫长的路途上永不孤单。也许,一个人可以走得很快,但一群人才能到达更远的地方。作为特级教师的我,其作用大概就是划一根火柴点燃星星之火,点燃彼此,也照亮彼此。我们这群精神灿烂的人可以活成一座花园,活成一个传奇!

[此文节选自《如歌的行板:一个特级音乐教师的成长"三部曲"》,谢晓梅著,东北师范大学出版社,2020年出版,略有修改]

第三篇章

教学设计

一

1—2年级

《小青蛙找家》教学设计

重庆市合川区特殊教育学校　陈思竹

课题:《小青蛙找家》
年级:培智一年级
课程:唱游与律动

教学目标

1.体验歌曲欢快、充满活力的情绪,培养爱护小动物的情感。
2.能用轻快活跃、富有童趣的声音来演唱歌曲,学习响板的演奏方法。
3.通过演唱歌曲,能用创造性的表演动作来表现歌曲,并能够用响板为歌曲伴奏。

学生个人发展目标

本班学生的音乐素养存在一定的差异,根据课前评估,将本班学生分为3个层次,其层次目标为:

A层次:会使用打击乐器响板,能够用富有童趣的声音完整演唱歌曲,并能用创造性的表演动作来表现歌曲。

B层次:基本掌握打击乐器响板的使用方法,能与教师进行接唱。

C层次:认识打击乐器响板,能够参与音乐活动。

学情分析

本班学生共计16名,其中唐氏综合征者3名,脑瘫者1名,自闭症者两名,智力落后者10名。大部分学生都接受了一定的儿歌教育,有简单的音乐素养。A层:患唐氏综合征的3名学生记忆力好,节奏感较强,肢体协调性较以前有进步;1名脑瘫学生无论是节奏还是乐感都比较好,对音乐很感兴趣,有较强的语言表达能力,但肢体协调能力较差;1名轻度智力障碍学生,认知能力较差,其他各方面能力较好。B层:7名智力落后学生节奏感较好,肢体协调能力好,语言能力较好。C层:两名患有自闭症的学生能重复模仿简单的语言,但对周围的人和物认识模糊,肢体运动能力较差;两名智力落后的学生节奏感较好,语言表达能力差。

教学内容分析

《小青蛙找家》是一首通俗简练、富有儿童情趣的歌曲,由4个乐句构成,一段体,2/4拍,五声宫调式。歌曲以明快活泼的旋律作为前奏,描写了小青蛙在东奔西跑地寻找自己的家,也为歌曲主题的出现做了铺垫。歌中"跳跳""呱呱"的独白,刻画了小青蛙跳一跳、叫一叫的焦急状态。最后一句旋律平稳流畅,似乎表现了小青蛙历尽艰辛,终于回到了家的愉快、喜悦的心情。歌词浅显易懂,旋律欢快流畅,塑造了小青蛙天真活泼、幼稚可爱的形象。

设计理念

1.贴近生活实际,以生动、趣味性的教学形式,引导培智学生感受音乐,激发培智学生的学习兴趣,从而陶冶情操。

2.面向全体培智学生,尊重培智学生的个性差异,落实个别化。

3.培养培智学生的表现能力和团队合作意识。

教学资源

视频、音频、动画、演示文稿等多媒体资源。

教学重点

用轻快活跃、富有童趣的声音来演唱歌曲。

教学难点

"X X 和 X"节奏的演奏。

教学用具

钢琴、响板、打击乐器。

教学过程

1. 组织教学(2分钟)

(1)师生问好。

(2)教师点名。

2. 导入新课(3分钟)

师:孩子们,很高兴能和你们一起度过一段愉快的音乐时光。昨天有一只小蜻蜓给老师带来了一封信,老师打开一看,原来是一个谜语,可是老师猜了好半天,怎么也猜不出来,你们能帮帮老师吗?孩子们,请听:凸眼睛,宽嘴巴,白肚皮,绿大褂,地上跳,水里划,唱起歌来——呱呱呱。(多媒体出示谜语)请同学们一起来帮老师猜一猜这是一个什么动物。

生:青蛙。

(A类学生:能准确说出谜底——"青蛙"。

B类学生:能在教师的引导下说出"青蛙"二字。

C类学生:能参与其中。)

师:孩子们真棒!青蛙是怎么叫的呢?模仿一下。

生:呱呱呱。

(A类学生:能准确模仿出青蛙的叫声"呱呱呱"。

B类学生:能在教师的引导下模仿出青蛙的叫声。

C类学生:能参与其中。)

师:孩子们,你们一定很想知道老师刚才是用什么乐器演奏的吧?请看!这就是老师刚才演奏的乐器。它的名字叫响板,它的演奏方式是把响板平放在左手手心,右手轻轻地拍击,就可以发出清脆的声音了。请跟着老师一起做。

(学生拿出准备好的响板,模仿老师一起做)

【设计意图】用谜语引入青蛙,引出课题,并且吸引培智孩子的注意力,提高他们的积极性,增加了导入新课的趣味性。

3.学唱节奏(5分钟)

师:池塘边来了一群小青蛙,这群小青蛙是这样叫的。请听!(师用响板敲击节奏)

A. $\frac{2}{4}$ X　X ｜X　X ｜X　X ｜X　X ｜ (PPT出示节奏)
　　　　呱　呱　呱　呱　呱　呱　呱　呱

师:请你们和我一起模仿一下,好吗?(师和生一起敲击节奏)

师:接下来,我们开着火车来演绎一下这段节奏吧!

师:火车火车往哪里开?(叫到哪位同学,就从哪位同学开始)

生:火车火车这里开。

(师拍响板,学生依次用"呱"念出节奏)

(A类学生:能跟着念白有节奏地做出相应动作。

B类学生:能在教师的引导下做出动作。

C类学生:能参与音乐活动中。)

师:突然间,池塘边又来了几只小青蛙。这几只小青蛙看上去比较着急啊!它们是这样叫的!(师用响板敲击节奏)

B. $\frac{2}{4}$ X X X ｜X X X ｜X X X ｜X X X ｜ (PPT出示节奏)
　　　　呱呱 呱　呱呱 呱　呱呱 呱　呱呱 呱

师:想不想开着火车一起来演绎一下呢?

生:想!

(师拍响板,生依次接龙念"呱")

【设计意图】在节奏教学的环节,我运用火车接龙的方式,从学生的感受、表现出发,让学生体会小青蛙的心情,用动作去感受、表演歌曲。

4. 学唱歌曲(25分钟)

师:你们知道刚才的小青蛙为什么这么着急吗?因为它们的妈妈在召唤它们回家。孩子们,请听!(播放歌曲《小青蛙找家》)

(师在黑板上贴上歌名)

师:小朋友们听清楚了吗?小青蛙是通过怎样的方式回家的?

生:跳跳,呱呱,跳跳,呱呱,跳跳跳,呱呱呱,跳跳跳,呱呱呱。

(A类学生:能准确说出"跳跳,呱呱,跳跳,呱呱,跳跳跳,呱呱呱,跳跳跳,呱呱呱"。

B类学生:能在教师的引导下说"跳跳,呱呱,跳跳,呱呱,跳跳跳,呱呱呱,跳跳跳,呱呱呱"。

C类学生:能参与其中。)

A:闯关一

师:可是,在小青蛙回家的路上它们遇到了重重障碍,我们来帮帮它们吧!只要我们完成闯关就能帮助它们回家了!咱们再来仔细地聆听一下它们一共跳了几次。(再次播放歌曲《小青蛙找家》)

(师把歌词贴在黑板上)

师:我们一起来数一数,看一看小青蛙到底跳了几次才回到了家。

生:1,2,3,…,10,一共跳了10次。

(A类学生:能准确地数出10次。

B类学生:能在教师的引导下数出10次。

C类学生:能参与其中。)

师:那么接下来我们一起来接唱一下吧!孩子们唱跳的部分,老师来唱其他的部分,好吗?边唱边跳起来。(播放歌曲《小青蛙找家》,师生合作唱一段)

师:孩子们,我们唱歌的时候要像小青蛙一样,背坐直,手叉腰。肚子鼓鼓的,非常有劲。来模仿一下老师是怎么样做的。(练习歌词中所有的跳)

师:我们的小青蛙是不是除了肚子大大的,眼睛圆圆的,叫的时候嘴巴还张得大大的呢?我们来试一下吧。(练习歌词中所有的"呱呱")

师:小青蛙的声音太好听了。

B:闯关二

师:在刚才通过障碍的时候,有一只小青蛙掉队了,它的伙伴们一直在叫它。我们一起来数一数它们一共叫了几次。

生:1,2,3,4,…,12次。

(A类学生:能准确地数出12次。

B类学生:能在教师的引导下数出12次。

C类学生:能参与其中。)

师:接下来孩子们唱小青蛙叫的(呱)部分,老师当掉队的那只小青蛙,演唱其他部分。(播放歌曲《小青蛙找家》,师生一起演唱。播放一段)

师:小青蛙越过重重障碍终于回到了家,小青蛙的心情别提有多高兴了,所以,最后一个"呱"的地方我们要高兴地演唱,还要短促,注意休止符的停顿!

师:在小朋友们的帮助下,小青蛙终于回到了家,它们为了感谢我们,邀请我们去它们家玩儿呢!咱们快跟上吧!(播放歌曲《小青蛙找家》,师生律动,边听边律动)

师:孩子们真棒,接下来我们跟着钢琴来演唱一下歌曲吧!(师弹唱)

(分组演唱歌曲)

【设计意图】学唱歌曲时,我采用歌曲接唱的方式,在游戏中学唱歌曲,在快乐中感受歌曲。

5. 创编歌曲并表演(3分钟)

(1)利用打击乐器为歌曲伴奏。

师:请孩子们拿出你们旁边的响板。有"呱"的地方我们拍响响板。(教师弹琴,学生演唱并用响板伴奏)

(2)分角色表演。

师:老师请4个小朋友来扮演小青蛙,当歌曲唱到"呱"的地方,"小青蛙"模仿青蛙有节奏地跳;再请4个小朋友来作为伴奏组为歌曲伴奏,当歌曲唱到"呱"的时候,伴奏组的同学有节奏地敲响响板。

【设计意图】在这一环节中,我将打击乐器节奏训练和角色扮演相结合,培养学生的创造意识和主动参与意识。

6.扩展(1分钟)

(1)纸杯的加入——用纸杯模仿打击乐器。

师:在生活中有一种物品的声音和小青蛙的叫声很像。请听!接下来让我们用纸杯的声响代替响板来为歌曲进行伴奏吧!当歌曲中唱到"呱"的时候,我们就用指尖弹响纸杯。

(师弹琴,学生演奏)

(2)分组进行纸杯演奏。

(3)全班完整地一边演奏,一边演唱歌曲。

【设计意图】在这一环节我加入纸杯,用手指弹指杯发出的声音,模仿小青蛙的声音,发挥了学生的想象力,锻炼了学生手指的灵活性,达到脑手协调的目的。在分组练习的时候让学生用动作去表现音乐,小组之间互相配合,培养学生的团队意识。

7.总结(1分钟)

师:孩子们,今天和青蛙们度过了开心的40分钟,小动物们都好可爱啊,给我们带来了那么多的快乐,在以后的生活中大家要多爱护它们,保护好大自然,创造一个美丽的环境,这样我们就可以和动物们共同成长了。孩子们,再见!

【设计意图】这一环节我渗透了对学生的德育教育,使学生从小爱护环境,爱护动物。

练习设计

1.小组展示。

2.集体展示。

3.分角色展示。

板书设计

几只小青蛙,呱!要呀要回家,呱!

跳跳,呱呱!跳跳,呱呱!

跳跳跳,呱呱呱!跳跳跳,呱呱呱!

小青蛙回到了家,呱!

《祖国您好》单元教案设计

重庆市沙坪坝区树人小学校　谭小娟

课题：《义勇军进行曲》《国旗国旗真美丽》
年级：一年级
课型：综合课

教材分析

1.《义勇军进行曲》由田汉作词、聂耳作曲，诞生于抗击日本帝国主义侵略的战争年代，1949年成为中华人民共和国代国歌，1982年被正式确定为国歌，象征着在任何时候、任何地点，都要捍卫国家和民族的尊严，中华民族的坚强斗志和不屈精神永远不会被磨灭。

2.《国旗国旗真美丽》这首儿歌有一定的教育意义，让孩子们更加热爱自己的祖国，热爱美丽的国旗。这首歌曲可以帮助孩子们认知我们的国家与国旗，帮助他们从小树立国家荣誉感，树立正确的世界观、价值观，让他们身心健康，快乐成长。

学情分析

一年级的学生都是刚从幼儿园跨入小学的儿童，这一学段的学生以形象思维为主，好奇、好动、模仿力强是他们主要的身心特点。我们要善于利用儿童自然的嗓音和灵巧的形体，采用歌、舞、图片、游戏相结合的综合手段，进行直观教学。聆听的音乐材料要短小有趣、形象鲜明。

教学目标

1.感受国歌的庄严，感受中国共产党的伟大，由此激发自豪感，满怀深情地演唱歌曲，激发热爱祖国的情感。

2.通过身体律动感受音的强弱,学唱歌曲《国旗国旗真美丽》,能够自然流畅地演唱歌曲。

3.通过听唱、模仿、合作的方式学唱歌曲,能自然、流畅、有感情地演唱歌曲。

教学方法

律动教学法、演示法、讨论法、欣赏法、柯达伊教学法等。

教学准备

小鼓、钢琴、多媒体、黄色手套、五角星。

教学过程

1.导入
师:全体起立,立正,唱国歌。
2.进入新课
(1)了解国歌。

师:刚才同学们聆听的歌曲叫什么?

生:中华人民共和国国歌《义勇军进行曲》。

师:听到国歌你是怎么做的?为什么?(激发学生的爱国情怀)

(师小结,简单介绍国歌词、曲作者)

(2)听录音。

师:国旗上的五颗星星代表什么呢?
3.学唱《国旗国旗真美丽》

(1)出示课题。

师:因为有了五颗金星,我们的国旗变得真美丽,有一首歌曲,它的名字就叫《国旗国旗真美丽》。一起来听听吧!听完说说你的心情怎么样。

(2)敲小鼓感受强弱。

师:老师给×班的小朋友上课,心情很不错,那咱们来玩个游戏吧。这儿有一面鼓,请听我的鼓声,在这儿走一走(师示范),很简单,想去哪儿就去哪儿,谁愿意来?其他同学注意看,他们的脚步有什么变化?

(3)说鼓声的强弱特点。

师:刚才的鼓声有什么特点?

师:鼓声有大有小,在音乐的世界里,我们把声音大叫作"强"f,声音小叫作"弱"p。他们都是力度记号,孩子们听出了鼓点的强弱,还能听出歌声的强弱吗?

(4)由强弱引出二拍子。

①说强弱。

(师清唱,学生第二次聆听歌曲。生说,师小结)

师:大家可真厉害,全都听出来了,那歌曲的强弱有什么特点?

(生说,师小结)

师:对了,一强(生)一弱,并且有规律地反复出现。

(师板书强、弱符号)

②说节拍。

师:那一强一弱加起来是多少拍?(双手食指分别比1)

生:两拍。

师:所以,《国旗国旗真美丽》是一首几拍子的歌曲呀?

生:二拍子。

(师板书"二拍子")

师:对啦,所以我们可以根据强弱的特点来找到歌曲的节拍。

(5)第三次聆听歌曲。

①第一段。

(侧身坐,生生互动)

师:来,跟着老师,一起感受二拍子的强弱吧(拍手/拍肩)。注意:一定得跟上节拍哦!

②第二段。

师:你会用什么动作来表现二拍子的强弱呢?现在你可以用自己喜欢的方式来感受音乐。(这个环节一定要强调学生拍出强拍,准确表现出二拍子)

(6)熟悉歌词,出示歌词图形谱。

①读歌词。

师:小朋友们,现在你们分得清谁是强拍,谁是弱拍了吧。来,我们一起有节奏地朗读歌词,强拍上的字可以读得稍微强一点儿。

②唱歌词。

(7)听长音,师清唱歌词。

[师边唱边写节奏谱(用X表示)]

师:同学们真厉害！歌词读得很有节奏感。那你们还能听出长音吗？当你们听到长音出现,就举手告诉我。

(生说长音)

师:谁是长音？你指我画。(尾巴画好后,教师要记住补上小节线和拍号)

(8)师清唱谱。(只唱五个长音 5 - ,2 - ,6 - ,5 - ,1 -)

师:×班也太厉害了,这样,再考考你们,这个长音到底是什么音呢？我唱你接。

(9)师生互动,加入歌词演唱。

①第一段慢速。

②第二段原速。

③和伴奏。

4. 歌曲处理,体验 f、p 的变化

(1)师范唱后两句。

师:刚才我们一起感受了二拍子的强弱特点,老师还可以用 f、p 的变化来表现歌曲的情绪。请你说一说你听出了哪些强弱变化。

师小结:不同的力度会带来不同的情绪,让歌曲变得起伏(手势),会更好听。

(2)小组合作、展示。

①给歌曲作不同的强弱变化,让歌曲更好听。

②展示时,钢琴伴奏。

5. 完整演唱,加歌曲律动

师:正是因为在中国共产党的领导下,我们的祖国才越来越富强。生活在祖国的怀抱里,我们多幸福呀！就让我们一起为祖国歌唱吧！

6. 小结

师:孩子们,今天,我们共同聆听了庄严神圣的中华人民共和国国歌,学唱了一首非常好听的歌曲(示意生读)——《国旗国旗真美丽》,让我们从小立志,长大成为祖国的栋梁！

板书设计

$\quad\quad\quad f \quad p \quad$ 二拍子 $\quad ● \quad ○$

$\frac{2}{4}$ X　X ｜X　X ｜X　X ｜X　-　‖

$\frac{2}{4}$ X　X ｜X　X ｜X　X ｜X　-　‖

$\frac{2}{4}$ X.　X ｜X　X ｜X　X ｜X　-　‖

$\frac{2}{4}$ X　X　X ｜X　- ｜X　X ｜X　-　‖

《感知速度的音乐表现作用》教学设计

重庆市渝中区大坪小学校　尹雪

课题：《感知速度的音乐表现作用》
年级：二年级
课型：认知综合课

教学内容分析

速度（tempo）是一个非常重要的音乐元素，它决定了一段音乐的快慢，影响了作品的情感与演奏难度。二年级的孩子需要通过听觉对比，准确分辨出不同音乐片段的速度快慢，并用律动、演唱等多种方式去表现速度的变化，在实践活动中，进一步理解速度与音乐情绪之间的关系。

本教学设计中选取的《圣诞夜》《圣诞颂歌》都是三拍子的歌曲，但速度有鲜明的对比，前者描绘圣诞节前宁静的夜晚，后者描绘人们正在欢乐地庆祝圣诞节的场面。

《春节序曲》分别选取第一部分片段和第二部分片段，第一部分速度稍快，情绪欢快；第二部分中板速度，舒缓悠扬。

《野蜂飞舞》速度是急板，整首乐曲充满了强烈的紧张情绪；《天鹅》速度比较慢，描绘的是温柔优雅的天鹅，音乐情绪抒情而优美。

最后选了一首游戏歌《丢手绢》，孩子们都很熟悉，也都会唱，通过演唱不同速度的版本，在游戏中亲身体验速度与音乐情绪之间的关系。

学情分析

（一）学生已有知识技能分析

1.感受与欣赏技能。

能够听辨音乐的不同情绪，并能用自己的语言描述自己聆听时的感受。

2.演唱技能。

能用正确的姿势、自然的声音,有表情有动作地进行齐唱、表演唱。

(二)学生已有学习策略分析

学生在一年级的速度知识的学习中,学会了随音乐挥拍从而判断音乐速度快慢的方法,同时在聆听的过程当中,逐渐养成专注的好习惯。一年级的学生初步感知了音乐速度与音乐情绪的关系,这有助于他们在二年级继续感知速度的音乐表现作用,同时具备跟随音乐大胆表现的学习习惯。

(三)学生认知心理分析

二年级学生活泼好动,善于模仿,能够很快进入音乐情境中,并能将自己的音乐理解用肢体或者声音来表现。

教学目标

1.通过听觉对比,准确分辨出不同音乐片段的速度快慢,并用身体律动等多种方式表现速度的变化。

2.在音乐游戏活动中,认知音乐速度的概念,进一步理解速度与音乐情绪之间的关系。

3.在音乐游戏、演唱等音乐实践活动中,创造性地运用速度的变化表现不同的音乐情绪,并能够用语言进行表述。

4.在教师的引导下,在音乐实践活动中感知音乐作品中蕴含的音乐文化,并用多种方式进行表达。

5.学习运用速度的变化表现不同的音乐情绪的方法,形成音乐表现经验,能用简单的语言表述感悟到的学习途径和方法。

教学方法

情景探索法、对比感受法、互动探索法、游戏激趣法等。

教学准备

视频、音乐、学习卡片。

教学过程

环节一:创设情境,对比感受,听辨速度的快与慢。(如表1所示)

表1 教学环节一

教师活动1	学生活动1
1.情境创设1 　　教学语言:大家现在看到两张图片,请你们分别为它们配上合适的音乐。选好以后告诉我你们为什么这么选。 　　教学行为:分别播放音乐《圣诞夜》《圣诞颂歌》。 　　教学关注点:观察学生的聆听状态及聆听反应,对注意力不够集中的学生进行提示。 　　教学语言:这两首歌曲描绘的都是西方国家的圣诞节,前一首描绘圣诞前一天安静的平安夜,后一首描绘人们正在欢乐地庆祝圣诞节的场面。现在大家跟着老师以挥拍的方式去感受两首音乐的速度。 　　教学行为:带领学生边听音乐边挥拍。 　　教学关注点:观察学生是否能跟随老师进行正确挥拍。 　　教学语言: 　　(1)谁能用语言描述两首音乐的速度? 　　(2)除了用小耳朵去听,我们还用了什么方式去感受音乐的速度? 　　(3)谁能总结速度和情绪之间有什么关系?	学习方式:个体学习。 　　学习行为:安静、专注地聆听音响后,为图片选择合适的音乐,用语言描述为什么这样选择。 　　学习行为:独立思考或与同学讨论后回答问题。 　　(1)前一首音乐速度慢,后一首音乐速度快。 　　(2)除了认真听音乐,还边听边挥拍。 　　(3)速度慢的音乐,情绪抒情优美;速度快的音乐,情绪欢快活泼。
2.情境创设2 　　教学语言: 　　(1)西方最重要的节日是圣诞节,那咱们中国最重要的节日是什么节呀? 　　(2)咱们中国有一位曲作家也创作了一首关于春节的音乐。这首音乐作品更厉害,在一首音乐当中,就展现了不同的速度。接下来就考考小朋友们的耳朵,看谁能准确听出音乐速度的变化。如果你们听出是快速的,就笔直坐端正;如果听出音乐变为了慢速,就安安静静息。 　　教学行为:播放《春节序曲》的两个片段。 　　教学关注点:观察学生的聆听状态及聆听反应。 　　教学语言:这两个音乐片段的情绪对比明显吗?谁来说说它们分别是什么情绪?想象一下,它们分别描绘了咱们过春节的哪些场景?请你们用身体律动进行表演。	学习方式:个体学习。 　　学习行为:听懂老师的要求,安静聆听音乐并做出正确的聆听反应。 　　学习状态:积极参与学习活动。

续表

教师活动1	学生活动1
3.总结 教学语言:通过对音乐的对比聆听,你们能对刚才的学习进行总结,把这句话补充完整吗? 教学行为:课件显示音乐( )的变化会直接影响音乐( )的变化。 教学关注点:全班学生回答问题的正确率。	学习方式:个体学习。 学习行为:听懂老师的要求,进行填空。 学习状态:积极参与学习活动。

【设计意图】创设儿童喜欢的节日情境,通过听觉对比,准确分辨出不同音乐片段的速度。在教学中可以从记忆、理解和应用三个方面进行知识分类并评价。(如表2所示)

表2　知识分类及教学评价1

	记忆	理解	应用
概念性知识	音乐速度分快和慢	感受音乐速度和情绪的关系	听觉感受、挥拍感受、情境感受

评价要点	评价方式
对比感受,听辨速度的快与慢	互动交流,师生问答,身体律动
感受音乐速度对音乐情绪的表现作用	互动交流,师生问答,身体律动

环节二:分组学习,自主表现。(如表3所示)

表3　教学环节二

教师活动2	学生活动2
教学语言:现在把你们分为两个学习小组,每组选一个小代表抽取老师手中的动物卡片。接下来老师会分别播放两首音乐,请根据你们组内的动物形象来选择合适的音乐,并说出音乐的速度是什么,音乐的情绪是怎样的。 教学行为:分别播放音乐《野蜂飞舞》《天鹅》。 教学语言:分别说说你们的选择,为什么这样选。结合音乐速度和音乐情绪,请你们用身体律动的方式表现。 教学关注点:学生参与活动的状态以及效果。	学习方式:个体学习 学习行为:安静、专注地聆听音响后,为图片选择合适的音乐,用语言描述为什么这样选择,随音乐进行表演。 学习状态:积极参与学习活动。

【设计意图】通过分组学习,检测学生对本课时内容的掌握情况,在学习活动中与同学合作,安静观看同学的表现,对同学的表现给出恰当的评价。(如表4所示)

表4 知识分类及教学评价2

	应用	分析
概念性知识	音乐速度与音乐情绪的关系	听辨音乐片段
程序性知识	用身体律动去表现	
	评价要点	评价方式
	在音乐实践活动中大胆表现	互动交流,师生问答,身体律动

环节三:音乐游戏(如表5所示)

表5 教学环节三

教师活动3	学生活动3
1.音乐游戏 教学语言:大家都玩过《丢手绢》的游戏吗? 做游戏的时候还会唱《丢手绢》这首歌,大家都会吗? 一起唱一唱! 教学行为:课件显示《丢手绢》歌谱,用钢琴分别用慢速和快速为学生伴奏。 教学关注点:学生是否能根据老师弹奏的速度的变化唱好歌曲。 教学语言:大家想玩丢手绢的游戏吗? 教学行为:简单介绍游戏规则。 教学语言: (1)刚才在游戏中,你们唱的《丢手绢》,它的什么音乐要素发生了变化? (2)同一首歌曲,同一个旋律,速度改变以后,什么相应地也改变了? 是怎样的改变? (3)在刚才的游戏里面,在什么场景下,这个游戏歌曲发生了速度变化呢? 最开始你们演唱的《丢手绢》比较慢,为什么? 后面速度开始变快,为什么? 不同速度的音乐,让你们的心情发生了怎样的变化? 教学关注点:对回答问题的学生人数调控,关注回答问题的学生。	学习方式:个体学习。 学习行为:跟随老师的伴奏,用良好的歌唱状态演唱《丢手绢》。 学习状态:积极参与学习活动。 学习方式:个体学习、分组游戏。 学习行为:独立思考或与同学讨论后回答问题。 (1)速度发生了变化。 (2)情绪也改变了,从抒情优美变为欢快活泼。 (3)略。 学习状态:积极参与游戏活动。
2.自主总结 教学语言: (1)有哪些小朋友来总结一下,这节课你们学到了什么? (2)是的,我们知道了音乐的速度有快有慢,我们是通过聆听、对比、表现的方法一步步去学习的。而速度是一种非常重要的音乐表现要素,作曲家在创作音乐时,常常运用不同的速度来表现各种音乐情绪。	学习方式:个体学习。 学习行为:独立思考或与同学讨论后进行总结。 学习状态:积极参与学习活动。

【设计意图】在音乐游戏活动中,进一步理解速度与音乐情绪之间的关系。(如表6所示)

表6 知识分类及教学评价3

程序性知识	记忆	理解	应用
	总结感受速度的方法	听辨并唱出不同速度的歌曲	在音乐游戏中感受

评价要点	评价方式
听辨并唱出不同速度的歌曲	演唱、语言交流
尝试总结感受速度的方法	语言交流

谱例

丢 手 绢

$1=E$ $\dfrac{2}{4}$

鲍侃 词
关鹤岩 曲

5 3 2 3 | 5 - | 5 3 2 3 | 5 - | 5 5 3 |
丢 手 绢。 丢 手 绢。 轻 轻 地

6 5 | 3 5 3 2 | 1 2 | 3 5 | 3 2 1 2 |
放 在 小 朋 友 的 后 面, 大 家 不 要 告 诉

3 - | 6 5 6 5 | 2 3 5 | 6 5 6 5 | 2 3 | 1 - ‖
他。 快 点 快 点 捉 住 他, 快 点 快 点 捉 住 他!

课时教学设计评述

(一)教学设计思路

二年级的学生对速度的认知学习,仍然是建立在听觉的基础上,并且能在教师的引导下用音乐挥拍去感受音乐的快慢。他们通过律动、演唱等多种方式去表现,在实践过程

中,感受不同的速度所表现的不同的音乐情绪。

本节课的主要内容是对比聆听多首音乐作品,在教师的引导下,学生通过聆听、感受、对比、律动、表演唱等学习方法,感受音乐形象或音乐情境,从而感受音乐的速度且理解速度与音乐情绪之间的关系。在音乐实践活动中,教师鼓励学生通过分组学习的方式,感知音乐作品中蕴含的音乐文化,并用多种方式进行表达。最后,教师对知识要点进行归纳总结,鼓励学生能用简单的语言表述感悟学习的途径、方法,逐渐培养学生主动思考的能力。

(二)教学设计创新点

本次教学设计加入了符合该年龄段的有趣的音乐游戏环节。除了考虑到学生的心理特征、情感特征,还希望他们通过亲身的实践,在游戏中通过对比聆听和演唱,进一步理解速度与音乐情绪之间的关系。

《都有一颗红亮的心》教学设计

重庆两江新区星光九曲河学校　刘娟娟

课题:《都有一颗红亮的心》
年级:二年级
课型:欣赏课

教材分析

根据《义务教育艺术课程标准(2022年版)》的要求,音乐欣赏是小学音乐教学中的重要组成部分。通过欣赏京剧,激发、培养学生对我国以京剧为首的传统戏曲的兴趣,引导学生感受、体验京剧的艺术魅力,掌握鉴赏京剧艺术的知识和技能,了解京剧的艺术特征,开阔视野,提高审美能力。学生通过欣赏、感受和体验京剧艺术,能够热爱传统艺术,弘扬民族文化,热爱祖国。

《都有一颗红亮的心》选自人民音乐出版社小学音乐教材二年级(下)册第二单元《难忘的歌》。内容讲述的是李铁梅和爹爹奶奶祖孙三代同日本鬼子勇敢斗争的故事。铁梅虽然年少,但也从父亲与革命同志秘密接触中猜出了他们所从事的是抗日工作,并流露出无限的敬佩之意。《都有一颗红亮的心》就是铁梅的经典唱段。

这段脍炙人口的唱腔运用了京音字调,属于西皮流水板式,旋律新颖,曲调刚劲活泼,突破了传统的"西皮流水"的音调模式;节奏形式充满个性化、新鲜感;念白和唱词生动地刻画了主人翁"小铁梅"天真活泼、聪明爽朗的性格,坚定的造型亮相塑造了铁梅人小志大的形象。本课是学生第一次接触京剧艺术,因此目标设定和教学形式应符合二年级学生的年龄特点,目的是学生通过音乐活动,能感受、体验、模仿京剧的唱腔、念白、亮相等基本表现形式。

音乐作品分析

唱段由一句简短的念白开始："奶奶,您听我说!"既清新、明朗,又略带单纯、幼稚的唱腔,一出场便塑造出铁梅天真、淳朴的形象。紧接着一段过门儿,演唱开始,谱例如下:

都有一颗红亮的心

李铁梅唱

1=♯F 2/4
♩=100 中快

集体 词
集体 曲

```
                              渐慢
                               mp                              f
6 5 3 5)│6 7 6 5│5 3 5│2/4 1 - │1 6. 5 3 5 6 5 1│1 5 - ‖
          红    亮  的    心。
```

本唱段的板式为西皮流水板,节奏紧凑、欢快而流畅,既可表现铁梅从容不迫的性格,也流露出铁梅和奶奶深厚的情感。最后一句明显的拖腔加上独特的造型,生动地表现了铁梅的聪明机智和她对爹爹奶奶无限的敬佩之意!

学情分析

二年级的学生以形象思维为主,具有好奇、好动、模仿力强等特点,对京剧艺术的感知和认识才刚刚开始。教师要善于利用他们的自然嗓音和灵巧形体,设定应符合二年级学生的年龄特点的目标和教学形式的,采用图片、视频、游戏等相结合的综合手段,进行直观教学,例如:通过采用多种形式聆听,带着问题欣赏,通过模仿感知,引导探究发现等多种教学手段,激发学生积极思考,培养独立学习的主动性;通过教师范唱和根据技能目标设计音乐活动,让学生参与性强、体验更深;通过体验念白和亮相等京剧的独特魅力,能激发学生热爱传统文化和热爱祖国的感情。

教学目标

1.审美感知:通过聆听、模仿、体验,了解京剧的艺术特征并参与音乐活动,体会京剧的艺术之美。

2.艺术表现:了解京剧的表现形式——唱(唱腔)、念(念白)、做(表演中的亮相),初步感受京剧艺术的独特魅力。

3.文化理解:通过欣赏现代京剧《都有一颗红亮的心》和参与音乐表演活动,培养热爱优秀传统文化、热爱祖国之情。

教学重难点

体验、模仿京腔韵味,体验京剧念白和亮相等表现形式。

教学过程

1.组织教学
教师用京腔京韵向学生问好。

师:孩子们好!

生:老师好!

2.导入
师:欢迎来到音乐课堂,你们听——(播放音乐),知道这是哪种戏曲吗?

生:京剧。

师:同学们的戏曲知识真丰富,今天的音乐课主要让大家感受京剧独特的魅力。首先给大家介绍一部现代京剧《红灯记》。同学们知道这部戏吗?

生:不知道。

师:这部戏讲述的是小女孩儿李铁梅和爹爹奶奶祖孙三代与日本鬼子勇敢斗争的故事。铁梅虽然年少,但也从爹爹与革命同志秘密接触中猜出了他们所从事的是抗日工作,并流露出无限的敬佩之意。现在老师给大家现场唱一段《红灯记》中铁梅的经典唱段《都有一颗红亮的心》。请同学们聆听并思考,老师演唱时声音带给你们怎样的感受?(初听音乐,感受京腔京味儿,教师范唱《都有一颗红亮的心》)

师:谁来说一说声音带给你怎样的感受?

生:声音很高,很拖,很尖……

师:同学们听得很认真,这段音乐的声音特点有:小嗓(假声)演唱、音域宽、拖腔等。

师:请同学们再听音乐,找出拖腔最明显的一句。

生:都有一颗红亮的心!

师:同学们真聪明,正是有了这样的声音效果,便形成了独特的京剧韵味儿。

3.体验京腔
师:怎样才能唱出这种京剧味儿呢?你们听——

● 波浪音: yi ～～～～～
　　　　　a

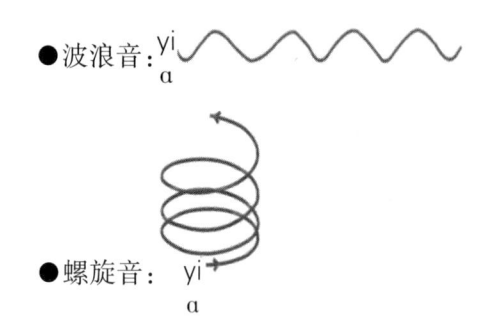

● 螺旋音: yi
　　　　　a

生模仿,学着练习,试着唱一唱《都有一颗红亮的心》。

师:孩子们学得很有京剧味儿,这就是专业京剧演员常练习的——吊嗓,也是京剧演员重要的基本功之一。请大家带着这样的感觉学唱《都有一颗红亮的心》(出示图形谱)。

4. 学念京白

师:在京剧中,唱是这种味儿,那说话又是怎样的味儿呢？你们听——(播放"奶奶,您听我说!")孩子们,学一学。

生自由模仿。

师:孩子们,你们觉得自己模仿得像不像呢?

生自己评价。

师:孩子们很有学京剧的天赋哦！请你们跟着老师学一学,像一只可爱的小猫,开心地这样叫,喵——

生:喵——

师:喵——奶奶(利用动物的叫声帮助学生找到发声的位置,找感觉)——

生:喵——奶奶

师:现代京剧中人物说话和北京话的语调差不多,只是在舞台上更夸张,声音甜甜的、尖尖的,像这样……(出示"奶奶,您听我说"语调图)

生:奶奶,您听我说!

师:请分小组展示。

生展示。

师:刚才我们带着京腔京味儿学习了京剧中人物说话,在京剧中,我们把它叫作念白。

5. 学亮相

师:接下来我们合作玩一个游戏——我做你猜。请看屏幕,根据屏幕的提示,猜一猜我的动作要表达的是什么。(出示"我""不登门""爹爹和奶奶齐声唤亲人""猜""都有一颗红亮的心")每个动作有什么特点?

学生观察,然后回答并模仿。

师:在京剧中,我们把这样的造型叫作亮相。

(结合孩子们的回答,揭示五法:手、眼、身、法、步)

师:它们是戏曲表演独有的方法。通过练习,孩子们学得有模有样。接下来,咱们来合作,第一句念白和最后一句拖腔由你们来完成,中间的部分老师演唱,你们做亮相动作。准备,开始。(分组展示,教生互评)

师:孩子们做得既整齐又有力量,非常精神。

6.挑战答题

师:在京剧中,人物角色主要分为"生、旦、净、丑"等行当。生:指男子;旦:指女子;净:指性格刚烈或粗暴的男性;丑:指扮演的滑稽人物,鼻梁上抹白粉。

师:下面请欣赏专业京剧演员演绎的精彩片段《都有一颗红亮的心》,想一想铁梅属于哪个行当。(欣赏视频《都有一颗红亮的心》)

生:旦角。

7.小结

师:孩子们,今天咱们唱了戏,演了戏,初步感受了京剧的艺术魅力。唱是京剧艺术中最常见的表现形式。我国京剧博大精深,武打更是精彩绝伦,课后孩子们可去收集观看,学一学,演一演,将我国的国粹发扬光大。

最后,孩子们请起立,面向观众,让我们跟着音乐,演着戏结束今天的音乐课吧!(播放音乐)

京腔下课:孩子们,你们跟我说——再见了!

《春雨》教学设计

重庆市璧山区城北小学校 李芳

课题：《春雨》
年级：二年级
课型：唱歌课

教材分析

　　《春雨》是西南大学版小学音乐教材二年级下册第四单元的一节唱歌课，结构工整，描写了春天下雨时大自然中的植物享受春雨滋润的场景。歌曲中作者通过拟声词"滴答滴答"来模仿"春雨"落下的声音，生动地表现了雨滴在下落的过程中与大地万物接触时所发出的声音。《春雨》用形象的语言描绘了雨声、种子、梨树、麦苗以及孩子的说话声，歌曲富有童趣，表达了人们对春的期盼以及对春天的赞美。歌词朗朗上口、押韵，便于学生学习和记忆。歌曲是一段体、E大调的儿童歌曲，在歌曲的开始部分，作者加上了4个小节的引子。然后进入歌曲的主体部分，从主音"1"开始进入主旋律部分，节奏上多采用附点节奏型来使歌曲更加活泼、有趣。八分休止符突出了小雨的形象特征，在结束的地方又加上了一个小节的尾声，更突出了歌曲活泼跳跃的情绪。

学情分析

　　本课授课对象是二年级的学生，他们学习积极，主动性较强，善于模仿、乐于表现，初步接触并认识常见的打击乐器。该阶段的学生形象思维占据主导地位，活泼好动，对于新知识的学习依赖自己的生活经验。在过去两年的学习中，学生对音乐课程已经有了一个大致的认识，但二年级的学生对音乐的感受能力不是太稳，在生活中受到的音乐艺术熏陶较少，把握乐曲的音高、音准、节奏较难，喊唱现象比较严重。为此，我通过柯尔文手势辅助学生唱准音高，结合打击乐器设计节奏练习游戏以帮助学生掌握歌曲的节奏。

教学目标

1.趣味学唱歌曲《春雨》,融合体态律动体会歌曲欢快、活泼的情绪。用正确的姿势、自然的声音连贯而有弹性地演唱歌曲,在唱歌游戏实践中体会附点节奏的演唱和八分休止符的停顿。

2.乐于参与歌词的创编,建立合作意识。愿意尝试用歌声与打击乐器以及合适的声音材料表现春雨的形象特征,表达对春天的期盼与赞美。

3.在教师的启发下能够细心观察身边的事物,发现自然界的各种声音的特点,加深对大自然的喜爱,懂得种子生长离不开雨露的科学道理。

教学重难点

重点是用既连贯又有弹性的声音演唱歌曲。难点是掌握演唱附点节奏及八分休止符的停顿。

教学方法

教法:讲授法、启发法。
学法:视听结合、小组合作探究。

教学过程

1.引入课题

(1)课件播放自然界的声音。

师:听,这是什么声音?

生:略。

(2)教师提问学生。

师:可以模仿一下吗?试一试?

生:略。

(3)教师出示节奏谱,学生模唱。

| X X | X X | X X | X X ‖
| 滴 答 | 滴 答 | 滴 答 | 滴 答 |

师:增加点儿旋律可以唱吗?

| 1 5̣ | 1 5̣ | 3 1 | 3 1 ‖
| 师唱:滴 答 | 滴 答 | 滴 答 | 滴 答 |

| 2 6̣ | 2 6̣ | 4 2 | 4 2 ‖
| 师唱:滴 答 | 滴 答 | 滴 答 | 滴 答 |

(4)学生听琴模唱,教师纠正不正确的地方。

师:滴答滴答下小雨啦!是的,春雨就这样滴答滴答地下起来了。

2.歌曲新授

(1)初听乐曲感受情绪。

师:从歌声中,你们能感受到春雨是怎样的心情?

生:略。

(2)复听乐曲关注歌词。

师:让我们再仔细地聆听一次,看看春雨在跟哪些小伙伴说着悄悄话呢。

生:略。

(3)再次聆听声势律动。

师:让我们再一次聆听歌曲,听到你熟悉的乐句时,请根据声势动作拍拍小手。

(4)课题引出。

师:这就是我们今天要学习的歌曲《春雨》,你们能跟着老师读读题目吗?

生:《春雨》。

(5)体态律动。

师:还记得小雨滴答滴答的声音吗?

| X X | X X |
| 滴 答 | 滴 答 |

师：请看着歌谱，当出现小雨滴声音的时候，我们就用这个声势为它伴奏吧。

（6）模唱旋律。

师：让我们用"lu"轻轻地跟着琴声哼唱歌曲吧。换成"lü"试一试，跟老师来做口型"lü"。

（7）歌曲教学。

①打击乐辅助朗读歌词。

师：还记得刚才的4个小伙伴吗？

师：种子说…… 生：下吧下吧，我要发芽。

师：梨树说…… 生：下吧下吧，我要开花。

师：麦苗说…… 生：下吧下吧，我要长大。

师：孩子说…… 生：下吧下吧，我要种瓜。

②整体学唱歌词。

学生跟琴演唱，教师伴奏。

师：孩子们，你们觉得哪些地方比较难唱呢？

③结合柯尔文手势处理八分休止符的停顿。

预设1：第一、二句。

预设2：中间段落。

预设3：最后一句。

| 1 5 1 5 3 1 3 1 | 5 5 5 0 3 - | 3 3 2 0 1 - ‖
| 滴 答 滴 答 滴 答 滴 答 | 下 小 雨　啦！| 下 小 雨　啦！

师：孩子们，你们发现了吗，这句和哪一句比较相似呢？

生：第一、二句。

师：我们一起来唱一唱吧！

（8）分角色表演唱。

师：孩子们，你们最喜欢哪个角色呢？能和我一起表演吗？

（9）创编活动。

学生自由创编，树立规则意识和合作意识。

师：老师看大家讨论得挺激烈的，谁来分享一下创作呢？

生：略。

3. 总结拓展

春日的雨不光有滴答滴答、沙沙沙沙的声音,还有什么声音呢?最后让我们沐浴着春天的雨露安静地离开教室吧!

板书设计

春 雨

青蛙　　游泳

柳树　　跳舞

《螃蟹歌》教学设计

重庆市合川区行知小学　陈秋宇

课题：《螃蟹歌》
年级：二年级
课型：唱歌课

教材分析

《螃蟹歌》是人民教育出版社小学音乐教材二年级下册第三单元"音乐中的动物"中的一首唱歌课。这首歌曲四二拍，降 E 调，徵调式，由上、下两个乐句组成。歌曲旋律起伏较大，诙谐、幽默、活泼，是一首流传于四川地区的民歌。歌曲用四川方言演唱，更添加了歌曲的地方色彩和情趣。

学情分析

本课教学对象是二年级的学生，他们的学习方式还是以模仿为主，思维方式以直观感性为主。因此，他们在理解、表达、表现、创编或创造能力上有很大的局限性。教师要根据学生的年龄、身心特点，设计趣味化、生活化、情境化、综合化、具有音乐性的教案，充分调动学生的全身感官，引导他们积极主动地参与到课堂教学之中，让学生在轻松愉快的氛围中学习歌曲。

教学目标

学生通过学习歌曲感知音乐要素，体验不同地域音乐的特点，感受音乐中的诙谐风趣，能用活泼、欢快的情绪自然地演唱歌曲。启发学生利用肢体动作进行歌曲的创编与表演，用打击乐为歌曲伴奏培养学生的综合能力。培养学生对生活的积极、乐观态度。

教学方法

讲授法、情境法、体验法、律动法、练习法等。

教学准备

多媒体、钢琴、板书贴片、螃蟹手套、串铃、三角铁。

教学过程

1. 创设情境,导入新课

师用音乐的语言向学生问好:孩子们,你们喜欢猜谜语吗?

生:……

师:今天老师就带来了一个谜语考考大家。仔细听好了。

八只脚,抬面鼓,两把剪刀鼓前舞,
生来横行又霸道,嘴里常爱吐泡泡。

猜一种小动物(　　)

师:孩子们,谜底是——

生:螃蟹。

2. 学唱歌曲,合作互动

师:孩子们太聪明了,一下子就猜出了谜底。由于螃蟹生性霸道,所以川渝一带又戏称它为螃蟹哥。螃蟹哥,真骄傲,走起路来横行又霸道,吓跑了鱼,撞到了虾,一点儿也不懂礼貌。今天螃蟹哥又闯祸了,是怎么回事呢?让我们在歌曲中找找答案吧!

(出示课题+播放音乐视频,板书)

师:谁来告诉老师答案?

生:……

师:哦,原来是这样,孩子们,请你们评价一下这首歌曲。

生:幽默、风趣、有趣、生动……(板书:生动、有趣)

师:孩子们描述得太准确了!这么生动风趣的歌曲大家想不想学?

生:……

师:那好,让我们先来学习歌谱吧。请同学们告诉老师,这首歌曲是几拍子的呢?

生:四二拍。(板书)

师:四二拍的强弱规律是怎样的呢?

生:强弱。

师:让我们在旋律中感受一下四二拍的强弱规律吧。

生用律动来感受四二拍的强弱规律。

师:孩子们的乐感真棒!现在请同学们根据歌谱找找这首歌曲共有几个小节。

生:……

师:看来孩子们的音乐知识掌握得很好呀!螃蟹哥很满意大家的答案,它高兴地吐出了一串泡泡,让我们来看一看。你们能模仿一下它吐泡泡的节奏吗?

$$\frac{2}{4} \underline{X\ X\ X}\ \ \underline{X\ X\ X}\ |\ \underline{X\ X\ X}\ \ X\ \|$$
吐 泡 泡 吐 泡 泡 吐 泡 泡 吐

师:孩子们,吐泡泡的节奏有趣吗?其实吐泡泡的节奏正是前八后十六"X XX"的节奏。(板书)这样的节奏带给你怎样的感受?

生:生动、活泼、欢快。

师:老师也有同样的感觉,现在请大家仔细观察歌谱,刚才我们练习的节奏在歌谱中能不能找到?你们还有哪些发现?请同学们以小组为单位讨论,讨论结束后请举手告诉我。(教师引导)

生:前八后十六的节奏,第二乐句和结束句完全相同,‖:符号。

师:孩子们的观察能力真强,发现了那么多的知识点,真是太棒了!那你们知道‖:是什么符号吗?

生:不知道。

师:(师贴出反复记号)这个记号叫作反复记号,是由终止线加上前面一个冒号组成的,只要遇到它,我们就要从头反复。反复记号是为了节省记谱空间、方便乐谱书写,而采取的省略方法的记录形式。

师:孩子们,螃蟹哥又兴奋地吐出了一串串泡泡,让我们来看一看吧。(板书:泡泡旋律线,如图1所示)你们能把它们的旋律唱出来吗?

生随旋律线视唱歌谱。(板书)

图1 泡泡旋律线

师:孩子们的视唱能力真强！接下来,让我们用"lu"这个音来模唱旋律,用拍手拍肩来感受歌曲的强弱规律,并在前奏部分随音乐点头做律动。

生练习。

师:孩子们的歌声真动听！如此生动的旋律怎么少得了幽默的歌词呢。请大家仔细听老师按节奏读歌词,告诉老师这与我们平时读歌词有什么不一样。(师用方言读)

生:老师是用重庆话读的。

师:孩子们反应真快！这首歌曲是由四川的童谣改编的,所以我们歌词中的发音要用四川的方言,四川的方言与我们重庆方言的发音很像,让我们一起来读读歌词,感知方言风味。

板书:螃蟹(hai)哥(guo)八只脚(jio) 横(hun)上坡 一个硬(eng)壳壳(kuokuo)

(进行方言读音的教学,学生按节奏唱读歌词)

师:现在让我们一起来读读歌词吧。要注意反复记号哦。

生读。

师:孩子们读得真好！请用自己的话概括一下每一段的内容。

生:第一段:螃蟹的外形特点。第二段:螃蟹走路的姿态。第三段:被螃蟹夹了脚。

师:脚被夹得痛吗？

生:……

师:所以我们该用什么样的语气求求螃蟹哥放开我们的脚？谁来表演？

生演示。

师:演得真不错！这么风趣幽默的歌词,唱出来才好听呢。大家试着填词,好吗？

生:……

全班齐唱歌曲,教师带领学生边弹琴边唱歌。

师:轮唱歌曲。

3.演奏表演,知识拓展

师:同学们太棒了,听到大家美妙的歌声螃蟹哥很开心,想为大家表演螃蟹舞,你们想看吗?

生:想。

师播放伴奏,范唱+表演。

师:请同学们带上老师为你们准备的手套,扮演螃蟹,我们一起来表演吧。(全班同学和老师一起跟着音乐边唱边跳)

师:同学们表现得真棒,真是一群可爱的小螃蟹。手指舞的加入让音乐的形象更加生动有趣了。老师还想把音乐变得更加丰富,你们说,还可以加点儿什么乐器呢?

生:打击乐。

师:好主意,咱们来试试。请看大屏幕,请问这是哪两种乐器?

生:……

师:这是三角铁和串铃。(打击乐器三角铁的拿法是将左手的手掌弯曲举至胸前,把三角铁上的绳环挂在食指上,再用拇指辅助握持,右手持击槌。演奏方法是用击槌敲击底边的中心点,或者轻敲三角铁缺口的对边中心点;串铃由若干个小铃组成。串铃音色清脆,音量较小,声音散,可持续奏长音,属于散响类的乐器,可以通过敲击、抖动、摇晃的方式在手中产生振动,发出声音)

教师示范。

师:让我们来为歌曲伴奏吧!请大家以小组为单位练习。

生练习。

师:孩子们,你们觉得伴奏好听吗?

生:……

师:老师刚才听到 X X 击打的节奏好听,请××来示范一下。(提出节奏)

三角铁: $\frac{2}{4}$ X　　X　|　0　　0　|

沙　锤: $\frac{2}{4}$ 0　　0　|　X　XX　X　|

生学习、练习。

师:让我们再来为歌曲伴奏吧。

生练习。

师:真是太好听了!这一次我们把螃蟹舞也加上。

师:老师在网上找到了一段根据螃蟹哥改编的童谣:

一个螃蟹八只脚,两只眼睛那么大的壳

两把夹夹尖又尖,走起路来么撑也撑不着

一个螃蟹八只脚,钻进水中撑也撑不着

两把夹夹尖又尖,夹着哪个甩也甩不脱

师:让我们在间奏的位置念一念童谣。

生练习。

师:加上念白后感觉怎么样?

生:生动、有趣。

师:老师也觉得更加生动有趣了。

师:孩子们,今天的音乐课,咱们学了一首哪个地区的民歌呢?由于四川方言具有一平、一直、高、快的特点,所以无论是四川哪个地区的小曲,都会被四川人唱得多几分高亢和明亮。大家能够辨别四川的音乐吗?下面老师考考大家,我准备了三段音乐,你们若听出了四川的音乐就举手。

师:同学们小耳朵真灵敏,一下子就辨别出来了。老师这里还有一段音乐考考大家,你们猜猜是哪儿的。(《太阳出来了》《月亮月光光》《鸟园飞》《落雨天》)

生:……

4. 知识回顾,小结课堂

师小结课堂内容:一方水土一方乐,中国各地区的音乐都有不一样的色彩,并且形成了独具特色的文化特征和内涵。希望孩子们课后多传唱像今天这样经典的歌曲,让经典永流传。

板书设计

螃 蟹 歌

$1={}^{\flat}E$ $\frac{2}{4}$ 四川民歌

生动、有趣地

$\frac{2}{4}$ X X̱X̱ X X̱X̱ | X X̱X̱ X ‖
　　 吐 泡泡 吐 泡泡　 吐 泡泡 吐

螃蟹(hai) 哥(guo) 八只脚(jio) 横(hun)上坡 一个硬(eng)壳壳(kuokuo)

第一段:螃蟹的外形特点

第二段:螃蟹走路的姿态

第三段:被螃蟹夹了脚

3—4年级

《音准训练活动》教学设计

重庆两江新区童心小学校　谭　栩

课题：《音准训练活动》
年级：三年级
课型：综合课

教材及学情分析

孩子毕竟是孩子，他们有自己的年龄特点、心理特点。一项心理学研究表明，通过听觉来形成记忆的只占18%，通过视觉来形成记忆的可占72%。看到这项数据，我联系生活实际思考：为什么几岁的小孩子，能够记住麦当劳、肯德基、德克士这些标志？不是因为他们能识字，而是因为他们通过视觉系统记住了颜色和形状。结合这个生活中的例子，我马上链接到音乐课堂中。为什么学生对音高没有感觉呢？因为我们平时把大部分的时间放在了听觉体验上，忽略了视觉体验，一个班音乐天赋异禀的孩子毕竟是少数。例如，我们经常让学生唱一个音程"1，3"。那么，"1，3"之间到底是怎样一个音高关系呢？唱到哪个位置才算准确？我们在训练的时候就要让学生把"2"的位置空出来，在心理预估"2"的位置，这样就不至于没有音高逻辑层次。通过柯尔文手势"搭音乐房子"最终的目的是让孩子形成音高逻辑感,从内心反射到大脑,经过长时间训练不会再出现唱"5"听起来比"3"的音准还低了。

音乐活动用7个音搭建一座音乐房子,充分发挥孩子们的想象力。每个小组都有他们自己的构思:埃菲尔铁塔、埃及金字塔、天安门城楼、螺旋滑梯……,充分挖掘他们的智慧和空间想象力,每一个造型都是一个小组的合作探究成果,通过音乐活动还培养了他们的小组合作能力。

教学目标

1.通过贴近生活的音乐活动多维度体验音高,从而激发学习兴趣。
2.通过音乐活动训练辨听能力、动手能力、想象能力、小组合作能力。
3.通过音乐活动把音高的感觉建立在视听结合的基础上,从而形成自己内心的音高。

教学方法

观察法、讲授法、练习法、讨论法、游戏法、探索法、创作法。

教学准备

钢琴、多媒体。

教学过程（如表1所示）

表1　教学过程

教学环节	教师活动	学生活动	设计意图
导入新课	师：孩子们，看，这些房子漂亮吗？你们是喜欢高房子还是矮房子 师：童话故事《白雪公主》里面有7个小矮人，我们音乐中也有7个小音符，今天你们就用7个小音符搭建一座音乐房子吧！我们用柯尔文手势请出小音符	生观看图片，并回答问题 生聆听并做柯尔文手势	首先用PPT播放有高低层次房子的照片，让学生从视觉上先体验 从高低不同的房子入手引导学生用音符搭建一座音乐房子 柯尔文手势有高低的逻辑感，引导学生发挥想象
新课教学（一）"打地基"	师：孩子们，建房子首先要建什么 师：我们要把地基建牢，房子才能稳，请同学们围坐成一个大圆圈，每个人按照1,2,3,4,5,6,7报数，每个孩子代表一个音 （师按照7个音把学生分成若干个小组，让学生听钢琴弹奏两个单音，两个小朋友用柯尔文手势组合，例如钢琴弹奏1,3，那么每一组1,3的同学就用柯尔文手势组合）	生：地基 生围坐成圆圈，并记住自己所代表的音 生认真听音，用柯尔文手势进行组合，并注意音高的逻辑层次	学生记住自己所代表的音，为后面的音乐活动做准备 首先训练用两个音进行组合，目的在于能够用视觉体验音高的逻辑，从而训练学生对音乐的感知能力
新课教学（二）"建楼层"	师：地基打牢了，我们就开始"建楼层" 师：请听钢琴弹奏3个音，听到所弹奏的3个音，用柯尔文手势组合（例如钢琴弹奏2,4,6，代表2,4,6的3个学生就用柯尔文手势组合）	生认真聆听，用柯尔文手势组合3个音	在两个音的基础上，继续加大难度，辨听3个音，加深对音高的记忆
新课教学（三）"建房子"	师：孩子们，我们刚才已经"打了地基""建了楼层"，现在我们就来"建一座音乐房子"吧 师：以小组为单位，用柯尔文手势并发挥你们的想象建一座音乐房子	生小组合作讨论，根据音高逻辑层次，发挥自己的想象，用柯尔文手势搭建音乐房子	在之前训练的基础上，通过小组合作，搭建一座整体的音乐房子。房子结构和造型由学生充分发挥想象力构思出来，（有些学生想到埃菲尔铁塔、埃及金字塔、天安门城楼、螺旋滑梯等）只要注意音高逻辑层次就行

《切分型节奏 ♩♩♩ ♩♩》教学设计

重庆两江新区博雅小学校　余元锦

课题：《切分型节奏 ♩♩♩ ♩♩》

年级：三年级

课型：综合课

教学重点

体验并感受切分型节奏。

教学难点

创编声势表现切分型节奏。

教材及学情分析

三年级的学生通过前两年的音乐学习，在音乐知识和技能上有了一定的积累，对音乐已经有了较为强烈的兴趣，喜欢参与体验和表现活动。本课以体验维吾尔族音乐典型切分型节奏为主线，渗透维吾尔族舞蹈及相关文化，将舞蹈、音乐两门学科有机融合，让学生在"听、唱、创、演"等多种实践体验中开阔艺术视野，提升文化自信，增进对中国民族音乐文化的了解和喜爱之情。

教学目标

1. 通过"听、唱、创、演"等多种方式,体验、感受维吾尔族音乐切分型节奏 ♫♩♫♩ 。

2. 通过4人小组合作,用声势创编、表演节奏 ♫♩♫♩ 。

3. 通过感受、体验节奏,提高对民族音乐的鉴赏力,增强对民族文化艺术的喜爱之情。

教学准备

PPT、手鼓。

教学过程(如图1所示)

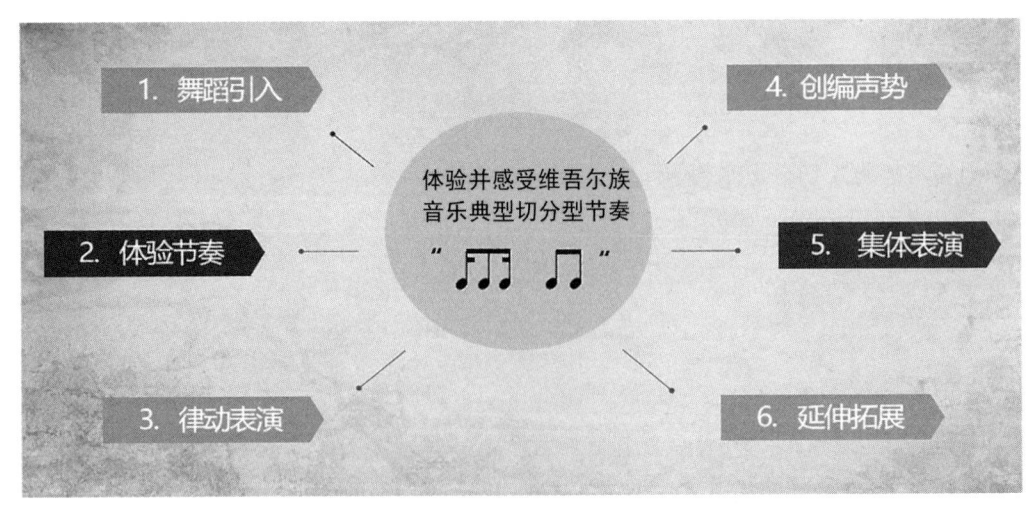

图1 切分型节奏教学过程

1.舞蹈引入

教师开门见山地展示热情奔放的维吾尔族舞蹈,让学生身心愉悦地感受维吾尔族舞蹈及音乐的风格,以此激发学生学习的热情,营造良好的课堂氛围。

2.体验节奏

(1)初步感受节奏。

①师出示手鼓拍节奏。

【设计意图】让学生认识维吾尔族歌舞中的常用乐器,并对节奏进行初步感知。

②生自由练习节奏。

【设计意图】学生通过聆听、模仿,在体验中感受节奏特点。

③师拍鼓,按节奏念儿歌。

【设计意图】教师将富有童趣的儿歌融入节奏,简洁巧妙地介绍新疆的风土人情,增强活动的趣味性。

同 学	们	欢 迎	来	新	疆
大 美	的	新 疆	好	地	方
要 问	那	新 疆	有	多	好
你 把	这	葡 萄	尝 一	尝
还 有	那	密 瓜	脆	又	甜
亲 爱	的	朋 友	来	做	客
载 歌	呀	载 舞	齐	聚	堂
载 歌	呀	载 舞	齐 聚	堂

(2)按节奏念儿歌。

①生生两人练习儿歌。

【设计意图】两人合作,降低学习难度,让学生在轻松的氛围中练习、熟悉节奏。

②分组接龙展示。

③集体展示。

【设计意图】学生通过分组、接龙、集体展示,在"看、听、练"的音乐实践中,循序渐进地掌握节奏特点。

3.律动表演

(1)律动体验——摘葡萄。

①分男女生练习。

【设计意图】学生在生动的舞蹈形式中感受节奏,了解维吾尔族舞蹈的基本体态及手型。

②找不同。

【设计意图】学生通过认真观察和对比,找出与老师的不同,自主规范舞蹈动作,提升观察和模仿能力。

③集体"摘葡萄"。

【设计意图】学生通过"摘葡萄",在乐浸乐学中进一步熟悉节奏及维吾尔族舞蹈的基本体态、手型。

(2)律动游戏——吃密瓜

①师生两人做律动游戏。

【设计意图】师生通过吃密瓜做游戏的方式表现节奏,调动了学生学习的热情和积极性,让学生乐于并且敢于加入音乐的表演活动中。

②生生两人做律动游戏。

【设计意图】让学生在趣味的游戏中,以"动、玩"的形式,感受维吾尔族音乐切分型节奏及舞蹈的特点,增进生生之间的协作能力。

③师生三人做律动游戏。

【设计意图】师生共同体验、合作,营造"玩中学、学中乐"的良好氛围。

4.创编声势

(1)4人合作创编。

【设计意图】在教师的启发下,学生在小组互动、创作协作中突破难点,以此培养学生团结协作的精神,提升学生的音乐创造力。

(2)火车接龙展示。

【设计意图】以"创、演"的形式,用火车接龙的方式将每一组创编的集体智慧得以充分发挥,增强学生之间的默契度及活动的趣味性。

(3)生生互评,选一组展示并进行模仿。

【设计意图】提升学生的自主评价及模仿、表现能力。

5.集体表演

(1)聆听儿歌,思考动作。

【设计意图】给予学生自由思考的时间和空间。

(2)全体随节奏念儿歌,自由舞动。

【设计意图】结合学生活泼好动的特点,引导学生通过"演"的形式,边按节奏念儿歌边自由舞蹈,不仅对前面的活动进行了复习,同时也满足了学生的表演欲望,使表演潜能得到进一步的发挥,学生的愉悦情绪也推向高潮。

6.延伸拓展

(1)了解维吾尔族音乐切分型节奏的特点。

(2)聆听《金孔雀轻轻跳》《我是草原小牧民》《桔梗谣》《小巴郎,童年的太阳》4段音乐,分辨哪一段具有维吾尔族音乐风格。

(3)用切分型节奏为歌曲《小巴郎,童年的太阳》伴奏。

【设计意图】将节奏与歌曲结合起来,把维吾尔族音乐的节奏特点及风格贯穿始终,培养学生听辨音乐风格的能力,及时巩固学生对切分型节奏的掌握。学生从"听、唱、创、演"的音乐实践中,了解祖国多元音乐文化,开阔艺术视野,提升文化自信。歌曲的出示,给学生留下悬念,让学生带着好奇、探究的欲望,期待下一节课的学习。

《大树桩你有几岁》教学设计

重庆市合川区教师进修学校附属小学　周媛

课题:《大树桩你有几岁》
年级:三年级
课型:唱歌课

教材分析

《大树桩你有几岁》是一首带有我国西南地区民族风味的、富有跳跃性的三拍子知识性歌曲,轻快流畅的曲调,形象生动地表达了孩子们通过数大树桩的年轮,知道了大树桩年龄的喜悦心情。它是由4个乐句组成的一段体歌曲(结束句是第4乐句的重复)。旋律进行中力度的变化增添了欢快而热闹的气氛,把歌曲推向高潮。衬词句"哎呦呦呦""啊哈哈哈"的使用刻画了小朋友数圆圈的有趣情景。结尾句渐弱,强记号的使用给人一种余音未尽的意味和风趣感。这首歌曲借助艺术形象,向学生传授自然科学知识,可进一步激发他们学习的兴趣和愿望。

学情分析

三年级学生活泼好动,想象力丰富,具备一定的欣赏能力和较为良好的欣赏习惯,能在感知音乐节奏和旋律的过程中感受音乐的情绪,能主动参与综合性艺术表演活动,并从中得到艺术的享受。

教学目标

1.能用欢快而富有弹性的声音演唱歌曲。

2.感受歌曲四三拍的强弱规律,唱准附点四分音符。
3.认识顿音记号,并能用短促、有弹性的声音演唱。

教学重点

自信、有表情地演唱。

教学难点

掌握顿音及附点四分音符的演唱方法。

教学方法

情境教学法、游戏教学法、联欢式教学法。

教学准备

钢琴、多媒体课件、教学图片、打击乐器。

教学过程

1.情景导入

师:同学们,今天天气真晴朗,老师要带大家去郊游,去感受大自然的美丽风光,大家想去吗?

生:想。

师:我们现在就出发吧!(课件播放歌曲《去郊游》)

生:随音乐做律动(三拍子律动,提前感知三拍子的强弱规律)。

师:看到我们跳舞,有一只小松鼠向我们跑来了,让我去问问她几岁啦。

师:小松鼠,小松鼠,你有几岁啦?

答:八岁啦,八岁啦,我有八岁啦!

师:这不,猴子也来凑热闹了,同学们,请你们也用老师的提问方式去问一问小猴子几岁啦。

生:小猴子,小猴子,你有几岁啦?

答:九岁啦,九岁啦,我有九岁啦!

师:同学们,同学们,你们几岁啦?(语气带入)

生:八/九岁啦,八/九岁啦,我有八/九岁啦。

(课件出示大树桩的图片)

师:同学们,原来小松鼠和小猴子跟你们差不多大呀,让我们结伴出行吧。看,它们把我们带到了一条小河边!

师:你们在河边看到了什么?

生:大树桩……

师:老师看到树桩啊,想到了现在砍伐现象严重,破坏了生态环境。我们在砍伐的同时,也不要忘了植树造林哦。

师:你们还有什么想问大树桩的吗?

生:想问大树桩有多少岁。

师:想知道大树桩爷爷多少岁了,下面就让我们一起来听听歌曲《大树桩你有几岁》。

师:人是一年一岁,我们怎么能知道树的年龄呢?

生:年轮。

师:从大树被砍伐后留下的树桩上,可以看到一圈圈纹路,这就是树木的年轮,数一数有多少圈,就知道这棵树生长了多少年。

2.新歌教学

(1)初次聆听。(播放歌曲《大树桩你有几岁》)

师:听歌曲时,请大家仔细听大树桩几岁了,并告诉老师歌曲速度是怎样的。

生:70岁,中速、稍快。

师:同学们听得真仔细!我们再次聆听歌曲,在聆听时,请大家体会歌曲的节拍是几拍子。

(2)再次聆听并思考这首歌曲的节拍是什么。(再次播放《大树桩你有几岁》)

师:大家听完这首歌,能听出这首歌曲是几拍子的吗?

生:四三拍。

师:有谁能告诉我四三拍的强弱规律是什么吗?

生:……

师:你们能用手划出拍子吗?让我们打着拍子再听一遍歌曲吧!

(3)认识几种音乐符号。(课件出示)

师:为了更好地完成歌曲演唱,我们先来认识两个音乐符号。

▼ 顿音记号:黑三角,小又小,唱得轻巧,短又跳。

⌒ 自由延长记号:表示下面对应的音或词要唱得再长一些。

3.歌曲学唱(模唱达人)

师:了解了这些音乐符号的表现方法,下面请大家跟我一起用"la"模唱一遍旋律,注意模唱时,小背挺直,声音轻轻的,位置高高的,注意顿音记号和自由延长记号……

师弹钢琴教学生用"la"模唱,到第一段结束时提醒反复记号。

师:模唱第二遍(可放伴奏,师带领学生一起模唱),模唱时请大家记得顿音记号要轻轻地、有弹性地演唱。(模唱时注意自由延长记号的唱法)

师:同学们模唱得真棒,给大家点赞!现在老师想考考大家的眼睛和耳朵。请大家观察并思考,这两个乐句有什么音乐特点?

生:变化重复和完全重复。

师:同学们观察得真仔细!现在请大家仔细听,老师弹的是哪一句?

生:第三句。

师:回答正确,真是聪明的孩子。人是一年一岁,那大树是怎么表示一岁的呢?别着急,让我们一起跟着节奏朗读歌词,大家一定能找到答案。(提醒顿音记号)

师生朗读歌词(跟随伴奏音乐一起,感受三拍子的节奏)。

师:让我们跟着音乐再来一次吧,这一次请大家加上三拍子的节奏。

师:看到大家朗读得这么好,老师也跃跃欲试,想给大家唱唱这首歌。

师完整范唱歌曲,让学生仔细聆听顿音记号的演唱方法,反复记号的反复手法等——变化重复和完全重复。

师:听到老师唱了这首歌,同学们想来挑战一下吗?

生:……

教师启发学生进行合作学习,采用师生接龙唱、生生接龙唱的方法。(教师弹琴3—4遍,每一遍提出不同的要求,如:边唱边打拍子,注意力度记号的运用、表情的运用,每弹一遍,速度逐渐快一点儿)

师弹,生唱,发现问题乐句,重点解决。

生随伴奏完整演唱歌曲。

4.歌曲处理

大树桩你有几岁

1=F 3/4

中速稍快

凌启渝 词
汪玲 曲

| 5 3 1 | 2 3 3 | 1. 5 1 2 | 2 — — |

| 5 3 1 | 2 3 3 | 1. 3 1 6 | 1 — — |

师:同学们唱得很流畅,很准确,让我们加上打击乐器为歌曲伴奏吧!

生在顿音处加入碰铃(或每一个小组一个碰铃、一个双响筒……自由创编伴奏节奏)。

5.拓展延伸

师:同学们,大自然是我们美好的家园,还有好多奥妙等待我们去探索发现,美丽的大自然需要我们共同爱护。

板书设计

大树桩你有几岁

小松鼠,小松鼠,你有几岁啦?　　　小猴子,小猴子,你有几岁啦?

八岁啦,八岁啦,我有八岁啦!　　　九岁啦,九岁啦,我有九岁啦!

《阿拉木汗》教学设计

重庆市合川区新华小学　石莹莹

课题：《阿拉木汗》
年级：三年级
课型：欣赏课

教材分析

这一单元的主题是"五十六朵花"。民族音乐元素是我国音乐领域中的艺术瑰宝。教材选用了一首维吾尔族风格的歌曲《阿拉木汗》。这是一首民乐合奏曲，可以让孩子们通过听、唱、辨、跳、奏、合等多种教学方法来学习，提升整堂课的教学效果，营造良好的音乐实践氛围。

从宏观方面来说，欣赏这首民乐合奏曲，可以让孩子们喜欢民族音乐和民族乐器，这就是情感的升华。

从微观方面来说，可以提高孩子们欣赏民族音乐的素质，加强对各个民族音乐风格的感知。

学情分析

三年级的孩子虽有一定的音乐基础，但音乐欣赏对于他们来说仍然是难点，绝大部分没有接触过乐器的孩子对民族乐器几乎不了解，更是无法辨别其音色。因此，在培养孩子音乐兴趣的同时，也应充分培养他们的音乐个性、上音乐课的习惯，引导他们遵守游戏规则。

教学目标

1.学生通过欣赏感受《阿拉木汗》,能哼唱主题旋律。

2.树立正确的历史观、民族观,培养爱国主义情感。通过聆听、模仿、律动、声势、哼唱、打击乐等多种方式进行合作探究学习,充分感知《阿拉木汗》乐曲热情奔放、活泼欢快的民族风格特点。

3.培养良好的倾听习惯,具有爱国主义情怀。

教学方法

激趣法、演示法、讨论法、欣赏法、情境法。

教学准备

音乐课本、钢琴、电子琴、音乐课件、打击乐器。

教学过程

1.情境导入

【阶段目标:激发兴趣,引入新课。】

教师导语:亲爱的孩子们,今天,老师要介绍一位新朋友给大家认识,快来看看,它是谁?(师播放课件)

师:请孩子们夸夸新朋友。

师总结,节奏夸新朋友。(出示节奏及歌词)

师引入对乐曲及王洛宾的介绍。

2.欣赏《阿拉木汗》

【阶段目标:感受新疆维吾尔族音乐的特点。】

教师操作:播放民乐合奏《阿拉木汗》。

学生活动:感受乐曲。

(1)初听乐曲。

①完整地欣赏一遍乐曲,让孩子们感受乐曲表达的情绪,并用语言来描述他们所"看"到的画面。(课件出示问题)

②随音乐做简单的舞蹈动作,表现出乐曲的欢快。

(播放课件《阿拉木汗》片段音乐)

【阶段目标:认识演奏乐器及模仿演奏姿势。】

(2)认识演奏乐器。

①观看"女子十二乐坊"演奏视频,认识演奏乐器。

②分辨乐器音色。

③模仿乐器演奏姿势。

(播放课件主题音乐部分)

【阶段目标:能哼唱主题音乐。】

(3)唱主题旋律。

①随琴唱主题旋律。

②用"lu"模唱主题旋律。

3.表现乐曲

【阶段目标:节奏参与,巩固感受。】

教师分别出示铃鼓、响板、三角铁的节奏谱并让学生分组练习。

学生活动:分3组练习。

教师操作:分组教授、练习,然后配合完成乐曲。

学生活动:边听音乐边分组伴奏。

4.课堂小结

师:同学们,新疆的民族音乐节奏充满动感,具有鲜明的民族色彩和浓郁的民族气息。音乐展现出新疆人民热爱生活、热爱艺术的精神风貌,同时也让我们感受到了祖国丰富深厚的文化底蕴,从而使我们更加热爱祖国、热爱民族音乐。

板书设计

阿拉木汗

演奏形式:民乐合奏　　　　维吾尔族民歌整理、改编

创编展示(用打击乐为乐曲伴奏)　　　　小组合作表演

《荫中鸟》教学设计

重庆市巴南区鱼洞第四小学校　张聪明

课题:《荫中鸟》
年级:三年级
课型:欣赏课

教材分析

1. 作品背景

《荫中鸟》为人民音乐出版社小学音乐教材三年级下册第三课《我们的朋友》当中的一首欣赏乐曲。《我们的朋友》这一课主要以动物为载体,包括欣赏乐曲两首《空山鸟语》《荫中鸟》和唱歌乐曲两首《顽皮的杜鹃》《柳树姑娘》,每一首乐曲都表达了作曲家对美好生活的向往和对大自然的热爱。

2. 曲式解读

《荫中鸟》是由刘管乐老师创作于20世纪50年代的一首北方风格的梆笛独奏曲,G宫调式,复三部曲式。乐曲在充满活力的引子之后,呈现出欢快活泼的第一乐段主题,乐段中运用顿音、滑音、颤音、历音、刹音以及花舌的竹笛演奏技巧,通过乐句高低起伏的递减和衍生,使旋律更加鸟语化,犹如鸟类相互对歌一般富有趣味性;而第二乐段在固定旋律的伴奏下,运用了复杂的竹笛演奏技巧来模仿各种鸟类的叫声,在演奏者的即兴发挥及逻辑性的层次铺垫后,乐曲进入了高潮,犹如百鸟争鸣一般各显歌喉;第三乐段乐曲进入再现部分,变化重复回到了第一段主题,同样犹如在热闹的对歌之中百鸟拍打着自己的翅膀,怀着愉悦的心情在天空翱翔,迎接明天美好的生活。整首乐曲取材于河北民间音乐,乐曲旋律风格和演奏风格都具有强烈的民族色彩,生动地表现了百鸟争鸣的情景,并借景抒情,表达了人们对新生活的美好向往。

学情分析

在思维发展和年龄性格方面,三年级的学生以形象思维为主,他们活泼好动,善于模仿,表演欲望较强,但自控力不强。在教学上,教师需要时刻抓住学生的心理特征。

在音乐认知方面,他们已经具备了一定的表现能力和创编能力,但对音乐的记忆时间和注意力的集中时间较短,音乐素质也存在个别差异。

结合学生的这些特点,在教学中主要以审美为核心,紧密围绕学生的生活体验,创设趣味情境;并结合《义务教育艺术课程标准(2022年版)》,从核心素养的培育角度出发,关注对学生创新思维的培养,在游戏化的音乐活动中,激励学生主动探索,为学生创设联想、想象、创造的空间,学生通过整体感知、想象、小组合作、自主探究、创造、模仿等方式,由已知向未知,由浅入深地学习,建立自身的最近发展区。整个教学过程始终秉承"以学生为主体"的教学理念,通过一系列的音乐活动提升学生的音乐审美能力,增强他们的学习兴趣和合作意识,将知识性、实践性、人文性相互渗透,培养学生对民族乐器的热爱及爱国情操。欣赏课本身是一种很抽象的课型,为了让学生相对直观、轻松地进行音乐体验、感受,我不断借助鸟笛和陶笛两件乐器激发学生的主观能动性,以达到课堂教学的最佳效果。

教学方法和学习方法

讲授法、聆听法、欣赏法、讨论法、对比法、引导法、演示法、游戏法、律动法,让学生以聆听、想象、音乐创编等方式参与音乐活动。

教学设计理念及教学意义

音乐对大自然的描绘可谓美不胜收,可以把人们引入丰富的想象之中。以欣赏乐曲竹笛独奏《荫中鸟》为载体,引导学生体验音乐对大自然的描绘功能。同时,通过多种乐器对乐曲旋律的诠释,学生可以全方位地欣赏音乐。学生在聆听、想象的过程中增强音乐审美体验,发挥其主观能动性并积极参与课堂音乐活动。《义务教育艺术课程标准(2022年版)》明确指出在音乐教学中应该利用多种手段来发展民族音乐,弘扬民族精神,使民族音乐文化焕发出夺目的光彩。学生通过欣赏《荫中鸟》可以了解中国民族乐器,加深对民族音乐多元化的理解。

教学目标

1. 审美感知：通过对乐曲的欣赏，感受竹笛音色多元的表现力及乐曲所渲染的丰富艺术情景，激发对大自然的热爱和对美好生活的向往，培养对民族音乐的热爱之情和爱国主义情怀。

2. 艺术表现：借助乐曲，通过体验、聆听、合作、律动等方式参与音乐活动；在教师的引导下联系生活展开联想，通过模仿、对比欣赏，加深对乐曲情感和意境的理解，在音乐审美和探究实践过程中培养想象力和创造力。

3. 创意实践：结合音乐，通过小型乐器的演奏，培养动手能力和音乐创造能力。

4. 文化理解：了解不同种类的竹笛有着不同的音色和演奏手段，并对除了竹笛以外的民族乐器有初步的了解，丰富音乐知识，增强民族文化自信。

教学重点

感受乐曲的速度和情绪；了解梆笛、曲笛的不同特点；认识图形谱和指挥手势。

教学难点

通过主题旋律，用动作表现乐句的结构变化；通过陶笛和鸟笛的吹奏，更进一步表现乐曲的音乐形象，即表现出音的长短、高低和强弱。

教学准备

多媒体、耳麦、幻灯笔、梆笛、曲笛、陶笛、鸟笛若干，鸟类头饰卡片若干，板书教具。

教学过程

1. 创设情境，导入新课

师：同学们，早上好！清晨，当第一缕阳光透过郁郁葱葱的树林洒落大地，两只蝴蝶在

空中翩翩起舞,一群活泼可爱的鸟儿也在树林中自由地穿梭,这时候森林里传来了一种声音,同学们,请听……(吹奏陶笛:布谷)

生:是布谷鸟的叫声。(模仿布谷鸟的叫声:布谷)

师:看来同学们对布谷鸟的叫声很熟悉,刚才同学们仿佛听到了几只布谷鸟的叫声呢? 你们是怎么听出来的呢? 猜猜它们在干什么。

生:两只布谷鸟。两只布谷鸟声音的高低不同,它们在相互对话、相互歌唱。

【设计意图】充分发挥学生的主观能动性和音乐想象力,模仿鸟儿的叫声,使学生更加深入地体会大自然的声音,增强对音乐要素(高低、强弱)的辨别力。

师:下面,张老师也想用布谷鸟的语言和同学们对话,老师用乐器吹奏,同学们用声音模仿。(模仿布谷鸟的高低叫声)

师:同学们在生活中还认识哪些鸟儿呢? 能模仿它们的叫声吗?

生答并模仿鸟的叫声。

【设计意图】师生互动,乐器与人声的对话让音乐情景更加贴切,能够用自己的声音模仿音响,培养学生的音乐表现力、合作能力和音乐审美能力,为后面欣赏音乐做铺垫。

2.初听全曲,感受乐曲

师:接下来,老师将用另外一种乐器带领大家聆听一首来自鸟类世界的乐曲。(PPT出示课题)这首乐曲的名字叫什么? 作曲家是谁?(生答:荫中鸟,刘管乐)这首乐曲由张老师现场为大家演奏,请同学们边听边观察老师用了几件乐器演奏。这首乐曲让你们想到了鸟儿们都在干什么? 作曲家是怀着怎样的心情创作这首乐曲的?

生:两件乐器;小鸟对话、自由歌唱、跳舞、开音乐会;开心、欢快等。

【设计意图】教师的现场演奏,让学生近距离地感受竹笛的声音,培养学生的兴趣爱好。通过对音乐的欣赏,充分发挥学生的音乐想象力和创造力,让学生能准确地描述音乐形象,培养他们对生活积极乐观的态度。

师:这首乐曲表现了鸟儿们欢快歌唱、快乐生活的情景,也表达了作曲家对鸟儿的喜爱和对生活的热爱之情。刚才有同学说老师用了两件乐器演奏这首乐曲,有同学认识我手中的乐器吗? 下面我们就一起来认识一下这件乐器吧。(PPT出示竹笛,并讲解梆笛、曲笛的长短、音色的区别)

师:同学们也来模仿吹奏竹笛的姿势,抬头挺胸,左手手背向前,右手手背向后,手指轻轻跳动,小嘴微笑轻轻吹气就对了。老师这里准备了一支新的竹笛,哪位小朋友愿意上来尝试吹奏一下?(请学生演示,并表扬鼓励)我们跟着音乐(引子部分)一起来模仿竹笛的吹奏吧。

【设计意图】学生通过对竹笛的区分了解和模仿竹笛演奏的姿势,以及亲身体验吹奏竹笛的感受,了解中国民族乐器的魅力,培养他们的动手能力和参与能力。

3. 划分乐段,分段欣赏

师:同学们,刚才我们模仿吹奏竹笛的音乐片段就是这首乐曲中的引子部分,哪位同学给我们讲讲乐曲的引子部分在乐曲中有什么作用呢?

生:就好比歌曲中的前奏,作曲家在这里开始酝酿情绪,为后面的音乐做铺垫。

师:我们一起聆听乐曲的第一部分吧。听听这一部分音乐的速度和情绪是怎样的。它让我们想到了怎样的情景?请听……

生:较快;欢快;鸟儿在欢歌跳舞、欢乐对歌、开音乐会等情景。(出示板书设计)

【设计意图】对引子部分音乐的提问,让学生巩固音乐知识;对第一部分的聆听,培养学生的音乐想象力,让学生能准确地说出音乐所表达的情绪和意境;板书设计的目的是解决本节课的重点。

师:同学们的想象力真是丰富,回答得真棒!作曲家在这一部分采用了高低对比和重复的创作手法,描绘了一幅鸟儿们尽情玩耍、欢乐对歌的画面。有一边飞翔一边歌唱的,有站在枝头歌唱的……其中有一只鸟儿的歌声是这样唱的……(PPT出示主题旋律,并让学生模唱)同学们请看,这就是小鸟歌唱的内容,也是这首乐曲的主旋律。请看张老师是用什么符号表示的。请同学们跟着琴声用"du"来模唱吧。先听老师唱一遍。

生答并学唱。

师:同学们唱得很不错,但是我们还可以唱得更好,我们可以把鸟儿俏皮的一面也通过声音表现出来。同学们,请听听张老师是如何表现的。(师唱,展示上滑音技巧的魅力)同学们听出来了吗?

生答并再一次模唱旋律,表现出鸟儿俏皮的声音。

师:那么我们一起听听另外一只鸟儿是如何回答的。同学们,看看老师是用什么符号表示的。听听两只鸟儿的歌声在音高上有什么区别。请听……

生:音高不一样。一只鸟儿的歌声比较高,另一只鸟儿的歌声比较低。

【设计意图】培养学生初识图形谱的能力,了解特殊音乐符号。通过主题旋律的模唱,培养学生的音准能力。感知音乐主题,了解主题音乐在音高、情绪、意境上的变化。

师:我想请同学们为两只小鸟的歌唱设计一个动作。同学们想想什么动作可以表现高树枝小鸟的歌唱,什么动作可以表现低树枝小鸟的歌唱。

学生自主设计相应表现动作。(小组讨论)

师：老师刚刚观察到××和××同学设计的××动作能够生动地表现出小鸟歌唱的形象，请大家用这两个动作一起来表现大屏幕展示部分的音乐吧。当你们听到高音旋律的时候模仿高树枝小鸟的歌唱动作，听到低音旋律的时候模仿低树枝小鸟的歌唱动作，同学们准备开始。

学生聆听并用相应的动作表现。

【设计意图】动作的设计可以培养学生的创编能力。对音乐的对比聆听和学生的动作表现，可以充分培养学生的听觉能力和反应能力。

师：大部分的同学表现得很准确，只有少部分的同学对音乐还不太熟悉。同学们请看，这就是你们刚才用动作表现的旋律图形谱，从图形谱上看，鸟儿们对话的次数增多了还是减少了呢？

生答：对话的次数更多了。

师：对话的内容时而长时而短，说明作曲家在创作旋律的时候句幅也是时而长时而短。

师：同学们，我们已经了解了第一部分音乐的图形谱，现在我们跟着图形谱加上鸟儿对话的动作，再一次表现第一部分的音乐吧。

生再一次表现主题音乐。

【设计意图】充分了解乐句的结构变化，师生根据图形谱共同用动作准确地表现主题音乐，解决了教学重难点。不看图形谱的动作表现让学生巩固了主题旋律，树立了自信心。

师：当鸟儿们正在尽情玩耍、欢乐对歌的时候，它们的好朋友来了。同学们，请欣赏乐曲的第二部分，听一听这一部分的音乐和第一部分相比在速度和情绪上有什么变化。鸟儿们的歌声是有规律的还是自由的？你听到了多少种鸟儿的叫声？这一部分我们看看竹笛演奏家是如何表现的。（播放视频）

生：速度较慢；自由；很多种鸟儿的叫声，百鸟争鸣的情景。（出示板书设计）

师：同学们的想象力真丰富！这确实描绘了一幅栩栩如生的图画。乐曲在固定的旋律伴奏下，小鸟之间的对话更加自由了，小鸟的种类增多了，鸟叫声也增多了，我们仿佛看见了许多鸟儿各显歌喉，呈现出百鸟争鸣的景象。

【设计意图】视频的音乐欣赏让课堂教学更加多元化，提高了学生的学习兴趣；欣赏竹笛演奏家对乐曲的吹奏，多方面培养了学生的审美能力；乐曲旋律的变化，充分发挥了学生对音乐的鉴赏能力和想象能力；板书设计的目的是解决乐曲的重点。

4.引发联想,思维创作

师:演奏家运用了几件乐器演奏这一部分呢?

生:四件乐器。(两只梆笛,一只曲笛,一只鸟笛)

师:其中一件乐器就来到了我们的课堂当中,它就是鸟笛,还有一件乐器是张老师在生活当中寻找到的乐器,也能模仿鸟的叫声,它叫陶笛。同学们想不想利用这两件乐器模仿鸟儿的歌声呢?下面我们一起来模仿鸟儿们"百鸟争鸣"的情景吧,比一比谁的歌声最优美。在模仿之前,请同学们认真观察老师用乐器模仿的是第几个图形谱,分别表现了哪种音乐形象。(学生边观察边听,然后回答)下面请同学们运用上面的图形谱,两人一组进行对话,用你们的方式表达对鸟儿的喜爱之情。比一比哪一组的歌声最优美。两人一组开始合作吧。

生答,并根据图形谱用乐器表现自己的音乐形象。

师:张老师也想加入同学们的对话当中,和大家共同完成百鸟争鸣的情景。

【设计意图】乐器的运用是本节课的亮点,也是重难点之一。乐器的运用通过图形谱的表现充分发挥了学生的即兴创编能力、团队合作能力和音乐表现能力;学生认识了民族乐器的多元化,从多方面学习了音乐知识(即认识图形谱、表现图形谱、音的长短、音的高低、音的强弱);师生的合作增强了师生的凝聚力,更好地表达了音乐形象。

师:我想鸟儿们已经感受到了我们的热情,我们一起来听听乐曲的最后一部分,看看鸟儿这时候给我们呈现了一幅什么画面。同学们,这一部分和前面第几部分的旋律很相似?速度和节奏又有什么不同?(PPT出示)

生:和第一部分的旋律很相似,速度较快,情绪激动,呈现出鸟儿在天空自由飞翔的情景。(出示板书设计)

师:这一部分和第一部分的旋律很相似,鸟儿们在经过百鸟争鸣后心情变得更加激动了,情绪变得更加热烈了,表现了鸟儿怀着激动的心情在天空自由飞翔的情景。我们怎么来表现第三部分的音乐呢?既然旋律和第一部分很相似,我们可不可以用第一部分的动作来表现这一部分的音乐形象呢?答案是可以的。我们还可以通过其他的方式来表现吗?给同学们一分钟的时间小组讨论,我们先看看表演要求(PPT出示)。在乐曲的最后希望同学们为鸟儿们设计一个可爱的歌唱动作来结束音乐。

学生小组讨论一分钟,并用自己小组设计的动作表现音乐形象。

【设计意图】感受乐曲的结构变化,让学生学会对比欣赏,通过小组讨论能增强学生的合作能力,提高他们的创编能力。

5.回味全曲,总结收获

师:同学们的表演瞬间让整个教室呈现出鸟儿们欢歌跳舞的情景,我们一起来回顾一下今天欣赏的乐曲,一共分为三部分,第一部分A……第二部分B……第三部分A1……(回顾音乐形象和表现)下面我们完整地表现整首乐曲,第二部分老师和你们共同完成,整首乐曲我们一气呵成,有没有信心?为了让大家身临其境地融入鸟儿的世界,张老师在这里为大家准备了小鸟的头饰,还有印有小鸟图案的精美卡片,表现得最棒的一组同学将获得小鸟卡片的奖励。同学们准备好了吗?(播放A音频+B伴奏+A1音频)

生戴好头饰并跟着音乐表现。(第一部分高低树枝动作,第二部分师生合作,第三部分学生小组合作)

【设计意图】头饰的装扮让学生更好地融入音乐情景;卡片的奖励具有一定的鼓励性,可以帮助学生树立自信心,同时培养学生对美好生活的向往。

师:一个个活泼可爱的"小麻雀",把对小鸟的喜爱和对这首乐曲的情感表现得淋漓尽致,掌声送给我们自己吧。老师认为今天每一位同学表现得都很不错,所以都会得到应有的奖励。(发卡片)我们今天欣赏的这首乐曲《荫中鸟》,它的主奏乐器是什么呀?

生:竹笛。

师:竹笛是我国民族乐器当中必不可少的一种,有丰富的演奏技巧。同学们,在生活当中,你们还知道哪些民族乐器呢?

生:民乐——二胡、琵琶、古筝……西洋乐器——架子鼓、钢琴、小提琴……

师:同学们了解的乐器可真多,希望同学们以后能有机会接触更多的民族乐器,并发扬我们的民族乐器。

【设计意图】学生自评互评,通过对民族乐器的了解,培养他们的爱国情怀,了解世界文化的多样性,提高其艺术修养。

师:同学们,通过今天的这节课,我想大家已经收获满满,在课堂的最后我们用布谷鸟的语言结束我们今天的课堂吧。(布谷布谷,布谷布谷,布谷布谷)

生跟着音乐有序地走出教室。(回味全曲)

板书设计

荫 中 鸟

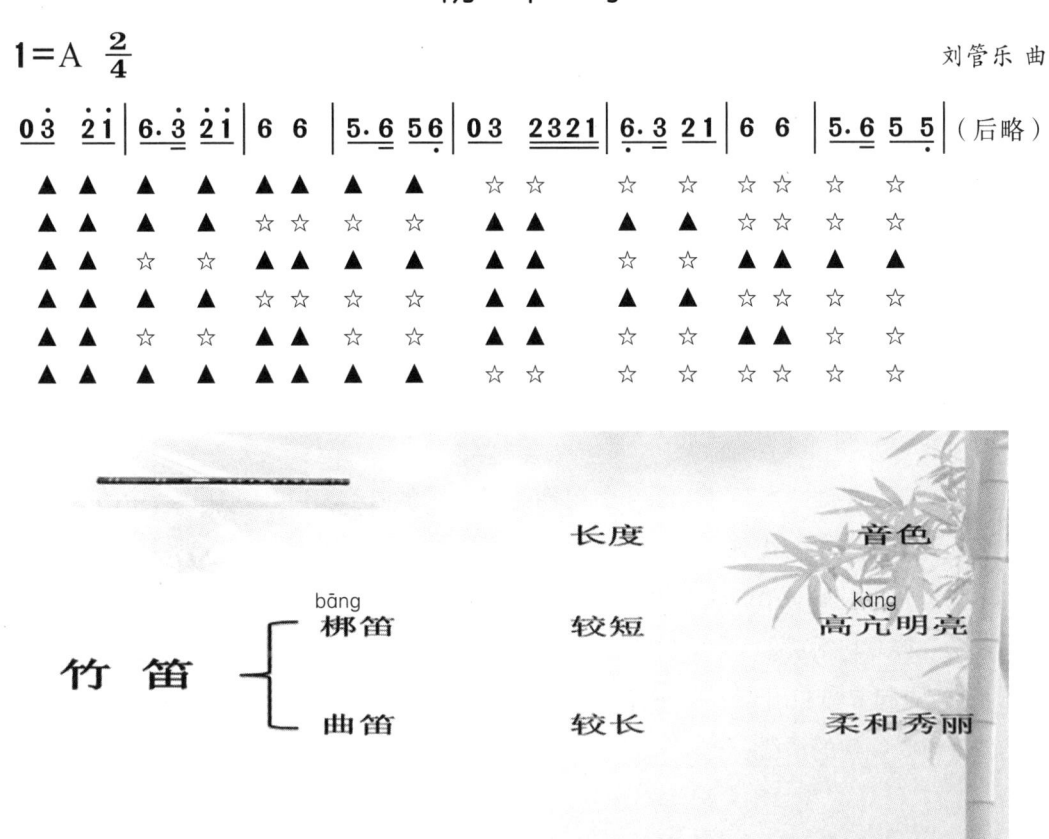

$1=A$ $\frac{2}{4}$

刘管乐 曲

| 0 3̇ | 2̇ 1 | 6·3̇ 2̇1 | 6 6 | 5·6̇ 56̇ | 0 3 | 2321 | 6·3 21 | 6 6 | 5·6 5 5 |（后略）

▲▲ ▲ ▲ ▲▲ ▲ ▲ ☆☆ ☆ ☆ ☆☆ ☆ ☆
▲▲ ▲ ▲ ☆☆ ☆ ☆ ▲▲ ▲ ▲ ☆☆ ☆ ☆
▲▲ ☆ ☆ ▲▲ ▲ ▲ ▲▲ ☆ ☆ ▲▲ ▲ ▲
▲▲ ▲ ▲ ☆☆ ☆ ☆ ▲▲ ▲ ▲ ☆☆ ☆ ☆
▲▲ ☆ ☆ ▲▲ ☆ ☆ ▲▲ ☆ ☆ ▲▲ ▲ ▲
▲▲ ▲ ▲ ▲▲ ▲ ▲ ☆☆ ☆ ☆ ☆☆ ☆ ☆

          长度   音色
     bāng   kàng
    ┌ 梆笛   较短   高亢明亮
竹笛 ┤
    └ 曲笛   较长   柔和秀丽

《田野在呼唤》教学设计

重庆市南岸区天台岗万国城小学　李彦彦

课题:《田野在召唤》
年级:四年级
课型:唱歌课

教材分析

《田野在召唤》是人教版小学音乐教材四年级上册第三单元《我们的田野》中的一首歌曲。它的合唱版本同时出现在西南大学版小学音乐教材四年级上册选唱曲目和人音版小学音乐教材五年级下册第四课的内容中。

这是一首欢快活泼的意大利民歌,大调式,歌曲节奏前紧后松,曲调中的同音反复、八分休止符、弱起节奏和附点节奏使得音乐富有动感。衬词"梯里通巴"风趣地表现出孩子们结伴郊游时畅快的情绪。

学情分析

我校四年级×班的孩子们天性活泼、喜探究、善表现,在前三年的音乐课堂学习中,大部分学生已基本具备了歌曲情绪感知、乐谱划拍视唱、歌曲表演等方面的能力,这些优势也为本课学习奠定了基础。但是弱起节奏的精准衔接和气息的持续控制可能会给他们造成困扰,这也是我在教学过程中需要关注和帮助的。

教学目标

1.通过聆听,感受歌曲活泼欢快的情绪和对大自然由衷的喜爱之情。

2.通过练习,能将歌曲中的弱起节奏、顿音记号、重音记号、换气记号等处理恰当。
3.通过学习,能用轻快弹跳的气息、自然的声音完整演唱歌曲。

教学方法

聆听法、默唱法、合作法、探究法、表演法。

学习方法

体验、探究、合作、表现。

教学准备

多媒体、钢琴。

教学过程(如表1所示)

表1 教学过程

环节		教师活动	学生活动	目标关注点	评价方式方法
1.导入 创设情境		在轻快的歌曲伴奏声中组织学生畅谈春游场景	联想春游去哪里 春天有什么美景 我们做了什么	全班参与度和关注度,学生积极而有序地分享,以及伴奏音乐与氛围的融合	美术小能手用简笔画的方式用线条勾勒场景 用语言鼓励积极分享的学生
2. 展开教学	(1)初听歌曲	感受歌曲情绪 了解歌曲内容	用喜欢的方式安静聆听 交流	学生听的专注度	简单互评 若有不同见解可补充
	(2)复听歌曲	出示歌名、乐谱 范唱歌曲	划拍聆听 默唱歌曲	学生坐姿、聆听状态、划拍准确度	教师巡回观察,无声表扬

续表

环节			教师活动	学生活动	目标关注点	评价方式方法
3. 拓展活动	（3）学唱歌曲	①歌词学习	借助"田野"的清新空气，组织学生进行气息、发声练习 收集学生默唱过程中的困惑 组织生生之间答疑解惑 帮助解决学习困难（依据需要）弱起节奏的单独训练	热身、发声练习 组长带领小组划拍读歌词 说自己遇到的困难 同伴互助 接受老师的帮助并练习	歌曲演唱顺序及轻声高位带节奏朗读的状态 弱起节奏、顿音、重音的准确程度	组长如实反馈组员划拍朗读的情况 随机抽小组接龙朗读歌词，检验学习效果
		②旋律学习	慢速单手连贯伴奏 原速单手连贯伴奏	师生接龙划拍跟唱旋律（第二遍交换） 齐唱旋律	音准、气息、发声状态	学生自评
		③歌曲练习	组织全班学生填词练唱 组织学生连贯演唱第一段 播放伴奏	男女生接龙旋律填词 连贯演唱第一段 组长带领学生自主学习第二段	音准、节奏气息、发声状态、情绪 巡回指导，鼓励展示	师评，激发春游时的激动心情 快速无声自评
	（4）歌曲展示		创设情境，组织学生进行歌曲展示 伴唱低声部，丰富歌曲层次和色彩	在组长的组织下，在歌声中体验春游场景，分小组等形式展示 和自己的好朋友一起选择自己喜欢的位置、姿势演唱歌曲	音准、节奏气息、发声状态、情绪 学生参与度 全班表演状态	互评 鼓励学生从歌词中感受大自然的美景，从歌声中体会人与自然和谐共生的美好

板书设计

田野在召唤
自由呼吸
心旷神怡
热闹欢腾

《快乐的泼水节》教学设计

重庆市合川区花果小学　官冰

课题：《快乐的泼水节》
年级：四年级
课型：唱歌课

教材分析

通过对本单元少数民族丰富多彩的节日文化的学习，学生大致了解傣族"泼水节"、蒙古族"那达慕"、彝族"火把节"等重要民族节日（活动）；通过演唱、欣赏和音乐活动，学生能感受丰富多彩的少数民族音乐旋律，并能初步记忆和辨认。歌曲《快乐的泼水节》的旋律采用傣族民歌的典型音调，歌曲为单乐段结构，每个乐句4个小节，第一、二乐句节奏完全相同，第四乐句的节奏与第一乐句形似，但第三乐句的节奏与第一乐句不同，在节奏上形成了起、承、转、合的关系。

学情分析

四年级学生活泼好动，好奇心强，想象力丰富，他们总是喜欢通过肢体动作和语言来表现对音乐的感受。因此，教师在课堂中应培养他们自由表达的能力与胆量，让他们大胆地"说起来""动起来""跳起来"。把他们从座位的束缚中解放出来，让他们既动口、动手、动脚，也动脑，愉快地迈进音乐的殿堂。营造一个轻松而愉快的学习氛围，让他们不仅能学到音乐知识和技能，同时也能受到美的熏陶，并且主动去激发自己的想象力、创造力，在音乐实践活动中体验到快乐，能完整地学唱好歌曲。

教学目标

1.通过学唱歌曲,了解《快乐的泼水节》是傣族风格的歌曲,并能自然、有表情地完整演唱歌曲。

2.培养自主合作的学习能力,并能理解歌词所表达的意义。

3.通过聆听、演唱及活动实践,体验、感受傣族的民族特色,激发热爱民族音乐的情感。

教学方法

激趣导入法、听唱法、情景再现法、手势指导法、活动参与法等。

教学准备

钢琴、"泼水节"影音资料、多媒体课件、各类打击乐器。

教学过程

1.师生问好

2.激趣导入

师:同学们,我们国家有56个民族,每个民族都有自己独特的文化底蕴。在云南有一个民族,那里的人们能歌善舞、热情好客,喜欢用水来表达对人们的祝福。今天,我们一起去看看吧!(播放视频)

师:视频中,水花漫天飞舞,人们欢声笑语,把我们带进了欢快热闹的场景,这就是傣族的——泼水节!(播放PPT及音视频资料;教师随音乐边唱边跳)

3.新歌教学

(1)初听音乐、感受音乐。

师:孩子们,欢迎参加泼水节!(出示课题"泼水节")

师:请听歌曲,和老师一起挥拍,感受音乐的情绪。(播放范唱音乐)

(老师在播放音乐的过程中,跟着学生一起聆听)

师:如此动听的音乐,给你们带来怎样的心情?

生:欢乐的、愉快的……

(2)学习歌曲第一段。

师:对!欢快的就是快乐的(将课题补充完整),让我们带着快乐的心情有节奏地朗读第一段歌词!(出示第一段带节奏歌词的课件)

(3)分析乐句。

师:敲起铓锣打起鼓,愉快歌声传天涯。请听第一段,想想有几个乐句。(播放第一段音乐,教师随音乐画旋律线)

师:谁来说说有几个乐句。

生:4个。

师:对,你真会聆听。(教师板书1,2,3,4)这4条旋律线代表4个乐句,让我们随音乐画着旋律线,边听边思考,找出相似的乐句。(播放第一段音频)

生:第一句和第二句。

师:你真会观察,我们一起来看看。(出示第一、二乐句的旋律)

师:虽然它们很相似,但也有小小的区别。请大家找一找,你能找到吗?

生:后面部分有区别。(后面两小节)

师:你太厉害了,大家把掌声送给他!(师切换PPT画面,出现有区别的色块)

(4)视唱第一、二乐句。

师:我们一起来感受有区别的音。

①师:孩子们,请认真观察,在这句旋律中有一个后面"带点"的音符,叫作附点八分音符,唱的时候,要唱得重一点儿、长一点儿。(师生共同感受附点八分音符)

②完整视唱第一、二乐句。

分组自学第一、二乐句歌词。

学生汇报自学情况,分组相互教唱第一、二乐句。

全体学生齐唱第一、二乐句。(强调情绪:让我们带着美美的表情、欢快的情绪演唱第一、二乐句)

(5)学唱第三、四乐句。

师:在你们动听的歌声中,老师仿佛看到了泼水节欢快的画面。参加泼水节的人越来越多,他们忙着把祝福送给每一个人,我们接着学习第三、四乐句。(出示第三、四乐谱)

①找出带有附点八分音符的音。

②师范唱第三、四乐句旋律。

③学生用"lu"模唱第三、四乐句。

加入歌词,演唱第三、四乐句。

完整演唱第一段歌词。

师:我们将第一段完整演唱一次,注意你们的坐姿、表情和声音状态!

4. 探究学习第二段

(1)探究学习第二段。

师:你们的表现真不错!现在我们随音乐学习第二段歌词,请每组围成一个圈,将座位下的歌谱拿出来,相互讨论,看看在第二段的学习中会遇到什么困难,并试着解决它。(播放第二段音乐)

(2)学生分组讨论,老师与学生相互交流。

(3)汇报讨论情况。

(4)解决难点。

(5)完整演唱第二段。

(6)完整演唱整首歌曲。

5. 活动

(1)训练延伸:用打击乐器为歌曲伴奏。

①师:为了让歌曲更加欢快,老师为歌曲加入了一种伴奏节奏:X　X　X X　X　。

师:一起拍一拍,节奏不要停!

②教师用打击乐器随伴奏节奏示范,并带领学生结合伴奏乐器练习伴奏节奏。

③随伴奏音乐为歌曲伴奏。

师:请你们用手中的伴奏乐器为歌曲伴奏吧!

师:你们演奏得真不错!除了用打击乐器为歌曲伴奏,还可以用舞蹈表现歌曲。老师这里有几个动作教给大家,你们也可以用自己喜欢的动作来表现!

师:你们的表演非常精彩!老师有两首傣族歌曲唱给大家听一听——《有一个美丽的村寨》和《金孔雀轻轻跳》。

师小结:傣族歌曲有的热情欢快,有的优美动听,希望同学们在课后去了解更多的傣族歌曲。

6.课堂总结

师:孩子们,这节课你们都收获了什么?

生:学会了傣族舞……知道了泼水节是傣族的新年……

师总结:孩子们,今天我们学习了傣族歌曲《快乐的泼水节》。这首歌用欢乐的歌声、优美的舞姿表达了傣族人民的祝福和心愿。最后,让我们唱起来、跳起来,用我们的歌声和舞姿释放心中的快乐吧!(播放伴奏音乐,结束本课)

板书设计

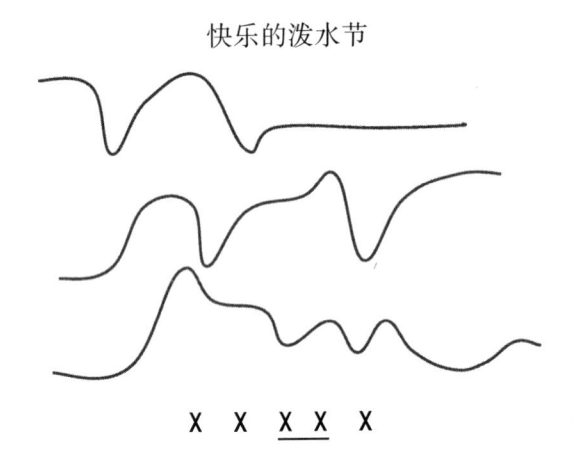

快乐的泼水节

× × × × ×

《荡秋千》教学设计

重庆两江新区金州小学校　冉霞

课题:《荡秋千》
年级: 四年级
课型: 唱歌课

教材分析

《荡秋千》是人民音乐出版社小学音乐教材四年级上册第五单元唱歌教学的曲目。这是一首曲调活泼跳跃、节奏明快,四二拍,1,2,3,5,6,$\dot{1}$ 五声宫调式,反映仡佬族儿童生活情景的童谣。它的结构方整短小,三个乐句结构对称性极强的二部式结构,除第二部分的首句与第一部分的首句同尾换头外,其余两个乐句完全一致。A段的第一句有鲜明的个性,曲调质朴流畅,旋律平稳而亲切,第二乐句词曲意境浑然一体。在旋律上先是一个三度小跳"6→$\dot{1}$",继而下行六度大跳"$\dot{1}$→3",再一个七度大跳"5→$\dot{6}$",把秋千"上下来回"荡来荡去的形象刻画得栩栩如生,第三乐句又回到了平稳的旋律线上来,它似乎是荡秋千的人儿陶醉了,自由地飞荡,情景多美啊!

学情分析

四年级的孩子相比一、二、三年级的孩子来说,在音准、节奏、音乐知识等音乐素养上有了很大程度的提升,课堂接受能力也有了一定的提高,能够通过歌声和身势律动来表达内心的情感,创编合作能力也有了质的飞跃,更喜欢和自己的同伴合作、表演。因此,需要根据学生的年龄特点来创设情境,设计课堂活动。

教学目标

1.学唱歌曲《荡秋千》,感受歌曲高低起伏以及二拍子节奏表现的"荡秋千"形象,并唱出荡秋千的感觉。
2.通过观看视频,了解和探索仡佬族的民族文化,能用不同节奏为歌曲伴奏,并用律动和节奏表现歌曲,培养热爱祖国民族音乐文化的情感。
3.结合歌曲创编情景剧,在音乐活动和角色扮演的表现中体会歌曲的情绪,感受合作带来的快乐。

教学重难点

1.唱准十六分节奏和附点节奏,两处大跳的音要唱准。
2.能跟上歌曲的速度节奏,表现歌曲欢快活泼的情绪。

教学方法

情境导入法、谈话法、聆听法、示范法、对比法、小组合作法、探究体验法。

教具准备

钢琴、课题贴图。

教学过程

1.情境导入

(1)身体律动,感受秋千。

师:有一种休闲的体育运动,老师很喜欢,请同学们观察老师的动作,你们能猜到是什么吗?(出示图片)

(2)观看图片,引出秋千,师生律动,体会秋千。

师:看,图片上的小朋友们玩得多开心,让我们一起来做一做!

师：请同学们和你旁边的同学合作一下荡秋千，一个推，一个荡，跟着音乐，荡秋千开始了。

【设计意图】观察老师的动作并猜出是在荡秋千。聆听音乐，师生一起律动，初步感受歌曲的节奏和荡秋千的快乐，为学习歌曲做铺垫。

2.发声练习

师：秋千一下高一下低。一起来唱一唱，小背挺直，小嘴圆圆的，声音位置高高的。

$\frac{2}{4}$ 6 i̇ 5 6 | i̇ i̇ 3 | 5 5 6 | 5 5̣ ‖
lu

3.学唱歌曲

(1)揭示课题。

师：荡秋千好玩吧，让我们一起走进歌曲去荡秋千。(在黑板上贴出课题名)

(2)初听歌曲，感受情绪。

师：有一群小伙伴也来荡秋千了，听听他们的心情怎样。

(3)再听歌曲，感受节拍和乐句。

师：你们发现歌曲是几拍子的？有几个乐句呢？

(4)学习歌曲旋律。

①生随琴用"lu"模唱旋律。

②第三遍聆听，发现相同乐句。

师：这么好听的歌曲，老师也想来唱唱，听听那几句的旋律是否完全相同。

③跟琴声唱一唱相同乐句的旋律。

④师生接唱，生唱每一句的最后一个小节。

⑤生随琴完整唱旋律。

(5)学习歌词。

①加入歌词演唱。

师：加上歌词，跟琴声唱一唱。

②生找出大跳的两个音。

师：你们发现了哪两个音能表现荡秋千的一高一低？请一起来唱一唱。

③用对比的方式体会后八分休止符在歌曲中的意境。

师：听听老师唱的这两句，你喜欢哪一句？（秋千荡得嘎吱响）为什么？我们也来唱一唱。

④师:哪一句和这一句是一样的？加上动作一起唱出荡秋千时欢畅的心情吧!

【设计意图】通过模唱旋律、聆听对比,找出相同乐句,唱准音高,边模仿荡秋千的动作边演唱歌曲,用律动的方式表现荡秋千时的欢快。

⑤弹钢琴,分组接唱歌词。

⑥带上情绪,完整演唱。

师:让我们带上这欢快的情绪完整地跟琴唱一下。

⑦小组合作,节奏伴奏。

师:荡秋千时的声音是怎样的?(嘎吱、嘎吱)我们应以这样的声音来为歌曲伴奏。

【设计意图】分组合作的形式加上念节奏为歌曲伴奏,让歌曲更加丰富、有趣,学生参与度高。

(6)介绍仡佬族。

①观看视频,走近仡佬族。

师:有这样一个少数民族的小朋友们,也特别喜欢荡秋千,是哪个民族呢？让我们一起去了解一下。

②观看仡佬族蹦蹦鼓的视频。

师:仡佬族还是一个喜爱歌舞的民族,尤其是喜欢蹦蹦鼓。

【设计意图】用观看视频的方式,让学生更直观地了解仡佬族的人文风情和特色。

③学生用小板凳模仿蹦蹦鼓的节奏 X X X,为歌曲伴奏。

④播放音乐,学生模仿。

师:少数民族的人们在载歌载舞时,喜欢把自己快乐的心情喊出来。听听,是什么声音。(哟哟)我们也来试试,有节奏,用上气息,位置再高一点儿。

(7)分组合作,表现歌曲。

师:请部分孩子在每个乐句的一拍喊一喊"哟哟",其他孩子演唱歌曲,注意跟上节奏,喊出气势。

(8)跟伴奏音乐,再加上板凳鼓和秋千的声音,四个小组合作。

师:一组唱歌曲,一组用板凳鼓伴奏,一组用"嘎吱嘎吱"伴奏,一组喊"哟哟",一起来合作一下,用你们的热情演唱这首歌曲。

【设计意图】通过看、听、敲、喊,培养学生的聆听能力。分组合作,营造四个声部的气氛,调动学生的积极性,让课堂活起来。

4. 创编拓展

(1)小组合作创编情景剧。

师:听到孩子们唱得这么开心,那我们就来演一演吧。

(2)教师在屏幕上出示剧本关键词:回家、好朋友、一起玩、天气晴朗、运动、开心快乐……

师:小组合作为你心中的荡秋千创编小舞台剧吧。

(3)小组展示。

师:音乐剧《荡秋千》现在开始,有请第一小组上场。

【设计意图】根据教师给出的关键词,小组合作创作剧本,并进行分解表演,融入戏剧元素,让课堂更生动。

5. 小结

师:今天,我们在歌声中感受到了荡秋千的快乐,领略了仡佬族的风土人情,以后的音乐课中我们还会走近其他民族,感受更多的少数民族音乐的魅力。

板书设计

荡秋千

仡佬族

X   X   X
蹦   蹦   鼓

《侗家儿童多快乐》教学设计

重庆市合川区凉亭子小学　李笑

课题：《侗家儿童多快乐》
年级：四年级
课型：唱歌课

教材分析

《侗家儿童多快乐》是一首活泼且充满儿童情趣的二声部歌曲。歌曲表现了生活在鲜花盛开、小鸟歌唱的侗乡的侗家孩子们读书、学习、讲文明、懂礼貌，载歌载舞，满山遍野快乐地飞跑，在祖国的怀抱中幸福生活的场面。

歌曲旋律采用了中国民族五声调式中的羽调，曲调明快而优美，八分音符与后十六分音符组合节奏型的运用使旋律的节奏感强烈，显现出了音乐活泼而富有朝气的风格。

歌曲呈现出三段体的体式，全曲可分为A，B，C三个部分，A部分4个乐句中每个乐句两个小节，一共8个小节，以 X X XXX | X X X | X X XX | X X X | 节奏型为主题，乐句旋律呈对仗工整的形态，具有侗族音乐韵律严谨的特点。B部分低声部的旋律可分为两个乐句，第二乐句与第一乐句之间的关系为五度上行级进的模仿，节奏依然以后十六分音符为主，表现出音乐的明快感，与之相对应的是高声部连贯而优美、声音悠长的旋律，体现出了侗歌一人唱、众人和的特点。C部分转为齐唱，分为4个小乐句，其中一、二乐句为对仗工整的关系，第二小节的唱名 re 与唱名 sol 形成的四度音程演唱一字两音，突出了侗族歌曲声尾上扬的特点，是整首歌曲音乐色彩的凸显点。第三乐句出现了四分休止符与八分休止符，节奏上出现了明显的变化，其中四分休止符用换气的方式进行表达，八分休止符则要做到声断气连。两种休止符用不同的方式表达。这一乐句是整首歌曲的教学重点，也体现出了侗族歌曲丰富的表现力。结束句下滑音体现了侗族歌曲的特色。

学情分析

1.科学发声:四年级的学生有一定的发声基础,会科学地发声,能较好地掌握跳音和连音的演唱技巧。

2.乐理与视唱:学生已经掌握了四分休止符的演唱,为接下来教学中所要求的八分休止符的演唱提供了较好的学习基础。

3.纵向听音:学生有一定的纵向听音能力,他们已较好地掌握了三度音程与四度音程的合作,进行过二声部演唱的合作技巧练习。

4.四年级的学生积累了一定的文化知识,能够感受到音乐作品中的人文情怀,能较好地表达音乐的情绪、情感。

5.学生积累了一些舞台表演的经验,也有一定的舞蹈基础,可以进行创造性的音乐活动。

教学目标

1.在演唱技巧上,能用甜美的音色、富有弹性的声音演唱《侗家儿童多快乐》。

2.能准确地演唱歌曲中出现的休止符号,并能够掌握八分休止符在这个地方的演唱技巧(声断气连)。

3.学会小组合作,掌握二声部的唱法,在歌声中找到声部合作的美妙与乐趣。

4.在情感上,能以活泼的情绪、真挚的情感唱出侗家孩子的快乐与幸福,表现出侗家孩子在党的关怀和哺育下,做文明礼貌的好儿童的精神风貌。

5.在教师的指导下,尝试表演简单的侗族舞蹈,感受少数民族舞蹈的魅力。以合唱、舞蹈的形式进行创造性的音乐活动,从而丰富想象力,开拓思维。

教学方法

侗乡有诗的家乡、歌的海洋之美誉。本课的设计以模唱旋律、感受节奏、声部合作、歌舞表演为主线。整首歌曲情调健康明朗,比喻生动活泼。高声部具有抒情诗歌般的优美细腻,齐唱部分真挚、热情,富于节奏感和舞蹈性。"饭养身,歌养心。"这是侗家人常说的一句话,也就是说,他们把"歌"看成是与"饭"同样重要的东西。侗家人把歌当作精神食粮,用它来陶冶心灵和情操。所以,唱在这首歌的教学中有着极其重要的地位。古语有云:"言之不足歌之,歌之不足舞之蹈之。"唱是跳的基础,跳为唱助兴,在有唱有跳的教学过程中愉快地学习。

在本课每一个教学环节中,唱都是核心,所有的教学活动的开展,都是围绕着唱来进行的:让学生从唱中去接收音乐传递的信息;从唱中去感受音乐要交流的情感,表现的情景、情绪。在唱的同时,合作也很重要。齐唱部分每一个孩子都要做到吐字清晰、节奏明快、情绪饱满、音色真挚。而二声部合唱时,则应该做到低声部保持节奏明快的演唱风格,高声部以优美抒情的声音与其配合,做到风格迥异却和谐统一。唱出歌曲中的欢乐与热情,唱出每一个孩子心中对侗族歌舞的感受,用歌声唱出他们的美好童年,并在掌握二声部演唱的同时,让他们感受多声部合唱的魅力,感受同学之间通力合作的乐趣。

本课依据侗乡人待客以竹竿拦路邀请客人对唱对答的习俗,设计了以竹竿拦路过三关的教学模式,让学生在充满趣味的过关游戏中学习,使学生在学习过程中趣味盎然。

教学准备

PPT、钢琴、音乐卡片。

教学重难点

1.用活泼的情绪、真挚的情感演唱这首歌,要求吐字清楚、音色明亮,高低声部富有既对比又和谐的特点。在歌唱的同时可以随着音乐的节奏配合简单的侗族舞蹈动作。

2.激发学生的表演欲与创新能力,鼓励学生进行创新的作词与歌舞表演。

3.在以下两个声部的教学中,第二声部的第一句尾为小字一组d,而第二声部的第二乐句头音为小字一组a,在乐句上下句承接时d与a之间形成了上行五度的关系,而学生在演唱的时候对五度音程的掌握非常困难。

4.在以下双声部的教学中让学生做到两个声部演唱风格不同,而声部又需要和谐也是有难度的。特别是高声部低音**6**与**2**、中音**3**与**6**之间的四度音程,要唱准也是不容易的。

在乐曲的最后一个乐句出现了四分休止符与八分休止符,这里的八分休止符要做到演唱技巧上的声断气连对学生来说既是一个新课题,也是在理解和演唱上都具有难度的问题。

解决措施

1.在发声练习教学中,利用柯达伊教学法对学生在四度、五度音程上进行单独训练与解决,教师与学生双边合作体验四度、五度音程的和谐美感。

2.对于休止符演唱的问题,可以利用听唱法让学生以感受为主,并辅以教师的指挥手势让学生去感受声断气连的演唱方法。在学习中轻声演唱,分句演唱,掌握后再逐渐加大音量。

教学方法

游戏法、听唱法、柯达伊教学法、情态法、多媒体展示法等。

教学过程

1.导入新课

师:亲爱的孩子们,你们好!今天老师要带你们去一个美丽的地方做客,那里的山青青的,水绿绿的,孩子们穿着漂亮的衣服,戴着好看的花冠,他们还会唱好多好听的歌。你们想去吗?首先让我们猜一猜今天去的是哪里。

(PPT播放歌曲《侗家儿童多快乐》,以及美丽的侗乡、快乐的侗家孩子唱侗族大歌的画面)

2.完整欣赏歌曲

师:今天,我们来到了美丽的侗乡,这里山美、水美、小朋友的歌声更美。在侗乡,不管是大人还是小孩,都能歌善舞,人们称这里为"诗歌的海洋"。每逢过年过节,他们都要聚到一块儿快乐地载歌载舞。今天我们要在这里做客,可是热情的侗乡人给我们设下了三根拦路的竹竿,我们得学会唱侗乡的歌、跳侗乡的舞,才能走进这美丽的侗乡。同学们,你们有信心通过吗?

【设计意图】利用创设情境的方法,让学生仿佛置身于美丽的侗乡,而自己要接受侗乡唱歌、跳舞、过竹竿的习俗。这给了他们一个挑战,可以增加学生学习的兴趣。

3.新歌教学

(1)第一关:唱出双声部乐段B部分。

师:第一根拦住我们的竹竿是什么?找出歌曲中最富有韵律感、最抒情的乐段并唱出来。

$$6 \ : \ | \ 2 \ : \ | \ 1 \ : \ | \ 2 \ : \ | \ 3 \ : \ | \ 6 \ : \ | \ 5 \ : \ | \ 3 \ : \ |$$

【设计意图】让学生自己去发现与整首乐曲的风格不同的高声部旋律,以提高学生敏锐的洞察能力,培养学生欣赏音乐的能力,并引出二声部的教学。

①采用柯达伊教学法让学生学唱:

$$6 \ : \ | \ 2 \ : \ | \ 1 \ : \ | \ 2 \ : \ | \ 3 \ : \ | \ 6 \ : \ | \ 5 \ : \ | \ 3 \ : \ |$$

【设计意图】柯达伊教学法可以让学生提高四度音程的准确性,让学生更直观地感受音程之间的高低关系。

②当学生学会第一声部的旋律以后,教师富有节奏感地加上肢体动作配唱第二声部的旋律,让学生感受侗歌的韵律感。

③学生加上肢体动作,学习第二声部的动感旋律。

④师生交换旋律,合作演唱两个声部。

⑤最后,学生合作演唱二声部B部分。

【设计意图】肢体动作的加入可以让学生更好地感受侗歌的韵律感,并让学生在不自觉中唱出歌曲的明快风格,同时也能活跃课堂。

(2)第二关:学唱A部分(第一部分)。

师:同学们,我们已学会了侗家孩子快乐的双声部乐段,现在让我们也加入侗家孩子的歌唱中,好吗?(播放音乐,引导学生把学会的部分加入教师播放的音乐中。随音乐唱一遍)

师:孩子们,我们现在顺利地跨过了侗家的第一根竹竿。这第二根竹竿是侗家孩子请我们唱出音乐的第一部分,你们可以自己来完成学习第一部分音乐的任务吗?(多媒体出示音乐A部分,并配以范唱)请同学们看第一段乐谱(A部分),仔细地聆听,在心中默唱。

①学生用听唱法自学A部分;仔细地听,从默唱到轻唱。

②学生分组以乐句为单位进行对唱;分小组进行竞赛。

③学生以明快的节奏、明亮的音色演唱全曲,并配以活跃的舞步。

【设计意图】在A部分的教学中主要采用了学生自主学习、分小组学习的教学方式,这样有利于发挥学生学习的主观能动性,小组竞赛学习有利于激发学生的学习兴趣。

(3)第三关:学唱C部分。

师:亲爱的同学们,我们已经顺利跨过了前面的两根竹竿。最后一根竹竿有一点儿难度,侗家的小朋友们想请我们找出音乐最后一部分——C部分的难点,并学会唱C部分。

师生同唱全曲,让学生细细感受C部分的音乐特点:节奏、唱法,提示学生找出C部分的演唱难点。

①教师播放C部分音乐,学生找出以下乐句进行难点突破:

$$3\ \underline{2\ 3}\ |\ 1\ \ 3\ \ |\ \underline{2\ 1}\ 0\ \dot{8}\ |\ \dot{6}$$

②学生模仿教师的呼吸与表情来学唱八分休止符声断气连的唱法。

③学生看教师的手势来学唱八分休止符声断气连的唱法。

【设计意图】让学生听音乐辨节奏,自己去发现节奏的难点,提高学生对音乐欣赏的敏感度;让学生学会发现困难,并在教师的引导下解决困难,最后获得成功,感受自主学习的快乐。

(4)唱出全曲,进入侗乡。

师:亲爱的同学们,我们已经通过了三个关口,现在已经来到了美丽的侗乡,这里的小朋友真热情啊!他们要邀请我们一起来唱歌跳舞呢!

全班同学共同演唱全曲,并在教室里围成圆圈载歌载舞。

(5)创编新侗歌。

师:同学们,在党的领导下,侗乡的变化非常大。现在侗家孩子的歌里又唱出了好多对家的赞美和对祖国的热爱,请听一听这一位侗族小朋友唱的新侗歌。

(插入视频,播放侗家孩子的新侗歌——改编创作的歌词)

师:同学们,今天我们来到侗乡,都没有准备礼物,现在让我们也为侗乡小朋友编写一首新侗歌,好吗?

①学生自己改编歌词进行创作,并与同学合作演唱。

②全班同学转着圆圈,载歌载舞演唱歌曲。

【设计意图】在视频的引领下,学生找到创编音乐的信心,对学生进行创新能力的培养,并在集体歌舞的活动中感受音乐带来的快乐。

3.结束教学

今天我们学习了歌曲《侗家儿童多快乐》,并且看到了侗家风光,感受到了侗家孩子的热情,也和他们一起歌唱了家乡,歌唱了祖国,还把我们心中的快乐编写成了新侗歌,作为礼物送给他们。孩子们,你们快乐吗?我们伟大的祖国母亲有56个孩子,同学们知道他们的名字吗?(学生说出自己知道的其他民族的名字)让我们把民族的歌声带到每一个角落,让56个民族的所有兄弟姐妹团结起来,让我们伟大的祖国母亲更加繁荣富强!

(播放歌曲《五十六个民族》,学生手牵手走出教室。)

《那达慕之歌》教学设计

重庆市合川区杨柳街小学　刘洁妤

课题：《那达慕之歌》
年级：四年级
课型：唱歌课

教材分析

《那达慕之歌》展现的是蒙古族盛会——那达慕大会的热烈场面。歌曲分为6个乐句：前两个乐句在节奏上比较紧凑，表现了赛场上欢快、紧张的竞技场面；第三、四乐句在节奏上比较舒缓，表现了赛场内外一片热闹、欢腾的宏大场面；最后一个乐组为第一乐句的重复再现，表现了赛场上人们加油助威的欢快、热烈情绪，整首歌曲充满着热烈、欢快的气氛。在教学过程中，结合新课标坚持以美育人的理念，在课堂上除了对学生进行演唱指导外，还要注重丰富学生的审美体验，让学生学习和领会少数民族的特色文化。

学情分析

四年级的学生已具备一定基础的识谱、演唱能力，生活经验和知识背景更为丰富，所以要采用趣味性、知识性并重的原则进行教学。结合新课标聚焦核心素养的要求，在本课教学中，我以情景教学为突破口，除了要求学生能够准确、有感情地演唱歌曲外，还要培养学生的自主学习能力与实践、合作能力，从而达到提高学生核心素养的课程目标。

教学目标

1.用明亮、高涨的情绪完整演唱歌曲《那达慕之歌》，表现出那达慕大会热闹的场面。

2.能够积极主动地参与互学、小组学习等开放式学习模式,培养自主学习的能力和良好的评价能力。

3.积极参与音乐实践活动,大胆创新地表现歌曲,乐于与他人交流、合作,培养创造能力和合作能力。

教学重难点

1.对歌曲中附点八分音符和附点四分音符的节奏的掌握。
2.能够用力度的变化来表现歌曲,感受力度变化带给歌曲的不同效果。

教学方法

演示法、情景教学法、互动法、讨论法。

教学准备

钢琴、多媒体、响板、双响筒、蒙古舞蹈头饰。

教学过程

1.导入新课

(1)师生问好。

师:上课,同学们好!

(2)播放蒙古族乐曲《鸿雁》,请学生说一说他们了解的蒙古族。

师:同学们,欢迎你们来到美妙的音乐课堂。刚刚我们在课前聆听的一段乐曲,是由蒙古族乐器马头琴演奏的。现在,老师请大家分享一下你所了解的蒙古族是怎样的。

(3)自由的声音练习。

师:蒙古族的人民生活在一望无际的大草原上,小马在地上吃草,牧马人挥动着鞭子,唱着悠扬的蒙古长调。孩子们,当我们置身这样自由辽阔的大草原时,心情是怎样的?(进行课堂讨论并发言)

师：愉悦的心情少不了歌声相伴，现在请你们跟着老师的琴声进行声音练习。（课前练声）

展示微课内容，介绍那达慕大会，引出课题。

师：刚刚，我们一起了解了蒙古族文化，哼唱了蒙古族歌曲。现在，我们将一起走近蒙古族热闹、盛大的具有民族特色的传统活动——那达慕大会。下面我们一起去了解那达慕大会吧！（多媒体展示微课，学生欣赏、了解那达慕大会的文化）

【设计理念】在导入课题设计中，引导学生了解课题背景文化以及蒙古族的歌曲风格、舞蹈特色等，为课堂教学打下基础；通过视频展示，帮助学生对那达慕大会这一少数民族盛会有更清晰的认识，有助于学生丰富审美体验，提升审美情趣。

2.歌曲学习

(1)聆听全曲，说说歌曲的情绪和节奏。

师：请你们来说一说这首歌曲的情绪是怎样的。（欢快、热烈等）

(2)展示"闯关"模式，引导学生通过挑战那达慕大会关卡模式学习歌曲。

师：这首歌表现了那达慕大会热烈、欢乐的景象，你们想不想参加那达慕大会呢？让我们一起学习《那达慕之歌》，通过三个关卡后，就能够来到美丽的大草原了，老师期待你们的表现哦！

(3)挑战那达慕大会关卡。

第一关："我的马儿节奏好"。

师：挑战的第一关叫作"我的马儿节奏好"，赛马是那达慕大会上的一项重要活动，请你们用节奏模仿马蹄声，马蹄声的节奏准确即可过关！

①观察节拍。

②通过对比、观察，学习重难点节奏。

第二关："我的歌声最美妙"。

师：第二关叫作"我的歌声最美妙"，蒙古族人民能歌善舞，除了擅长赛马、射箭，歌声也美丽动听，你们能够用活泼、明亮的声音准确地演唱歌曲即可过关。

①出示简谱，分析歌曲结构。

②引导学生模唱、唱简谱。

③学生自主跟学唱歌曲。

④引导学生用力度表现歌曲。

【设计理念】根据新课标对小学第二学段音乐学习目标要求，遵循学生的发展规律，将课堂分为教师导学、学生自学、合作评价的步骤。通过"挑战关卡"的模式，对学生进行兴趣引导;通过学习重难点节奏、随琴模唱等方式对学生进行技能引导,鼓励学生表达自己的独特感受与想法,从而营造"以生为本"的课堂氛围。

3.合作创编

第三关:"我们草原真热闹"。

师:在紧张的赛马和欢快的歌声中,我们终于来到了大草原上,第三关叫作"我们草原真热闹"。在这一关,我将你们分为3个大组进行合作创编活动,分别是:唱歌组、伴奏组和跳舞组,大家可以在小组长的带领下,利用老师提供的课题小乐曲、舞蹈头饰等道具,自由进行合作创编!

①指导学生分组活动,将学生分为:唱歌组、伴奏组、舞蹈组,用不同形式表现歌曲。

②推选小组长助学,带领各组自主创编,发挥学生的自主能动性。

【设计理念】在新课标的目标要求下,通过创编活动增强学生对音乐的好奇心和探究欲,能在探究、即兴表演和创编等艺术创造活动中展现个性和创意。针对音乐课堂的实际运用,结合导学、自学、互学、展示等环节,引导学生积极参与音乐实践活动,大胆创新地表现歌曲,培养学生乐于交流、反思进步的综合能力。

4.课堂总结

(1)引导学生对本堂课进行评价。

师:请各小组互相评价,你们觉得他们表现得怎么样?

(2)课堂评价,引导学生随着音乐伴奏有序地离开教室。

师:经过激烈的比赛和热情满满的表演,孩子们都通过了那达慕大会的所有关卡,恭喜大家!你们都是勇于挑战、敢于追求的蒙古族小勇士!在这堂课上,我们了解了蒙古族的文化,学习了好听的歌曲,参加了蒙古族最热闹的那达慕大会,请同学们跟随音乐,一起拍手离开教室。孩子们,再见!

板书设计

那达慕之歌

那达慕大会欢迎你!

第1关 → 第2关 → 第3关 → 到达终点,挑战成功!

挑战第一关:我的马儿节奏好

挑战第二关:我的歌声真美妙

$\frac{2}{4}$ XX XX | XX XX | XX XX | X X.X | XX XX | X X 0 ‖

枪声一响 奋勇前进 飞也似的奔跑 飞也似的奔跑

$\frac{2}{4}$ 1 1 5̣ 6̣ | 1 1 5̣ 6̣ | 1 1 5̣ 6̣ | 1 1.3 | 2 3 5̣ 6̣ | 1 1 0 ‖

挑战第三关:我们草原真热闹

①唱歌组　②伴奏组　③舞蹈组

三 5—6年级

《铃儿响叮当的变迁》教学设计

重庆市万州区望江小学　杨丹丹

课题:《铃儿响叮当的变迁》

年级:五年级

课型:欣赏课

教材分析

1. 作品背景

1987年,我国著名的合唱指挥家杨鸿年将《铃儿响叮当》改编成《铃儿响叮当的变迁》,并在国内演出。

2. 音乐要素

《铃儿响叮当的变迁》是对牧歌、圆舞曲、狐步舞、爵士、摇滚乐进行的不同风格的演绎,在变奏中,吸收了圆舞曲以及爵士音乐范畴的"摇摆""恰恰"等的节奏与伴奏音型的特点。节奏的多变、调性的频繁转换,使歌曲的音乐形象更为生动。

3. 作品解读

歌曲在引子(第一乐段)的哼鸣(Hm)声中开始,宁静舒缓的歌声给人以既遥远又亲切的感觉。第二乐段的音乐轻快、活泼,加入了多声部,具有牧歌风格。第三乐段采用了原歌的副歌旋律，但变奏为三拍子，具有圆舞曲风格，旋转的舞步起伏延绵。第四乐段是狐步舞风格，旋律更为欢快。第五乐段更多地采用爵士音乐的节奏，表现孩子们酣畅的心情。第六、七、八乐段采用副歌旋律，含有摇滚乐的节奏与风格，音乐欢悦、生动。同时，又加入击掌，与旋律交替出现，十分有趣。最后是全曲的尾声，速度越来越快，音乐达到了高潮。

学情分析

五年级的学生具有一定的演唱能力、音乐鉴赏能力和分析表现的能力，能在教师的指导下较好地完成音乐欣赏。本课将"听辨、体验、评价"三者有机结合，结合五年级学生的身心及认知特点，运用"听、唱、跳、创"等教学方式进行综合性和互动性的教学，启发学生在自主参与、轻松愉悦的音乐实践活动中感受、体验、表现各音乐要素对改变音乐风格的作用。同时，借助语言文字、形体动作等来引导学生更好地理解作品，进而在听辨中培养学生感知音乐的能力，在体验中品味音乐的风格，在评价中提高音乐欣赏能力。

教学目标

1. 知识与技能：初步了解变奏方法及各变奏的风格特征。
2. 过程与方法：通过听、说、想、唱、创、肢体表演等方法，深入感受、体验、理解变奏曲不同的音乐风格特征。
3. 情感目标：
（1）能够用积极的态度参与音乐欣赏活动，了解音乐历史的变迁。
（2）能够在各种生动的音乐表现活动中，对音乐产生兴趣，开发音乐的感知力，体验音乐的美感，提升对艺术的想象力和创造力。

教学方法

1.示范体验教学法

以音乐感受体验为主，通过激发学生学习音乐的兴趣，感受音乐美，培养学生音乐的审美情趣和审美能力。本节课采用了音乐欣赏法和演示法。在教学过程中借助音乐作品进行聆听、联想、对比、分析等激发学生自觉学习,使其对音乐学习产生浓厚的兴趣与求知欲望;运用音响、示范等,让学生获得感性知识,深化学习内容。

2.实践探究教学法

以学生为主体,使学生的独立探索能力得到充分的发挥,培养学生的自觉能力、思维能力、活动组织能力,形成与完善音乐技能,发展音乐表现能力。本节课主要采取了练习法、律动教学法、创作教学法、互助教学法。

教学准备

1.器材设备(钢琴、多媒体、音响、教具等)。
2.熟悉歌词、歌谱、查阅资料等。

教学过程

课前律动:欢迎来到愉快的音乐课堂,孩子们,请跟着杨老师一起律动吧!

【设计意图】活跃课前气氛,为引入新课做铺垫。

1.组织教学,新课导入

(1)组织教学:同学们好!请坐。

(2)设问:

师:孩子们,刚才我们一起舞蹈的音乐让你们想到了哪首歌曲呢?(板书:《铃儿响叮当》)。

师:两段音乐有什么变化?

生:第1段音乐是四二拍,第2段音乐是四三拍。

师:是的,节拍的变,引起了音乐风格的变。(板书:变)在音乐的变化中,除了我们刚刚听到的节拍的变化、速度的变化之外,还有哪些变化呢?

师:今天,我们就来欣赏《铃儿响叮当的变迁》。(板书:的 迁)

【设计意图】以"变"字为主线,让学生感受音乐的不同风格。

2.聆听全曲,整体感知

完整地欣赏乐曲《铃儿响叮当的变迁》。

师:请仔细聆听,在听出音乐发生变化的时候请举手示意。(播放全曲)

师：孩子们的耳朵真灵，能准确听出音乐的变化。在这些变化里面，有你们知道的音乐风格吗？

生：圆舞曲、爵士……

师：乐曲就是以《铃儿响叮当》为基础，变化出了牧歌、圆舞曲、狐步舞、爵士、摇滚等风格。

【设计意图】学生通过整体聆听，获得对音乐的直接感受，丰富其情感体验，体会"变"带来的不同体验。

3. 分段聆听，感受体验

（1）对比聆听第一、二乐段牧歌部分，尝试演唱二声部，无伴奏合唱。

师：首先，我们来听听第一、二乐段，谈一谈你有什么感受。（播放第一、二乐段）

师：刚刚我们欣赏的这两个乐段带给你们的感受相同吗？有哪些不同？

生：可以从情绪、力度、伴奏、演唱形式等方面来感受。

师（相机评价，答不完全的时候教师稍作提示）：乐曲还有什么变化呢？同学们可以试着从伴奏和声部去聆听。（再次播放音乐）

生：……

师：乐曲改变了力度、伴奏、演唱形式等，让音乐更富有层次感。我们一起来唱一唱吧！

$1={}^\flat E$ $\dfrac{4}{4}$ A. 波特 曲

Moderately（♩=112） 杨鸿年 改编童声合唱

师:我们先看第一段齐唱部分,它就是《铃儿响叮当》的主题旋律,我们用哼鸣来演唱,演唱时注意口腔空空的。

师:孩子们的声音真好听!我们接着演唱第二乐段吧,我们只唱其中的两个声部。请看高声部,视唱旋律。

师:我们再一起来唱一唱低声部吧,先唱旋律,再唱歌词。

师:现在,我们把两个声部合起来试一试。请右边的同学演唱高声部,请左边的同学演唱低声部。注意两个声部的均衡哦!(师弹奏双声部伴奏)

生演唱。

师:孩子们的音准很好!老师为你们点赞!你们知道第二个乐段是什么音乐风格吗?

师:这是具有牧歌风格的无伴奏合唱,起源于500多年前的16世纪。我们也试着清唱一次吧,有信心吗?把两个乐段连起来。

生唱,师指挥。

【设计意图】对比聆听,感受音乐的情绪、力度、伴奏、演唱形式等方面的变化。五年级的学生已经具备一定的合唱能力,在这里提出牧歌部分的两个声部的一个乐句进行演唱。学生通过自己的演唱,更深刻地体会两段音乐的变化,感受牧歌风格的音乐。

(2)观看第三乐段视频,体会三拍子的圆舞曲风格。(略听)

师:孩子们的歌声真美!让我们乘着歌声的翅膀继续翱翔吧!请看大屏幕。(播放圆舞曲风格视频)

师:大家知道这是什么音乐风格吗?

生:圆舞曲。

师:是的,圆舞曲大约出现在18世纪末,它以旋转为主,舞步起伏延绵。(板书:圆舞曲)刚刚我们在课前的律动中就已经感受了。

【设计意图】简单欣赏圆舞曲视频,感受圆舞曲风格美妙的画面和它的旋转、摇曳,以此加深印象。

(3)聆听第五乐段,感受爵士风格。

①初听第5乐段。

师:欣赏了优美的圆舞曲,让我们再来听听下面这段音乐,看看它最有特色的是什么。它又是什么音乐风格呢?(播放爵士风格部分)

生:节奏……

师:你们能模仿一下吗?(生模仿)

$$\frac{4}{4} \underline{X.} \; \underline{X} \; \underline{X.} \; \underline{X} \; \underline{X.} \; \underline{X} \; \underline{X.} \; \underline{X} \; | \; X \quad \underline{X.} \; \underline{\widehat{X} \; X} \quad 0 \; |$$

师：连续的附点节奏的运用，更生动地体现了爵士风格的特点。爵士风格的乐曲表演具有即兴性。现在，杨老师想请同学们即兴创编声势来表现音乐，看看谁最具有创造力和表现力。现在就把我们的教室当作舞台吧！（播放音乐，生做声势，教师观察学生的表演，并选出表演出色的同学当小老师带领大家学）

【设计意图】爵士乐深受广大青少年的喜爱，且这段音乐的节奏特点鲜明。本设计通过各种形式植入音乐感受，首先是初听体验，感受具有爵士风格的节奏；接着再次聆听，以学生的即兴式自由发挥为主要手段，采用生生互学的方式，让学生发现音乐的艺术魅力，运用练习的方法进行模仿。

②复听第5乐段，学习用板凳拍击节奏为乐曲伴奏。

师：老师也有一个创意，请大家听听。（师借助凳子拍节奏）

师：我这个乐器怎么样？想不想学学？

生与教师同奏。

【设计意图】师生互动。教师适时地加入，提出创意，利用身边事物作为"乐器"来让学生感受、体验音乐带来的快感，使学生能够积极参与到活动中，不断增强学习音乐的兴趣。

③合作演绎乐曲。

师：孩子们的节奏感真强！下面我们一起来合奏吧！哪些孩子愿意伴奏？请准备好你们的"乐器"。其余的孩子就哼唱主旋律尽情舞蹈吧！

师：杨老师观看了一场精彩的表演，孩子们生动地展示出了爵士乐的风采。为自己鼓掌吧！

师：爵士乐是一种现代城市音乐，它于19世纪末20世纪初在美国出现，它有很多种风格，每种风格至今都还活跃在舞台上。（板书：爵士乐）

【设计意图】师生再度合作演绎乐曲，感受爵士风格带来的快感。

（4）欣赏第八乐段。

师：随着爵士音乐的不断丰富和发展，美国兴起了一种新的音乐风格——摇滚。它自一出现便迅速风靡全球，它的每一拍节奏都非常强烈，让人不由自主地舞蹈起来，让我们随着音乐嗨起来吧！（播放音乐）

【设计意图】上个环节学生已经深入地体验了爵士乐。本环节做了一个简单的提升，让学生再次进行即兴创作，任由他们随着音乐舞动摇摆，感受摇滚音乐的热情。

4. 再次聆听全曲,深入体验

(1)了解歌曲风格变化的顺序与音乐历史变迁的关系。

师:我们吟唱了牧歌,随着圆舞曲跳舞,体验了爵士,嗨翻了摇滚。小小的主题竟变化出如此多的风格,这就是变奏。《铃儿响叮当的变迁》就如同一次神奇的旅行,这个过程也正是我们音乐史上一次辉煌的历史变迁。

(2)再次感受。

师:让我们再次感受,在听到刚刚我们欣赏过的片段时请你用声势表现出来。(完整地播放全曲)

【设计意图】音乐是一种听觉的艺术,将音乐的聆听贯穿始终,对音乐要素进行变化,让学生学会聆听,学会用音乐来解释音乐,学会用心来感受音乐。

(3)小结。

师:孩子们,通过这首歌曲我们知道了变奏就是在原旋律的基础上加上一些修饰或者围绕原旋律做一些变形,使乐曲具有更丰富的表现形式。现在,你知道了哪些变奏方法呢?

生:改变速度、力度、节奏、节拍。

师:是的,变奏就是在原有旋律的基础上,将乐曲的速度、力度、节奏、节拍、调性、伴奏等进行变化。

【设计意图】总结变奏方法,为创作做好铺垫。

5. 创作实践,拓展提升

(1)运用所学的变奏方法,尝试改编《小星星》。

师:现在,就让我们运用所学的变奏方法,试着改编《小星星》。我们先来唱唱歌曲。

1=C $\frac{2}{4}$
中速

| 1 1 | 5 5 | 6 6 | 5 - | 4 4 | 3 3 | 2 2 | 1 - |
| 一 闪 | 一 闪 | 亮 晶 | 晶, | 满 天 | 都 是 | 小 星 | 星, |

| 5 5 | 4 4 | 3 3 | 2 - | 5 5 | 4 4 | 3 3 | 2 - |
| 挂 在 | 天 空 | 放 光 | 明, | 好 像 | 千 万 | 小 眼 | 睛。 |

| 1 1 | 5 5 | 6 6 | 5 - | 4 4 | 3 3 | 2 2 | 1 - ‖
| 一 闪 | 一 闪 | 亮 晶 | 晶, | 满 天 | 都 是 | 小 星 | 星。 |

(2)请学生在小组内讨论并创作一段《小星星》的变奏。

(3)师生、生生交流作品。

①师:谁愿意分享你们创作的变奏曲?

生分享、展示。

②小结:孩子们的创造力真丰富啊!杨鸿年爷爷改编了《铃儿响叮当的变迁》,我们班的孩子们创作了《小星星的变迁》,相信在今后还会有更多的惊喜。杨老师期待你们更多的作品。

【设计意图】实践出真知,通过实践可以了解学生学习的情况。在创编环节通过小组互助创编,培养学生的思维能力、活动组织能力和团结合作的精神。

师:孩子们,今天的音乐欣赏就到这儿,谢谢大家!(播放《铃儿响叮当的变迁》)

板书设计

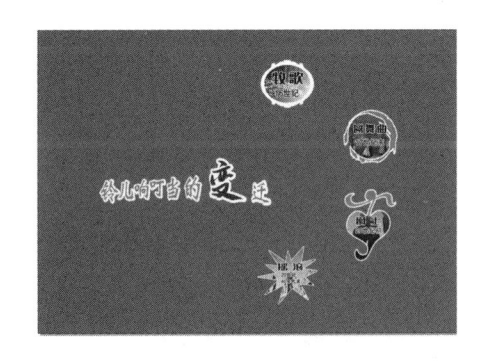

《吹起羌笛跳锅庄》教学设计

重庆市合川区行知小学 黄紫薇

课题:《吹起羌笛跳锅庄》
年级:五年级
课型:唱歌课

教材分析

歌曲《吹起羌笛跳锅庄》,是人教版小学音乐教材第十册第二单元"五十六朵花"中的一首歌曲,整首歌曲旋律欢快、活泼,表现了羌族人民在欢乐的节日里载歌载舞的情景。

歌曲为五声徵调式,但最后三小节突然交替到宫调式。旋律进行以四度上扬为其特色,表现出了人们开朗、活泼的性格。节奏前密后疏,形成了一定的对比。这首歌曲短小精悍,易学易唱易记,还具有舞蹈性,适合于边唱边舞。

学情分析

五年级的学生已经初步具备了视唱乐谱的能力,在本课教学中,学生需要学习的音乐知识是:附点节奏、重音记号、一字多音。这是本课教学中学生需要学习的新的音乐知识点。

在歌曲中,由于最高音会出现在小字二组的♭E上,对于五年级的学生来说,音高有一定的困难,因此在教学时,采用移调的办法解决高音的演唱,先从D调进入,经过练习后再用♭E调演唱。

歌曲的旋律欢快、活泼,在演唱时需要保持高兴的心情,用兴奋的声音状态来演唱。

歌曲旋律中出现的八分休止符对于五年级的学生来说具有一定的难度,特别是休止符停顿的时值长短可能是学生演唱时出现的难点。

教学目标

1.通过歌曲《吹起羌笛跳锅庄》,能够在热爱自己民族的同时加深对其他民族的认识,并能充分感受民族音乐风格的特点。

2.通过认识"重音"记号,能根据歌曲情绪,用锅庄舞的形式大胆、热情地表现歌曲。

3.通过学会运用愉快的、有感情的声音演唱歌曲,能够在音乐活动中大胆投入、人人参与、热情表现。

教学方法

情景教学法、体验教学法、实践教学法等。

教学准备

PPT、钢琴、羌族相关资料。

教学重点

能用轻快活泼的声音演唱歌曲,体会羌族人民赞美幸福新生活的喜悦之情。

教学难点

附点音符和重音记号的正确演唱。

教学过程

1.组织教学

(1)师生问好。

师:同学们好!

生:老师好!

师:大家请坐,欢迎大家来到音乐课堂。

2.导入新课

师:同学们,在正式上课之前老师有个小小的问题想问问大家。你们知道我们国家有多少个民族吗?(56个)

师:对了!我国的56个民族就像56朵花,每个民族都有自己的特色。有的民族能歌善舞。今天,老师将带领大家走进羌寨,去了解一下羌族人民的生活。(出示课件)

学生共同学习羌族的风土人情,并欣赏羌族艳丽服饰的图片。

师:羌族人民还非常喜欢吹一种民间乐器——羌笛。同学们,你们来想象一下,羌笛的音色应该是什么样的。(抽一两个学生回答)

生:音色很亮、音调很高等。

师:同学们,你们的想象力真不错!那羌笛应该具有你们说的哪种音色呢?让我们一起来听一下吧!(播放音乐)

师:听完羌笛声后,你们认为它的音色是属于哪一种呢?是嘹亮的,还是低沉的?

生:嘹亮的。

生看图片,共同学习羌笛知识(羌笛是羌族的民间乐器,历史十分悠久,由竹子制成。羌笛的声音高亢嘹亮,每逢过年过节、喜庆丰收,羌寨就处处响起羌笛的声音),并欣赏吹奏羌笛的图片。

师:羌族是一个能歌善舞的民族,人们不但爱吹羌笛,还喜欢跳锅庄。什么是锅庄呢?(出示课件)

生共同学习锅庄,并欣赏跳锅庄舞的图片。

师:每逢节日,他们都会吹起羌笛,跳起锅庄舞,喜气洋洋地把歌唱。你们听,羌族的娃娃们已经唱着歌来了。(播放《吹起羌笛跳锅庄》,教师跳锅庄舞)

【环节目标】通过视听结合的方法,跟着教师的讲解,走近羌族,初步了解羌笛和锅庄舞。

3.新授课

(1)学唱第一乐段。

①用la哼唱旋律。

师:同学们,你们刚刚听了羌族娃娃们唱的歌曲,听出了这首歌曲的速度和情绪是什么样的吗?(教师用la范唱前两句后再一次向学生提问)

生:速度快,情绪高兴欢快。

师:我们班的同学耳朵真灵敏!不错,这首歌曲的速度稍快,情绪欢快活泼。你们能试着用la哼唱旋律吗?

师:同学们,请你们张开可爱的小嘴巴,跟着老师的钢琴,带着欢快、高兴的心情,用la哼唱旋律。

生:用la哼唱旋律。

②唱曲谱。

师:同学们,你们真不错,老师已经被你们欢快的情绪深深地吸引住了。刚刚在用la哼唱旋律的过程中,有没有同学发现这4句旋律有相同的地方?

生:第二句和第四句是相同的。

师:其他同学同意他的说法吗?(同意)看来我们班的同学都是火眼金睛。不错,第二句和第四句是完全相同的,第一句和第三句也有类似的地方。我们发现了这个规律,演唱曲谱就方便了很多。现在也让老师加入你们的队伍,同学们跟上老师的钢琴,我们一起带谱演唱试试。

生:5 1 | 2 1 6 1 5 | ……

(2)学唱第二乐段。

①唱曲谱。

师:同学们学得真快,已经能轻松地把第一乐段的旋律唱准了。现在请看歌曲的第二乐段,先听老师来唱一遍。

师:同学们,你们感觉到了吗?歌曲到了第二乐段仿佛整个都舒展开了。来,跟着老师的钢琴,我们一起来唱一唱第二乐段的曲谱。在演唱的时候同学们请思考,是什么样的节奏使我们的音乐放宽了呢。

②解决难点。

A.附点音符

师:同学们,你们发现是什么让音乐放宽了吗?你们认识这样的音符吗?(出示课件)

教师介绍附点音符和附点节奏的唱法。

B.重音记号

师:不知道同学们有没有注意到,附点四分音符的头顶上有一个类似于大于号的符号,有同学知道这个在音乐中是什么记号吗?

生自由回答。

师:这个符号的名字叫作重音记号,这个符号标在哪个音符的头顶上,就意味着这个音符要唱得重一点儿。(教师范唱)

生模仿教师再演唱一次。

③学唱歌词。

A.读歌词

师:刚刚老师和同学们一起努力学会了唱谱,但是我们还没有把歌词加进去。现在我们来看看歌词,带着节日欢快的心情,有节奏地朗诵歌词。

生跟着教师一起朗诵歌词。

师:刚刚在朗诵的过程中,老师发现有几位小朋友朗诵得非常好,有请他们来当我们的小老师,好吗?

请两位学生来为大家朗诵一次。

师:大家说他们朗诵得好吗? 如果你们觉得他们朗诵得好,就给他们献上你们的掌声,好吗?

生:好。(鼓掌)

B.唱歌词

师:相信同学们对这首歌曲的旋律已经非常熟悉了,现在我们加入歌词来唱一唱。

生加入歌词演唱一次。

师:请同学们一定要注意结尾处的高音"啰喂"。想象一下声音是从你的头顶甩出去的。(教师做示范)

生模仿教师发出的声音。(教师不断地纠正学生发出的声音)

师:一开始老师就告诉同学们这首歌曲描绘的是羌族人民庆祝节日时的场景,但是老师觉得同学们还不够开心、不够高兴,让我们带上笑容再来演唱一次,好吗?

生:好。(带上情绪再次演唱)

4.拓展综合

师:同学们,我们今天学习的这首歌曲叫什么呢?

生:《吹起羌笛跳锅庄》。

师:好的,既然是跳锅庄,那就让我们跳起来吧!(欣赏锅庄表演,激发学习热情)

X X | X X X |

师:请大家以这两个为基本节奏学习两个基本步伐(弓腰、甩袖)。

教师示范舞蹈动作,学生模仿(唱一句模仿一句),直至熟练。

师:同学们都是小天才,不一会儿就把锅庄舞的基本步伐学会了,现在请大家加上舞蹈动作完整地表演这首歌曲。

生加上舞蹈动作表演歌曲。

【环节目标】通过加上舞蹈动作的形式,加深学生对这首歌曲的理解,从而感受少数民族的文化之美。

5.小结

师:今天我们学会了演唱《吹起羌笛跳锅庄》这首羌族歌曲,感受了它活泼欢快的情绪,同时也学会了跳锅庄舞。我们感受到歌曲和舞蹈带给我们的快乐。我们也在唱、听、看、跳等活动中感受到羌族的音乐和文化之美。大家以后要继续观察和学习其他民族的音乐与文化,使我们中华民族的灿烂文化得到发扬光大。

板书设计

吹起羌笛跳锅庄

X　X　｜X　X　X　｜

锅庄舞动作要点:弓腰、甩袖

《海德薇格主题》教学设计

重庆市巴蜀小学校　高婷婷

课题：《海德薇格主题》
年级：六年级
课型：欣赏综合课

教材分析

《海德薇格主题》选自美国影片《哈利·波特与魔法石》中的电影配乐,由美国作曲家约翰·威廉姆斯作曲。乐曲《海德薇格主题》由两个部分与尾声组成。

第一部分为带再现的二段体结构。首先由钟琴奏出主题旋律:

$1=G \quad \dfrac{3}{8}$

第一乐句由钟琴独奏。第二乐句则伴以小提琴的震音。演奏乐器的特性音色、旋律中多种减音程以及伴奏中连续下行的离调小三和弦,使音乐蒙上了神奇、魔幻的色彩,营造了一种神秘诡异、飘忽不定的气氛。后面的乐段,旋律除了句首稍有不同,其他均与前面的相似:

$1=G \quad \dfrac{3}{8}$

这个主题先后由颤音琴、木管乐器和铜管乐器呈现了两次,弦乐组则在伴奏中时而以旋风似的半音阶急速前进,时而采用平稳波动的三连音音型。这一部分在分解和弦的进行中结束。

第二部分也包含了两个旋律。

第一个旋律跳跃灵动,富有活力。第一个旋律先后一共出现了5次。先由木管组奏出,继而加入了小号,然后由钟琴和小号再次奏出这一旋律。随着其他乐器的全部加入和分解和弦的音流上下飞驰,音乐更显热烈,仿佛显示了魔法的威力。突然,喧闹的音乐戛然而止,由平缓的三连音节奏引出一段舒展的旋律,其后第二个旋律与第一个旋律交叉出现两次。

在短暂的宁静后,此前活跃的旋律再次响起。随着各种乐器的加入,竖琴、小提琴的滑奏,气氛更加强烈。最后,乐曲开始的主题音调出现,将乐曲推向高潮,结束了全曲。

整首乐曲富有神奇、魔幻的色彩,以丰富的乐器音色、活泼诙谐的节奏、极具特点的旋律,营造了一种神秘诡异、飘忽不定的气氛,让人仿佛置身于魔幻世界之中。

学情分析

在小学六年级下学期,学生已在学习过程中,聆听过《糖果仙人舞曲》《行星组曲》《波斯市场》《魔法师的弟子》《火车托卡塔》等充满神奇色彩的音乐。在学习的积累中,对构成音乐作品的音乐要素(音色、速度、力度和节奏)等有了基本感知,知道若是缺少音乐要素,那么音乐也将不存在,不同的音乐要素构成的音乐作品所表现出来的风格各不相同。同时,在前面学段学生也学习了影视音乐,主要是主题歌、插曲,而在本课中,学生将了解电影配乐。《海德薇格主题》是影片《哈利·波特与魔法石》的配乐,《哈利·波特》系列小说和电影非常受青少年的欢迎,因此很容易激发六年级学生的学习兴趣。由于六年级学生的音乐经验丰富,音乐能力也有了较大的提高,因此在欣赏教学中可以对他们在感受音乐、表现音乐、鉴赏音乐、创造音乐的能力方面进行培养提升,同时也需要有意识地将音乐的人文内涵与前面学段中所学的影视音乐结合起来融入教学之中,让学生更深入地体会影视音乐的作用,感受影视音乐所表达的情绪和情感。

教学目标

1.通过聆听《海德薇格主题》,提高音乐想象力和审美能力,体现音乐的人文性与审美性。

2.感受乐曲《海德薇格主题》魔幻、神秘的气氛,并通过聆听、模唱、肢体律动等进行表现。

3.结合生活体验,发挥想象与联想,进行创意实践,丰富音乐体验。

4.感受音乐要素(音色、速度、力度和节奏等)在渲染气氛和表现意境中的作用,懂得音乐要素在乐曲表现以及电影表现中所起的作用。

教学方法

讲授法、演示法、呈示法、对话法、练习法、观察法、情境法、律动教学法、游戏教学法、学生自主合作式教学法、多元评价教学法。

教学准备

钢片琴、钢琴、多媒体课件、课前微课、导学单。

教学过程

1. 认识钟琴

（1）介绍钟琴。

师：看！这件乐器大家认识吗？

师：它叫钟琴。它的外形由长短不一的钢片组成，排列顺序类似于钢琴的黑白键，通过琴锤敲击发出声音，所以它属于打击乐器。

（2）聆听音乐，了解钟琴音色，感受音乐氛围。

师：现在老师用钟琴为大家演奏一段音乐，请同学们听听钟琴的音色有怎样的特点，这段音乐给我们什么样的感觉。（师演奏第一主题片段）

师：钟琴的音色有怎样的特点？谁来说一说？

师：不错，钟琴的音色明亮、清脆、有穿透力。

师：那这段音乐给我们什么样的感觉？

生：魔幻、神秘的。

师：对，钟琴善于描绘崇高的意境或幻想、仙境等。

2. 看视频，介绍电影配乐，引出课题

师：我们把这段音乐放在影片中会对影片产生什么样的作用呢？请同学们欣赏。

师：同学们，当音乐与电影画面结合在一起，我们把这种音乐称之为"电影配乐"。一首好的电影配乐在影片中起到了至关重要的作用。那这段音乐在影片中起到了怎样的作用呢？

师：这段配乐在影片中起到了渲染气氛的作用。这个片段选自哪部电影呢？

生：《哈利·波特与魔法石》。

师：对，这部电影是根据英国作家J. K.罗琳的同名小说改编的。影片中的这段配乐叫《海德薇格主题》。你们知道海德薇是谁吗？

生：海德薇是哈利·波特养的一只宠物——猫头鹰，它的作用是送信。

3. 聆听乐曲第一部分

（1）模唱主题旋律。

师：你看，它给我们带来了一封信，请你模仿钟琴的声音用"ding"来模唱这段旋律。

师：在前面老师用钟琴演奏的旋律就是这段旋律，它采用八三拍，让我们模仿打击乐器敲击的动作在每小节的强拍处轻轻击拍。请同学们伸出双手跟我一起来感受八三拍的特点，准备！

师边唱边和学生一起击拍。

师:现在轮到你们来唱,注意耳朵听音乐,轻声唱,把音唱准,击拍准备!

生唱。

师:嗯,唱得不错!

师:我们看到旋律里面出现了很多降记号,这些记号使音乐蒙上了神奇、魔幻的色彩,给我们营造了一种神秘诡异、飘忽不定的气氛。

师:我们再来唱一唱,感受一下。

(2)对比聆听、模唱(木管、铜管)。

师:如果我们把这段旋律变成木管、铜管乐器来演奏,又会是怎样的感觉呢? 我们先来听听木管演奏。

师:木管的音色特点是怎样的呢?

生:柔美。

师:很好,让我们随琴声用"beng"来模唱。注意唱时好像我们的口腔里含了半口水,准备!

生唱。

师:很好,你们的音乐感觉越来越好了!

师:加上动作我们来唱一唱,我们可以用什么动作来模仿木管?

师:很好,我们随音乐来表现。

师:不错! 我们再来听听铜管演奏。

师:铜管音色的特点又是怎样的呢?

生:雄壮、辉煌。

师:对,这次让我们用"du"来模唱,把我们的嘴巴变成一支圆号,气息饱满,准备!

师:圆号我们又可以用怎样的动作来表现呢?

师:它的力度是比较强的。让我们随音乐来表现。

(3)完整聆听第一部分。

师:现在你们能听辨出钟琴、木管、铜管的音色了吗?

生:能。

师:好,老师来考考大家。你们能说出音乐中乐器出现的先后顺序吗? 请你们边听边用自己喜欢的动作表示出来。准备!(播放第一部分音乐)

师:听出来了吗?

师:大家同意吗?

生:同意。

师:正确。

(板书出示第一部分)

师:这就是电影配乐《海德薇格主题》的第一部分,它一共出现了3次,分别用钟琴、木管和铜管主奏。旋律在第一次出现前,我们还听见了弦乐伴奏的声音,弦乐以旋风似的急速进行,让我们感受到了海德薇不断给哈利·波特送信的场景。

(4)感受3次力度变化。

师:那么主题旋律3次的出现在力度上有变化吗?

生:有。

师:有怎样的变化?

生:越来越强。

师:对,旋律的3次出现通过力度的不断加强、演奏乐器的不断变化,使得音色变得更加丰富。

(5)再次完整聆听并表现第一部分旋律。

师:让我们加上模唱和动作再次完整聆听并表现第一部分的旋律吧!准备!(播放音乐)

师生一起随音乐律动。

师:你们表现得真棒!

4.聆听乐曲第二部分

(1)出示两个主题旋律。

师:同学们,接下来是配乐的第二部分旋律,它一共有两个主题旋律。

(2)主题1。

①对比感受表现。

师:我们来看一下主题1,与前面第一部分旋律相比,拍号发生了变化吗?

生:发生了变化。

师:对,这部分旋律不同于第一部分的八三拍,而采用了二二拍,同音重复的节奏型加上跳音的演奏让整个旋律变得跳跃灵动,富有活力。

师:让我们在强拍处拍手来感受旋律的特点。注意,在这一小节强拍位置发生了变化,我们在这里点一下头再拍手。让我们跟音乐来表现。(播放音乐)准备!

师生拍手表现。

②小组合作,完成任务单。

师:同学们,在第二部分旋律的前面,主题1一共出现了5次,作曲家分别用了不同的乐器和力度来表现,你们能以小组为单位自主聆听,完成任务单上的内容吗?老师为你们准备了iPad,你们可以点击里面的音乐反复聆听,时间3分钟,准备好了吗?计时开始!

师:时间到,哪一个小组愿意来分享一下你们讨论的结果?

师:请小组长来解说一下。

师:你们同意他们的观点吗?好,我们来看一下正确答案。做对的小组请举手!恭喜你们!

③艺术表现。

师:主题1旋律5次的出现分别用了这些乐器,你们能用动作表现出来吗?

师:听到木管,它是弱的,拍半掌,很好,请第1组的同学来表现;听到铜管,比较强的,可以拍全掌,请第2组的同学来表现;听到钟琴,我们依然可以用前面的敲击动作,请第3组的同学来表现;听到弦乐,我们可以做拉小提琴的动作,请第4组的同学来表现;最后一次有多种乐器,加入了摇铃,座位上有摇铃的同学请随节拍摇动起来,其余的同学,我们一起继续拍手。另外,我还想请一位同学来完成黑板上这部分旋律的结构图,谁来?好,你来,听到什么你就贴出什么?大家可以完成吗?好,请边听音乐边看老师的指挥,准备!我们的合作开始啦!

师:这位同学完成得如何?非常正确,掌声送给他!你们的表现也同样精彩!掌声送给自己!

(3)给下面的电影片段选择合适的主题旋律。

师:同学们,现在让我们来观看两个电影片段,请你为这几个片段选择合适的主题配乐。我们再来听一听主题1和主题2。有答案了吗?谁来选择一下?

生回答。

师:大家同意吗?

师:如果我们把音乐交换再结合电影画面来感受一下,合适吗?

生:不合适。

师:对了,所以正确答案是这样的——

师:那这两段主题配乐对影片起到了怎样的作用呢?

生回答。

师:主题1和主题2在影片中加强了画面中视觉形象的情绪与节奏,起到了描绘的作用。

(4)主题2。

①聆听音乐,感受旋律走向力度的变化。

师:同学们,骑着扫帚飞行是霍格沃兹魔法学校每个学员必备的技能,影片中的主题2旋律描绘了他们飞行时的场景。

师:主题2一共有几个乐句呢?我们再来听一听。

师:对,主题2只有两个乐句,它的旋律走向是越来越怎么样呢?

生:高。

师:力度是越来越……?

生:强。

②肢体表现。

师:我们可以用什么样的动作来表现主题2呢?

师:第一句力度弱一点儿,第二句强一点儿,第一句我们可以怎么做?第二句呢?

师生表现。

③师生合作完整表现乐曲第二部分后面两个主题的交替部分。

师:乐曲第二部分后面是两个主题的交替部分,现在让我们慢慢起飞,随音乐主题的变化律动起来吧!

师:再次谢谢你们。同学们,《海德薇格主题》的第一部分和第二部分,我们已经完整地学完了。

5.尾声

(1)完整欣赏《海德薇格主题》,律动表现三段主题音乐。

师:接下来请同学们完整地聆听全曲,听到什么主题做什么动作,别忘了第一部分要加上模唱和第二部分我们之间的合作哦。准备!(播放音乐)

(2)感受尾声乐段情绪。

师:听,新的旋律出现,请你们感受它的旋律。

师:乐曲最后一个部分是它的尾声部分,尾声通过所有乐器的加入营造出了一种怎样的氛围?

生:营造出了热烈、辉煌的感觉。

6.创意实践

师:《海德薇格主题》由于其魔幻、神秘的色彩,非常符合《哈利·波特》系列影片的特点,所以作为影片的标志,它保留在了每一部影片当中,欢迎同学们在课后参与创意实践!

创一创:捕捉生活中相似的声音。

师:看,在生活中如果没有钟琴,我们还可以这样来模仿创一创、奏一奏!(生观看视频)

师:是不是很有趣呀?同学们在课后也可以来试一试。

7.作曲家

师:这么有趣又充满魔幻色彩的音乐到底是谁创作的呢?

师:他就是作曲家约翰·威廉姆斯。

(除了《哈利·波特》以外,他还为《星球大战》《大白鲨》《超人》《辛德勒的名单》《侏罗纪公园》等优秀的影片创作了电影音乐。约翰·威廉姆斯一共获得了5次金球奖,5次奥斯卡最佳配乐奖。)

8.影视音乐

师:同学们,回顾一下前面1—6年级所学的影视音乐内容,结合本单元前面的学习内容进行归纳总结,通过课前微课我们知道,影视音乐包含"歌曲"和"配乐","歌曲"包含"主题歌"和"插曲"两种形式。它们分别在影片中起到了一些重要作用。

9.小结

师:影视音乐充满了魔力,希望同学们以后在观看影片的同时多多留意影片中的音乐。今天的课就上到这里,起立,同学们再见!

生:老师再见!

板书设计

海德薇格主题

第一部分			第二部分							尾声
ding	beng	du	主题Ⅰ							热烈
钟琴	木管	铜管	木管 铜管 钟琴 弦乐	铜管 弦乐 摇铃	主题Ⅱ	主题Ⅰ	主题Ⅱ	主题Ⅰ		辉煌
弦乐			p　f　p	ff						

《石工号子》教学设计

重庆两江新区云创初级中学校　马红磊

课题:《石工号子》
年级:高中一年级
课型:欣赏课

教材分析

《石工号子》为川渝地区人民在日常劳动过程中,如上山采石、运石途中创作的一首劳动号子音乐,被收录至学校中华传统音乐校本教材中,授课对象为高中一年级的学生。

该曲经过创作演绎,由旋律段和数板构成,节奏规整,旋律简洁鲜明,具有典型的川渝劳动号子的音乐特点。

学情分析

由于受新媒体和自媒体的影响,当代学生对传统音乐和地方民歌接触不是很多,尤其生活在城市中的学生,自小缺乏相应的劳动体验和环境熏陶,所以在授课过程中我采用了情境创设法、示范法、律动法、小组讨论法、编创法等方法,更快速、更直接地使学生投入本课的学习,努力做到启于境,游于艺,归于情。

教学目标

1.通过学习歌曲《石工号子》,理解、认同、热爱民族民间音乐,传承传统音乐文化。

2.通过欣赏、演唱歌曲《石工号子》,感受、体验中国民歌体裁——号子"一领众和"的演唱形式。

3.通过听辨、律动、演唱、创编、合作、探究等方式,理解、运用、表现劳动号子歌曲的音乐风格和特点。

教学方法

情境创设法、示范法、律动法、小组讨论法、创编法等。

教学准备

多媒体、钢琴、词条教具等。

教学重点

通过歌曲学唱,感受石工号子"一领众和"的演唱形式。

教学难点

1.学生通过创编不同的劳动号子,了解号子音乐节奏的规整性和稳定性,体验号子音乐节奏的律动性。
2.创设情境,感受石工号子音乐的风格特点。

教学过程

1.导入

(1)师演唱川江号子。
(2)揭示演唱内容。
师:刚才我们演唱的这首旋律,你们觉得是在什么情景下演唱的?
生:劳动……
师:刚才我们演唱的是四川、重庆地区特有的川江号子,它表现了在长江边上纤夫们劳动的情景。重庆是水多山多的地方,水上有川江号子,山上就有石工号子。

【设计意图】引入新课。

2.揭示课题

师:请同学们看乐谱,边听边思考,这首石工号子和我们平时听的流行歌曲有什么不同的地方?

生:方言、念白、唱念交替。

师:我们首先来看看旋律演唱部分。

【设计意图】提出问题,激趣导入。

3.旋律学唱

(1)师领生和。

(2)琴领生和谱。(歌唱状态的提示)

师:我们注意音准,在民间,石工号子是没有乐谱的,都是口传心授,你们看到的乐谱是老师边听边记下的。我们看着乐谱,注意歌唱状态,再唱一次。

生唱。

(提示:腰部力量、演唱方法、歌唱状态)

(3)生领生和。

师:哪一个同学愿意做号子头,领着大家和?

(4)揭示"一领众和"。

师:同学们,通过观察和演唱,你们发现旋律演唱部分有什么特点了吗?

生:一个人在领,大家在和……

师:你们很会总结,这是劳动号子的基本演唱形式——一领众和。

生:一领众和。

【设计意图】通过歌曲旋律部分的演唱,了解和感受石工号子"一领众和"的演唱形式。

4.数板探究学习

(1)学生自主学习。

(2)生领生和。

师:谁来当数板1的号子头,领大家和? 数板2的号子头,谁来?

(3)解决问题。

师:掌声送给他们,佩服你们的勇气。同学们,对他们的领唱,大家有什么建议?

生:节奏感,有的字念错了。

(4)解读歌词,分析音乐内容。

师:同学们看一下数板2的歌词,你们知道这里的走七走八是什么意思吗?

生:七上八下……

师:重庆被称为山城,有很多坡坡坎坎。上坡时直着上去会很费力,为了缓解上坡的难度,他们的行进路线是这样的(板书);下坡如果直着下来会发生危险,为了减少下坡带来的惯性,他们的行进路线是这样的(板书),这就是劳动人民在生活中积累的经验,劳动人民多有智慧啊!

(5)完整演唱。

师:现在我们已经了解了整首歌曲的主要部分,让我们一起激情满满地表现这首《石工号子》吧!

【设计意图】通过数板学习,了解石工号子规整和稳定的节奏特点,体验劳动号子音乐节奏的律动性,揭示民歌源于生活。

5. 情境创编

(1)拓展感受。

师:其实,除了石工号子,还有很多劳动号子,远在东北林区,就有一种森林号子,让我们一起去感受一下。

(2)"一领众和"作用探究。

师:劳动号子音乐为什么要采用"一领众和"的演唱形式?"一领众和"在劳动中起到什么作用?

师:是的,正如同学们思考的那样,"一领众和"的方式具有统一指挥、协调劳动的作用,大家一起出力,更有干劲儿。

(3)学生自由选择或创编节奏型,结合身边情境,创编自己的"劳动号子"。

师:同学们思考一下,在我们的日常生活中,还有哪些活动适合用"劳动号子"来统一指挥。请大家以小组为单位,自由创编属于自己小组的劳动号子。

生:拔河、打糍粑。

学生小组创编,教师引导。

(4)分组展示。

学生分组展示自己创编的"劳动号子",师生共同评价、欣赏各组创编的作品。

【设计意图】学生通过感受和体验,自主创编劳动号子,达到学以致用的效果。

6.情感升华

(1)拓展视频。

师:随着时代的发展,机械逐渐代替了人工,我们再难听到石工们那铿锵有力的号子声,取而代之的是机器的轰鸣声,但是我们重庆的民间艺人们,仍然保持对传统音乐的执着和喜爱。大家请看视频!

(2)情感升华。

师:视频中是什么地方?

生:解放碑。

师:请大家思考,艺人们为什么要在解放碑这个地方唱响我们这首《石工号子》?

师:正如同学们思考的那样,艺人们就是用这种方式,来唤起人们对传统音乐的关注和喜爱。音乐家,以传统音乐为素材,创作出了新的《石工号子》,希望同学们在今后的学习和生活中,勇于创新,但勿忘传统。让我们听着熟悉的旋律依次走出教室,结束我们今天的音乐课堂!

【设计意图】情感升华,引领总结,引导学生对家乡的优秀传统音乐文化产生喜爱之情,萌发传承优秀传统文化的种子。

后记

2021年9月,重庆市教育委员会正式命名首批特级教师工作室,重庆市特级教师谢晓梅、杨小超(小学音乐)工作室名列其中。工作室成员分别来自重庆市万州区、渝中区、沙坪坝区、南岸区、北碚区、巴南区、合川区、璧山区、两江新区、高新区,其中有3名市级骨干教师、3名区级骨干教师,荣获中小学音乐教师基本功比赛全国一等奖1名、市级一等奖8名,现场赛课全国一、二等奖各1名,市级一等奖3名。

在谢晓梅、杨小超两位音乐教育专家的引领下,"2+12+N"成员(两位导师+12位重庆市教委正式下文的成员+重庆市两江新区中小学美育谢晓梅名师工作室、合川区杨小超名师工作室N个成员),秉承"智慧引领、协同发展"理念,聚焦四大能力提升——教学实践能力、综合育人能力、自主发展能力、信息技术应用能力,预设四个成果目标——1项市级以上规划课题、1套革命传统音乐课程资源、1本教学专著、1系列精品课推广,开展音乐教学理论与实践探究。

在两年的共同学习中,全体成员持续钻研、汲取能量,不断创新、协同发展。在音乐教学实践中探索从教的逻辑转向学的逻辑,践行"以素养为本,以任务为导向,以实践为路径,以学业质量为标准",不断润育学生"爱国情、兴国志、报国行",培养有理想、有本领、有担当的时代新人!

感谢中国音乐教育家吴斌老师对工作室基于"美生情、乐中学"的音乐课堂育人实践研究的肯定;感谢重庆市音乐教研员胡苹老师一直以来对工作室的高端引领和指导;感谢西南大学出版社对本书出版的大力支持;更感谢工作室所有"向美同行"、充满活力的音乐教师们!

2023年7月18日